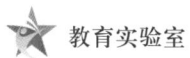  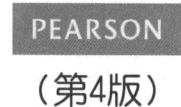

Educational Laboratory

Early Childhood Mathematics

早期儿童数学教育

［美］苏珊·斯潘瑞·史密斯／著

郭琼　李静／译

南京师范大学出版社

图书在版编目(CIP)数据

早期儿童数学教育:第4版/(美)史密斯著;郭琼,李静译. —南京:南京师范大学出版社,2013.9(2023.3重印)
(教育实验室)
ISBN 978-7-5651-1080-1

Ⅰ.①早… Ⅱ.①史… ②郭… ③李… Ⅲ.①数学课—教学法—学前教育 Ⅳ.①G613.4

中国版本图书馆 CIP 数据核字(2012)第 250811 号

Authorized translation from the English language edition, entitled EARLY CHILDHOOD MATHEMATICS, 4E, 9780205594283 by SMITH SUSAN SPERRY, published by Pearson Education, Inc.

All rights reserved. No part of this book may be reproduced or transmitted in any form or by any means, electronic or mechanical, including photocopying, recording or by any information storage retrieval system, without permission from Pearson Education, Inc.

CHINESE SIMPLIFIED language edition published by NANJING NORMAL UNIVERSITY PRESS Copyright © 2013.

本书简体中文版由南京师范大学出版社在中国大陆地区出版发行。
本书封面贴有 Pearson Education(培生教育出版集团)激光防伪标签。无标签者不得销售。
著作权登记号 图字:10-2019-169 号

丛 书 名	教育实验室
书 名	早期儿童数学教育(第4版)
作 者	(美)苏珊·斯潘瑞·史密斯
译 者	郭 琼 李 静
丛书策划	张 春
责任编辑	张泽芳
封面图片	GettyImages
出版发行	南京师范大学出版社
地 址	江苏省南京市玄武区后宰门西村9号(邮编:210016)
电 话	(025)83598919(总编办) 83598412(营销部) 83598312(邮购部)
网 址	http://press.njnu.edu.cn
电子信箱	nspzbb@njnu.edu.cn
印 刷	南通印刷总厂有限公司
开 本	787 毫米×1092 毫米 1/16
印 张	19.75
字 数	385 千
版 次	2013 年 9 月第 1 版 2023 年 3 月第 4 次印刷
书 号	ISBN 978-7-5651-1080-1
定 价	48.00 元
出 版 人	张 鹏

南京师大版图书若有印装问题请与销售商调换
版权所有 侵犯必究

总 序

近年来,我国幼儿教育事业经历着持续的变革和发展。在新的时代背景下,面对幼儿教育实践中出现的新问题和新挑战,广泛了解国内外幼儿教育理论与实践的发展,不断提升幼儿教育的质量和水平,就成为广大幼教工作者的迫切需要。有鉴于此,为了更好地引领幼儿教育的实践发展,我们策划并引进了这套《教育实验室》丛书。

《教育实验室》丛书是一套体现国外最新幼教理念和实践成果的书系。丛书的作者都是长期深入教育第一线的专家型研究者,他们立足前沿,在亲身研究、反复实践的基础上系统地阐述了儿童早期学习、发展与教育的广泛内容。他们的研究涵盖了当前幼儿教育领域的理论热点和重要研究问题,如儿童保育与教育、儿童游戏与发展、早期儿童读写能力发展、早期儿童数学教育、儿童双语发展与教育、0—8岁儿童的学习环境创设、家校关系、早期儿童发展与多元文化教育等,并通过丰富的教育案例、活动方案、学习范例、教育反思等,在理论、研究和实践之间架起了桥梁,有效地帮助幼儿教师扩大视野、更新观念,并引领其专业成长和发展。

本套丛书倡导教育科学和教育艺术的融合,既总结了基于研究成果、生成教学策略的理论内容,又根据儿童的特点富有针对性地论述了具体的教育策略和教学方法,指导教师开展多样化的教育教学实践。具体而言,教师既应是一个灵活的决策者,能够批判性地看待儿童教育、课程设计和材料选择,又应是一个自觉的研究者,能够主动反思自己的教学,对教育策略、儿童发展、课程发展、环境创设等进行积极的关注和思考。比如,有关早期儿童读写能力发展的研究,作者站在当今读写研究的最前沿,在简要总结各种语言理论的基础上,结合不同年龄段儿童读写发展的标准,对早期儿童读写能力发展作了具体的分析,并立足于读写教学的综合性视角,将示范式读写教学和经过实践检验的"课堂策略"等有机贯通,详细地阐述了多元的读写策略、组织和管理读写课程、家庭读写的配合、早期读写的评估等重要内容。有关早期儿童数学教育的研究,以全美数学教师协会的课程标准为中心,重点体现了平衡和整合数学知识理解与基本技能的过程,既运用了认知指导教学——一种经过深入调查的、建立在儿童天生解题方法基础上的教学法,又提供了积极的支持性环境和新的儿童学习范例,阐释了儿童如何发展对数学总体内容的理解方法,从而帮助儿童更好地建构对重要数学关系的理解,形成数字意识以及解决难题的能力。有关游戏、发展与早期教育的研究,则将游戏与幼儿课程相结合,把游戏看作一种学习模式,重点论述了游戏作为一种自我表达的手段,一种获得社会意识的交流渠道,对于儿童认知、情绪、社会性和身体等全面发展所具有的重大意义,并以"室内游戏"、"室外游戏"和"有特殊需要儿童的游戏"等为主题,对游戏的特点和方法进行了详细的说明。

  本套丛书将照顾儿童的不同需要和不同背景作为贯穿性的重要理念,强调以儿童的个体需要为导向,通过形式多样的直接指导和大量评估,对儿童的个体发展进行细致的教育和引导。丛书作者紧扣不同年龄段儿童的身心发展特点,通过分析不同儿童在社会性、情感、身体、智力等各方面能力的不同,以及在文化背景、生活经验和教育环境等方面存在的差异,强调教育教学要根据每个儿童的个体需要和不同天性进行调整,注重立足真实的课堂经验进行教育教学。比如,在早期儿童读写能力发展的研究中,作者强调结合不同年龄段儿童读写发展的标准,将涉及问题解决技巧的建设性观点与明确直接的教学方法有机结合,努力通过多样化的教学满足不同儿童的个体需要。有关早期儿童数学教育的研究,针对不同文化背景和特殊需求的儿童的学习需求,从学习特点、教学计划以及富有针对性的评估方法等角度,探讨了针对各种有差异或障碍的儿童所作的课程修订和策略调整。有关儿童学习环境创设的研究,研究者针对0—8岁儿童所涉及的读写区、感觉操作区、科学区、数学区、建构区、戏剧表演区、艺术区、特殊兴趣区等区域游戏和学习内容,阐明了教师在各个活动区的具体角色,全面指导教师在设计环境和课程时,既考虑儿童的个体需要和兴趣,又有机地融入早期学习经验,从而让儿童在游戏中学习,有挑战地发展,体验好奇和喜悦并有新的发现。

  本套丛书体现了理论与实践紧密结合的特点,不仅渗透有效的师幼互动,而且强调给儿童充足的时间和空间,让他们通过玩耍、操作和探索来学习。其中,有关早期儿童读写能力发展的研究,既引导儿童通过读、写、听、想、看的结合来学习阅读,又强调将这些读写技能整合到活动区的学习中,呈现了一个建立在理论和研究基础上的儿童早期读写发展方案:强调丰富的读写环境、社交互动、同伴合作以及指导明确的全班、小组和个别学习,重在实现与实际生活经验相关、对儿童既有意义又有趣味的读写发展教育。有关早期儿童数学教育的研究,不仅提供了有助于新手教师准备激励性环境的内容,还根据儿童学习数学的特点开展了丰富多样的趣味性数学游戏,阐明了发生在数学领域里的正式学习和非正式学习的具体规律,并将儿童如何处理数学关系的新兴研究与早期教育课堂的日常现实有机地联系起来。有关儿童发展与多元文化教育的研究,通过"评估幼儿"、"从研究到实践"、"育儿指导"等内容,帮助专业人士解读儿童在课堂中的行为,总结实用的课堂和家庭育儿方法,并据此制订活动计划,形成促进儿童社会性、情感、认知、语言与身体发展的方法和技巧,从而有效地指导课堂互动。其中,有关各个国家的不同文化的案例,可以帮助读者有效地将理论、研究与实际生活相结合。针对家校关系、家庭教育的研究,重点探讨了如何建立积极的家校合作关系、教师怎样与家长建立良好的关系以及如何进行科学的家庭教育等核心问题,为读者提供了有用的教育地图,为促进家长与教师、家庭与学校之间建立良好关系提供了周全的指南。

此外,本套丛书以0—8岁儿童为论述对象,提供了针对幼儿园、小学初期及特殊教育的教育教学模式,为教师在不同的教育阶段提供了有针对性的指导,特别是为幼儿园和小学的有效衔接提供了全面的指导。同时,本套丛书的案例提供和实践者都是经验丰富的一线教师、家长和教师教育者,他们依据自己的经验提供了大量教育教学的成功案例,让我们看见了教师专业成长的美好前景。

"他山之石,可以攻玉",我们期待《教育实验室》丛书能够有效地帮助教师拓展视野,深入了解国际幼儿教育的理论和实践发展,并有机地运用到自己的教育实践中,从而在理论和实践的互动中提升自身的教育智慧,不断促进专业的成长。

《教育实验室》丛书编委会
2013年9月

前 言

本书是为执教 3 到 8 岁儿童的教师所编的数学教学方法教材,同时也希望为在职的幼儿教育工作者提供数学教室学习方案的资源。在评论家反馈的基础上,本书第四版的主题在整体上又有了新的发展,其中包括书中多处强调的全美数学教师协会(National Council of Teachers of Mathematics,简称 NCTM)课程焦点。书中提及了认知性指导教学,一种经过深入调查的、符合儿童解题天性的教学法。书中从头至尾有很多游戏,包括一些游戏图板和卡片游戏,特别是提供了"设定的数学游戏"。

本书旨在鼓励教师为儿童创造积极的学习环境,激发儿童的好奇心、自信心和毅力。其中,对重要数学关系的理解、数字意识以及解决难题的能力是儿童早期习得数学规律的三大关键因素。

第一至第三章中出现了很多新的儿童学习案例。第一章运用有名的故事《一个橘子八个瓣》(1992),并辅以一堂示范课,深刻剖析了 NCTM 过程标准。第一章强调了早期儿童数学教育在美国与其他国家的发展状况,以及男孩、女孩在解题方法上的差异这两个方面的最新信息。最新法规,包括《不让一个儿童落后》(2001)法案,得到修订。在组织图里,对比了全美数学教师协会(NCTM)、全美幼儿教育协会(National Association for the Education of Young Children,简称 NAEYC)和全美师范教育认证委员会(National Council for the Accreditation of Teacher Education,简称 NCATE)这几个主要组织的三套重要标准。另一个组织图展示了有各种学习障碍或差异的儿童的示范课计划。和此前的几版一样,本书也探讨了关于学习数学的奥秘和基本的早期学习理论的问题。

第二章展示了一个课程计划模型,并附上了一名儿童的解题过程。本章阐释了英语语言和数学语言之间的总体关系,并为幼儿教师提供了在关键语言学习期,尤其当这些概念和数学联系起来时,得到发展的概念的综述。

本书的部分章节——第四至第七章——阐释了儿童发展对数学总体内容的理解方法。此部分章节本着坚持理论联系实践并指导实践的原则,使材料变得有趣而容易理解。大多数参考书目来源于现有资源,但是有些以前的资源对我们理解儿童对数学思想的想法仍然很重要。第十至第十四章阐释了 NCTM 内容标准,并对意义发展加以强调。

其中，每一章都包含了下列内容：

（1）关键数学原理的综述。

（2）非正式和正式学习在特定数学领域里如何发生。

（3）第一至第十三章为早期儿童数学教育领域实习和学习的学生提供了非正式评估任务。

（4）"更多的活动和研究问题"部分促进对于章节主题的理解，并把数学与日常生活联系起来。

（5）在每章的最后部分提供了能够丰富幼儿综合课程的相关儿童文学资源。

（6）"与科技的联系"部分提供了教师课程计划网页的清单，还提供了包括主题、活动以及有益提示的网页。

此外，在附录B中提及了有助于新手教师准备激励性环境的教室设施的列表。

同时，本书多处提及有不同文化背景和特殊需要的儿童的特殊学习需求。其中特别提及的是第一章中的学习特点信息、第二章中的教学计划信息以及第三章中的另类评估方法。在第一章中，示范课计划显示出针对有障碍或差异的多种多样的儿童所做的初期课程修订。

总之，这使关于幼儿如何处理数学关系的新兴研究与早期教育课堂日常活动的现实联系起来。最后一章阐释了从幼儿感兴趣的话题的课程网络中发展出来的主题途径。这些活动，并非一成不变。它们可能成为激发所有人创造性的思想源泉。

幼儿是课程计划的最大资源。他们富有想象力和生活热情，而年长的儿童或成人已经失去了这些。如果我们对幼儿的仔细关注能够让他们受益，那么我们的工作会总是充满乐趣。

致　谢

在此,我想感谢那些在本书编写过程中给予我帮助的人。在本书写作过程中,他们的建议、鼓励和支持意义重大。

特别值得一提的是,我退休以后,得到了卡迪纳尔·斯特里奇大学(Cardinal Stritch University)的各位同事的鼓励和支持。我还要特别感谢我的丈夫迪克森·史密斯(Dickson Smith)。他编辑了本书的第四版,同时也为书中很多章节做了新数据的整理工作。

加布里埃尔·科瓦尔斯基(Gabrielle Kowalski)和罗伯特·帕乌里克博士(Dr. Robert Pavlik)为本书的第一版做了校订。同时,很多人做了原稿的准备工作:南希·皮若科特(Nancy Proctor),乔安妮·弗勒利希(Joanne Froelich),马克·吉尔罗伊(Mark Gilroy),帕特·吉尔罗伊(Pat Gilroy),玛丽·罗·格拉仕伦(Mary Lou Glasl),乔伊斯·谢佛(Joyce Schaefer),迪克森·史密斯(Dickson Smith),贝蒂·瓦特(Betty Wyatt),杨美华(Mei-Hua Charity Yang)。我尤其要感谢我的秘书,玛丽·格里夫(Mary Graf)和派翠西亚·韦斯特(Patricia West)。我对每一个愿意帮助我的人永远心存感激。谢谢书中那些愿意为我做样本的儿童及其家长。没有他们的准许,此书无法付梓出版。同样,我要感谢为本书的出版付出了诸多努力的下列修订者:北达科他大学(University of North Dakota)的玛丽·贝克(Mary Baker),明尼苏达大学(University of Minnesota)的凯瑟琳·克里姆(Kathleen Cramer),陶森大学(Towson University)的朱狄斯·麦克斯(Judith Macks)以及杰克森州立大学(Jackson State University)的本杰明·内乌代克(Benjamin Ngwudike)。最后,我还得到阿林和培生出版集团(Allyn and Bacon)的编辑凯利·维莱拉·坎顿(Kelly Villella Canton)及其编辑助理克莉斯汀·普拉特·斯温(Christine Pratt Swayne)坚定的支持和帮助,他们富有热情,并提供了很多建设性的想法,使本书的写作较预想更容易完成,在此我要对他们表达我的谢意。

目　录

第一章　基础、奥秘和标准　001
每个儿童生而平等　002
在全纳环境中为儿童服务　003
天才儿童　003
有学习障碍的儿童　004
有认知障碍（精神障碍）的儿童　004
我们应走向何方——NCTM 标准　006
进度适当的教育：创造最好的学习环境　008
皮亚杰，维果斯基，布鲁纳，迪恩斯　009
模式和建模视角　011
综述　012
实地调查：临床日志或数学日记　012
更多活动和研究问题　012
与科技的联系　013
参考文献　013

第二章　打造成功计划——良好开端　016
如何开始　016
教师的态度和数学焦虑　023
在方案中如何让家长介入　024
如果儿童学习数学只会死记硬背，该怎么办　024
如何满足不同数学背景的儿童需要　025
如何利用技术来加强学习　026
综述　029
实地调查：临床日志或数学日记　029
更多活动和研究问题　030
与科技的联系　030
参考文献　030

第三章 评估 034

国际结果 034

男孩与女孩 035

正式面试和非正式面试 035

评估和评价的定义 037

课程改革和定位 038

评估策略 039

打分方式 051

全纳环境里儿童的替代性选择 051

记录 053

综述 054

实地调查：临床日志或数学日记 054

更多活动和研究问题 054

与科技的联系 055

参考文献 055

第四章 数学语言——交流与表达 058

运用歌曲和童谣发展数学语言 058

通过儿童文学发展数学语言 059

数学语言和年龄稍大的儿童 061

早期儿童课程中出现的数学概念 061

NCTM 过程标准：用数学词汇写作 065

表达：数学符号 066

算式 067

综述 068

设定的数学游戏 068

实地调查：临床日志或数学日记 071

更多活动和研究问题 071

相关的儿童文学 071

与科技的联系 072

参考文献 073

第五章　早期数学概念——匹配、分类、比较和排序　074

匹配　074

早期分类——创建集合　081

在家和在学校的非正式学习　083

比较　085

次序或排序　086

综述　088

实地调查：临床日志或数学日记　089

更多活动和研究问题　089

相关的儿童文学　089

与科技的联系　090

参考文献　090

第六章　培养数字意识　091

文化视角　091

数数：幼儿边学边玩　093

研究和当今课堂　095

皮亚杰守恒测试　096

指导性学习活动　097

顺着数　101

倒着数　102

从数数到部分—部分—整体活动　103

集体思考　106

读写数字　108

分数和数字意识　109

综述　110

设定的数学游戏　110

实地调查：临床日志或数学日记　112

更多活动和研究问题　113

相关的儿童文学　113

相关音乐　114

与科技的联系　114

参考文献　115

第七章　理解数位值系统　117

以十为基数（十进制）　118

数位值的多种理解　119

儿童的自由策略　120

教具　122

估算和舍入：让近似足够接近　127

综述　128

设定的数学游戏　129

实地调查：临床日志或数学日记　130

更多活动和研究问题　131

相关的儿童文学　131

与科技的联系　132

参考文献　132

第八章　数据分析——制图和概率　134

制图经历的主题　136

读图的挑战　137

关于制图的问题　137

关于制图的早期经历　138

避免选择会伤害儿童感情或引起争强好胜心理的类型　144

概率　144

综述　145

设定的数学游戏　146

实地调查：临床日志或数学日记　147

更多活动和研究问题　148

相关的儿童文学　148

与科技的联系　149

参考文献　149

第九章　早期代数——模式和函数　151

模式　151

音乐和艺术中的模式　158

小学课程中的函数　159

早期代数　160

综述　162

设定的数学游戏　162
实地调查：临床日志或数学日记　163
更多活动和研究问题　164
相关的儿童文学　164
与科技的联系　164
参考文献　165

第十章　解题——加法和减法　167
数学是解决问题　168
实际问题　168
问题的选择　169
提出问题：认知性指导教学　170
积极的环境　171
总体策略　171
教师的认知背景：问题的分类　176
运算法则　178
帮助儿童自己设计问题　179
利用儿童的已知知识学习数学　180
综述　182
设定的数学游戏　182
实地调查：临床日志或数学日记　183
更多活动和研究问题　184
相关的儿童文学　184
与科技的联系　185
参考文献　186

第十一章　解题——乘法和除法　188
定义　189
乘除法的准备　189
儿童天生的策略　190
教师认知背景：问题的分类　191
余数　194
插图　194
符号表达与问题解决相联系　196
运算法则　197

零的作用　197
帮助儿童设计问题　198
学习乘法　198
综述　199
设定的数学游戏　200
实地调查：临床日志或数学日记　201
更多活动和研究问题　202
相关的儿童文学　202
与科技的联系　203
参考文献　203

第十二章　空间几何与几何形状　205
空间　208
形状　211
低年龄段的几何概念　214
综述　220
设定的数学游戏　220
实地调查：临床日志或数学日记　221
更多活动和研究问题　222
相关的儿童文学　222
与科技的联系　223
参考文献　223

第十三章　测量　225
定义　226
测量原理　226
一般方法　227
两种测量系统　228
导学　231
综述　238
设定的数学游戏　238
实地调查：临床日志或数学日记　240
更多活动和研究问题　240
相关的儿童文学　241
与科技的联系　242

参考文献　243

第十四章　数学主题活动　245
关于熊（学龄前）　246
马戏团（学龄前—幼儿园）　252
昆虫（学龄前—幼儿园）　258
彼得兔（一、二年级）　266

附录
附录 A　课程焦点　272
附录 B　课堂装备　273
附录 C　多与少的游戏　275
附录 D　代数解题　276
附录 E　图示　277
附录 F　十条　278
附录 G　点卡　279
附录 H　五格和十格　280
附录 I　熊窝　281
附录 J　一年级数学非正式评估　282
附录 K　宾果游戏卡　285
附录 L　1—100 数字表　286
附录 M　课程网络　287
关键词表　288

第一章

基础、奥秘和标准

幼儿园里,玛茨太太班上的孩子们正围坐一圈,热切地期待着故事时间的到来。今天的故事《蜘蛛小姐的茶话会》(*Miss Spider's Tea Party*)(Kirk,1994)对孩子们来说都很新鲜。故事是这样的:一只孤独的蜘蛛想邀请客人来喝茶。小昆虫们以 1 到 9 的集合成群到达,因为害怕成为蜘蛛小姐的"午餐",很快就又离开了。小昆虫们误会了蜘蛛小姐,一只蛾子鼓励 11 位客人留下,它们度过了愉快的下午茶时间。孩子们很喜欢这个故事。

孩子们喜欢给昆虫们起名字,计数昆虫图片。他们热衷于复述顺序,表演故事情节,喜欢在故事中加入新的昆虫。一个暖暖的春日,孩子们计划去户外开一个茶话会。他们会探讨昆虫和蜘蛛的自然世界。数学成为日常课堂计划活动和即兴活动的一部分。本书目的之一是帮助你认识早期儿童数学课程的发展演变。

另一个目的是融合三大主要组织的专业标准——全美数学教师协会(NCTM)、全美幼儿教育协会(NAEYC)和全美师范教育认证委员会(NCATE),这些标准阐释了对理想的早教计划的共同愿景。另外,皮亚杰、维果斯基、布鲁纳和迪恩斯等学者的教学观点也拓展了教师们制订课程规划的视野。

为每个儿童和家庭服务是所有教育者共同的宗旨。本章回顾了有多种特殊需要的儿童的主要特点,为其提供了教案修订的模板,成为全纳教育的一种成功案例。

每个儿童生而平等

普及到弱势群体

众多全国性的重要研究表明：女孩和男孩所取得的数学成就相当。但在拥有高等学历、从事数学或科学相关行业的人中，性别悬殊仍旧存在。据美国国家科学基金会（The National Science Foundation）1999年年度报告，1995年女性仅占获得工程硕士学位人数的17％，所有获得理工科学位的人中，女性也只占31％。46％的劳动力为女性，仅占理工科劳动力的16％。1991年，全美数学教师协会理事会发布如下声明："作为专业组织和组织内部成员，理事会把每个儿童的综合性数学教育作为最紧迫的目标。"

这里的"每个儿童"，具体是指：

- 因各种原因无机会接受教育的儿童和有机会接受教育的儿童；
- 非洲裔美国人，美国籍西班牙人，美洲印第安和其他少数民族的儿童以及多数派中的部分儿童；
- 女生和男生；
- 学业和数学上失利的儿童和成功的儿童。[①]

不论种族、性别、语言差异，每个儿童应最大限度地参与到数学学习中。只有具备高等数学知识的人才能获得各种机会，如接受大学教育或技术培训，走上公务员岗位，从事与军队相关的各种职业，或在一般商业领域一展拳脚。经过追踪发现：参加经济数学补习班的少数民族学生和特殊教育学生，他们在未来事业上受阻概率增大。制定决策的人虽然很善意，却对数学了解甚少。经济数学中的一些内容，诸如长期贷款的利息计算，和代数或几何中的很多单位一样难以理解。一些人认为儿童年龄太大，不能完全理解数学概念，这种想法会导致过早放弃正规教育。死记硬背似乎能较快学会数学，但这种方法却将儿童束缚住了。

英语学习者们有时需要特殊帮助才能全面理解数学术语的含义。例如，一张桌子（table）可以用来吃饭，一张图表（table）用来创建一系列数学关系。英语中有大量同音异形字。例如，单词 whole 和 hole，sum 和 some 读音相同。语言沟通很重要，但教师往往只给多数新生分配无声的活页练习题。说话清晰，语速适中，有助于儿童全面理解这门语言。

"思考共享小组"和"英语专家运用"是两种有益的教学策略（Bresser，2003：296）。在思考共享小组中，伙伴们彼此分享想法，并共同讨论这种想法。在英语专

[①] 引自全美数学教师协会《数学教学专业标准》（1991）。

家运用中,"一名儿童用自己的母语向英语较好的同伴解释一种策略"。然后该儿童将这种策略翻译成英语告诉教师。英语非母语的儿童能听懂教师用英语表述的答案。这个"语言专家"能在学习数学的同时将之与英语联系起来。然后,鼓励英语非母语的儿童尽量用英语来复述答案。

在全纳环境中为儿童服务

现有教室环境以全纳为前提。儿童来自各种不同的文化、种族或语言背景,还有很多有特殊需要的儿童。95%以上的障碍儿童与非障碍儿童一起接受教育。在这些儿童中大约有45%的人以前几乎整日都待在常规的教室里。(美国教育部,1998)

你面对的儿童可能存在身体、精神或智力上的缺陷。他们可能是学习天才,也可能被诊断有学习障碍。一些有学习障碍的儿童同样有某种天分。行为或精神异常的儿童可能表现为行为过激、过分害羞或者持续紧张(Bauer & Shea)。这时候,教师将起到关键作用。问题的关键不在于儿童本身,而在于儿童所处的环境阻碍了他们。很多新书和近期的文章都为每个儿童提供了实用建议,让他们感到受欢迎从而有安全感,或让他们感受到挑战从而发愤图强。

天才儿童

儿童在音乐、数学和国际象棋方面的天分在3周岁左右会展露出来。这些儿童使用复杂策略来解题,有能力解决更为复杂的、其他儿童无法解决的数学难题。研究证明,有数学天分的儿童擅长以下解题任务(Pendarvis, Howley, & Howeley, 1990:256):

1. 组织材料。
2. 识别题目模式或原理。
3. 改变问题表述,识别新表述的模式或规则。
4. 理解极为复杂的结构并在结构中解题。
5. 转换解题过程。
6. 发现(构造)相关问题。

教师要特别关注有数学天分的儿童,应满足他们的求知欲。对天才儿童来说,将下学年的课堂教材作为拓展材料是远远不够的,他们需要与更高年级的儿童一起上课。他们小小年纪就能完成高中学业,喜欢工程师、医生或科学家等职业。必要时,可以给儿童配备一名社区导师,或让他们参加大学的数学课程。教师要鼓励儿童展示才华,教导他们享受数学带来的挑战。

有学习障碍的儿童

有学习障碍的儿童在处理听到或读到的信息上有很大困难,但只有极少数的儿童会有障碍。有这种学习障碍的儿童的实际数量未知,很多儿童被错误判断为有障碍,事实上却是因为没能接受到良好教育(Bender,1995)。特教教师会为那些真正有障碍的儿童设计特殊的教学方法。

对大部分参与常规数学课程的有学习障碍的儿童来说,教师一定要注意教学过程中的三个重要方面。

首先,教师做出指令或解释数学概念时,要意识到有学习障碍的儿童很难一次就听懂教师的话,这点很重要。必要时要求儿童重复指令或复述听到的内容,这样教师才能确保儿童真正理解了全部含义。儿童回答问题时,可能要花费更长时间来组织答案,然后口述出来。对于希望参与数学课堂活动的儿童,教师要更耐心,给他们更多的时间。

其次,如果碰上一节朗读课程,儿童很难完成任务时,会有挫折感或尴尬感。

最后,如果教室内有很多材料和日常用品,彩色挂图和海报,或者充满大量噪音,会过度刺激儿童,致使他们无法完成任务。这些令人分心的事物会让他们无法专心上课。

为了更好地理解每个儿童,有必要向特教教师了解每个儿童的优缺点。既然大多数儿童并没有数学障碍,他们就应该能学习并最大限度地享受这门课程。很多有趣的数学活动并非主要依赖记忆力,而是与创造性思考、计划以及同学间的讨论有关。在所有教师的大力支持和耐心帮助下,有学习障碍的儿童也一定能学好数学。

有认知障碍(精神障碍)的儿童

有认知障碍(精神障碍)的儿童智力严重低于正常儿童的平均水平,适应性行为也大大低于平均水平。也就是说,他们的认知能力、兴趣和技能的发展都落后于同龄人。他们通常表现得比同龄人幼稚。当前越来越多有认知障碍的儿童被编入学校正规班级(包括正规学前班或小学班级)。这些儿童没有被独立开来,接受完全有别于正规数学课的特殊课程。他们在一定程度上从正规数学教育课程活动的体验和反复练习中获得了收益。如果需要,特教教师会为每个儿童量身定制特殊的教育方案。

作为一名教育工作者,你需要提升讲话技巧,在说话之初就吸引住儿童的注意力。较之正常儿童,特教教师通常会给障碍儿童更多的提示。一旦教师把儿童的注意力吸引到了有适当提示的材料上面,就可以用儿童能理解的方式讲解材料。当然，要进行更多练习才能使儿童的记忆持久。

有认知障碍的儿童在高年级不能像普通儿童一样学习代数和几何。教育他们的重点是针对职业培养相关数学技能。但是他们可以在幼儿期学会计数技能、早期模式和简单的加减法。在后续正规教育中，他们重点学习金钱、时间和测量。让这些儿童融入班级，使其在一定程度上参与正规数学学习，完全是可行的。

数学要旨：货币计量

在年级水平上发挥作用的儿童	有学习障碍的儿童
提出问题： 用硬币购买物品 购买一件物品，并给1美元找零	提出问题： 与代表性的儿童相同的目标 大声朗读或用磁带录下指令 必要时选择1美分和5美分硬币 对那些书写有困难的学生，用数字代替印章或使用数字贴纸
大脑发育迟缓或有精神障碍的儿童	有注意力缺陷多动障碍（ADHD）的儿童
提出问题： 将1美分归为一类，5美分归为一类 其他选择： 根据颜色将熊分类 数出5个1美分——尽可能使用真实的1美分 用一到两美分购买物品	提出问题： 运用与典型儿童相同的全面目标 允许运动 给儿童一个指令或理由让其左右移动 儿童如果不能建设性地运用玩具钱币，可以用荧光笔画出购买物品所需的硬币 将这项任务书面化。儿童如果能够在5分钟之内集中精力完成任务，就在他们的方框表中盖一枚印花（印台）作为奖励
寻找挑战的儿童	天才儿童
提出问题： (1) 访问www.dougsmith.ancients.info网站，查看全世界不同种类的硬币。你看到的是什么？你如何知道那就是钱？是真钱吗？点击放大一枚硬币的图片。找出假币 (2) 拿出5美分、10美分、1美分和25美分硬币各一枚，把手中硬币与网站上的硬币图片相比较。它们的相同点和不同点是什么？用两个方框显示其异同	提出问题： 儿童两人一组。他们将总价为100美分（100￠）的5美分和10美分硬币（玩具）放入小盒中。然后一个儿童避开另一个儿童，取出部分硬币放入信封。第二个儿童查看盒内剩下的硬币，写下算式45￠+□=100￠，并解出题目。他们检查信封来证明答案。伙伴们互换角色并重复游戏

图 1-1　课程修改——一年级至学年末

图 1-1 是教师修改的关于学习钱币课程的计划纲要。从事特殊教育的教师应使用大量教具、游戏或计算机软件，而这些方法也有利于正规教育的教师满足不同能力儿童的需求。这两种专业人士共同努力以满足每个儿童的个人目标。

我们应走向何方——NCTM 标准

2000 年全美数学教师协会（以下简称 NCTM）出版了《学校数学的原则和标准》（*Principles and Standards for School Mathematics*）一书。这些标准为四个年级段分别提出了设想：幼儿园—二年级，三—五年级，六—八年级以及九—十二年级。旨在为每个儿童提供各种机会体验挑战性的数学课程。

标准阐述了数学教学应让儿童知道的和做到的内容。它详细说明了儿童从幼儿园阶段至十二年级应该具备的判断力、知识和技能。内容标准——数字及其运算、代数、几何、测量和数据分析及概率，详细地描述了儿童应该学习的内容。过程标准——解题、推理及论证、沟通、联系和表达，强调了习得和应用内容知识的方式①（NCTM，2000：29）。

图 1-2 阿曼达的金钱书

图 1-2 描述了阿曼达的金钱书问题。她打算画个骨头，用 10 美分、5 美分和 1 美分的硬币来付账。

这些要旨与早教课程密切相关，为本书大部分内容奠定了基础。本书会解释和定义重要概念，举例阐释非正式的课堂和家庭活动。课堂活动和游戏能增强儿童的学习能力，通过这些活动，为教师解释如何将数学融合到日常的课堂活动中去。

事实上，大学和教育部遵循全国和各州的标准和要求。全美数学教师协会、全美幼儿教育协会和全美师范教育认证委员会提出的三套重要标准为将来的共有愿景设定了高目

---

① 得到全美数学教师委员会允许，摘自《学校数学的原则和标准》。

标。另外,全美幼儿教育协会和全美数学教师协会,在《早期儿童数学:促进好的开始》(*Early Childhood Mathematics: Promoting Good Beginnings*)(2002年4月修订)的共同声明上确定了标准。图1-3呈现了三套标准之间的关系。

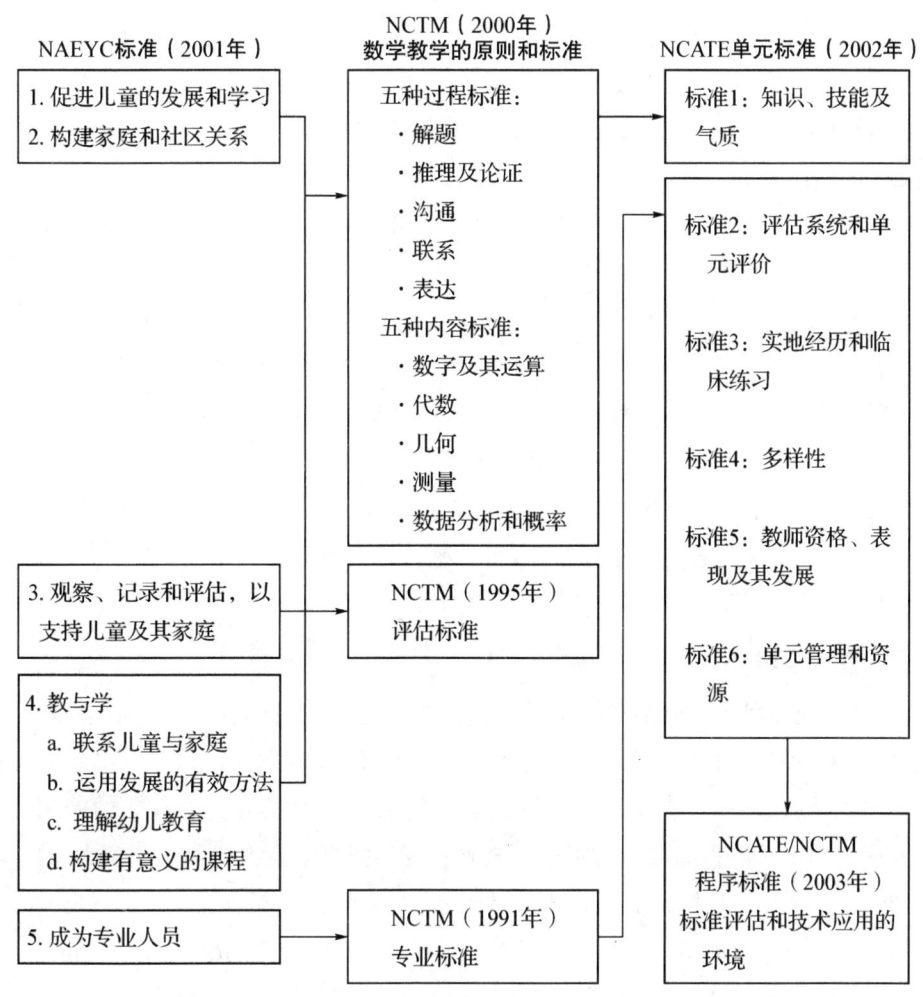

图1-3 主要标准比较

所有专业组织标准的一些共有特点列举如下:

1. 有效的课堂教学方式。
2. 对所有儿童和家庭的全纳与公正待遇。
3. 学术上准备充分的教师,拥有数学等课程领域的知识、技能与气质。
4. 一门积极的解题课程,能提出问题,运用精确语言,促进交流。
5. 一门交叉多个专业领域的早期儿童课程。
6. 技术的适当使用。
7. 教师终身学习。他们是有职业道德,能够竭尽全力并具有团队精神的专家。

NCTM 过程标准

在本书第六至十章中,详细解释了 NCTM 内容标准——数字及其运算、代数、几何、测量以及数据分析和概率;过程标准——解题、推理及论证、沟通、联系和表达,从而奠定方法论基础,儿童使用这些有意义的方法与数学内容进行互动。

下面举例说明课程标准如何贯穿整节课,选用材料为热门读物《一个橘子八个瓣》(*An Orange Has 8 Slices*)(Giganti & Crews, 1992;同样还有《桑树大书》,原名 *Mulberry Big Book*, 1994)

解题	应用题要求儿童根据书中图片解决问题。例如,如果每个橘子瓣中有 2 颗种子,整个橘子共有多少颗种子?
推理及论证	所有的橘子都有 8 瓣吗?如何证明?柑橘、柠檬或葡萄柚呢?
沟通	向全班同学解释你的想法。谁持有不同看法?
联系	我们用有瓣水果和无瓣水果分别制作一个图表。
提示	教师运用儿童读物在阅读和数学之间创造联系。
表达	解决这道题的算式是什么?例如,2+2+2……或者 8×2=□ 自己画出分组图片,例如骑自行车的儿童。

NCTM 焦点(2006)

教师接受到很多目标和学习结果,它们以州立标准和当地标准、评估单、教材目标以及高风险测验的主题等形式出现。很多概念每年都重复出现,却不确定掌握它们的时间节点。儿童需要扩展知识并创建广阔的路径才能解决更复杂的问题。另外,各学校和州对课程的期望值不同。教师和同伴频繁变换也会影响儿童学习数学。

2006 年,NCTM 出版了《从学前期到八年级的数学课程焦点:寻求连贯性》(*Curriculum Focal Points for Prekindergarten through Grade 8 Mathematics: A Quest for Coherence*)。这本"课程焦点"条理清晰地为教师分年级段提出期望。每个年级有 3 个与内容标准有联系的焦点或强调区域。例如,二年级儿童应"培养对十进制和数位值概念的理解"(NCTM, 2006:14)。二年级结束时应掌握好这个数学概念。学前期到三年级阶段全部的教学焦点请参见附录 A。

进度适当的教育:创造最好的学习环境

为儿童设计的任何课程"进度应该适当"。全美幼儿教育协会(NAEYC, 1986)从两个方面描述了切实可行的方法:年龄适切性和个人适切性。首先,教师要彻底了解每个年龄跨度儿童的身体、情感和认知发展水平,比如一个 6 个月的婴儿不会走路。教师可以从年龄适切性中获得广泛的参数。其次,每个儿童都有特殊的兴趣、能力,从家庭背景和所处文化获得的已有知识也各不相同。因此,个人适切性指在儿童和课程之间建立良好匹配。

1997年,全美幼儿教育协会修订并扩展了其定义,包括"儿童所处社会和文化语境的知识"(NAEYC, 1997:6)。换句话说,家庭背景和传统对儿童有影响。例如,感恩节吃南瓜,"野外烤栗子"或请假参加牧人套马表演,不是每个儿童都有这种经历。

大多数专家认为游戏是儿童智力发育的关键。保证游戏时间并提供各种具体器材很有必要,不应急于让儿童完成一项任务或从一种活动换到另一种。积极探索以及与他人的互动都需要时间。另外在只提供纸笔或只开展涂色游戏的房间不适合探索或互动活动。堆积木是一种很好的数学学习经历,从中能体验几何、表演游戏和讲故事活动。这种体验是给房屋图片涂色等活动所无法取代的。

《不让一个儿童落后》(2001)法案

《不让一个儿童落后》(*No Child Left Behind*,简称NCLB)法案的目标是给儿童提供进入拥有"高素质教师"的优秀学校的机会,从而缩小儿童间的差距。各州须有计划地评估优秀教师和优等院校。评估结果不佳的学校应为儿童提供转到更好学校的机会。评论家认为该法案的基本前提值得赞扬,但法律的可执行力不强,以致无法实施。

金和桑德曼(Kim and Sunderman, 2004:6)研究了本法案的一个关键点:转学到更好学校的权利。他们研究了十大城区的学区,指出存在诸多困难。差学生的数量远超过好学校的数量,也未出台任何措施以奖励接受转校生的好学校。另外,较之提供NCLB转学机会的学校,被选为接收方的好学校"成就水平并未明显提高,贫困率也并未明显下降"。如果儿童不能就近入学,尤其是在郊区,儿童实际无法享受选择学校的权利。

NCLB法案强调高风险测试。测试由各州标准衍生而来。有时教师会选择前一年不成功的测试作为额外训练加强练习。这些数学课可能会取代学区最初采纳的改革课程。

幸运的是,NCTM焦点正影响着各州标准。各州领导人把各自标准与"焦点"统一,并将现有标准细化,使整体课程在国际竞争中更具优势。

皮亚杰,维果斯基,布鲁纳,迪恩斯

四位著名认知心理学家的著作为早期儿童发展适宜性教育提供了更多参考。皮亚杰、维果斯基、布鲁纳、迪恩斯对教育的影响已持续一个世纪之久,为数学教师理解教学过程的方式做出了很大贡献。他们的观点构成了建构主义理论的基础,该理论将儿童视为创造知识的主体,从世界获得知识,在知识中发现意义。儿童在与具体材料、数学符号和应用题的相互影响中再现或再创造数学。

让·皮亚杰(1896—1980)提出四阶段认知发展理论。第二阶段运算阶段(2—7岁),儿童迅速习得语言和培养用符号表达具体事物的能力。但很多数学任务,诸如数量、体积或容积守恒直到下个具体运算阶段(7—11岁)才能完成。皮亚杰以自己的孩子为试验对象进行研究,建立了数学发展理论。后面的章节中会提及他的观察和评估结果。皮亚杰认为成长先于学习,特定任务就是固定标准,这些观点受到强烈关注。教师发现接受过广泛学龄前教育和家庭教育的儿童可以在较早的阶段完成各种任务。皮亚杰关于学习的总体概念对现有课堂影响很大。皮亚杰理论的优点包括关注儿童的思维或思维过程,而不是答案;自主积极地加入丰富的环境;避免儿童过早成人化;将教师视为领路人或资源提供者。

维果斯基(1896—1934)是20世纪初知名的俄国心理学家。他的著作直到20世纪70年代才被翻译成外文,自此对北美产生深远影响。维果斯基主张发展有两种形式:自然发展和文化发展。随着一个人的成熟,自然发展对学习产生影响。文化发展来自于儿童与所处文化中其他成员的互相影响,并通过语言运用得到强化。

学习产生于最近发展区(zone of proximal development)。最近发展区即儿童单独完成不了,在同伴或成人帮助下才能完成任务的时期。儿童学习时,通过自言自语来引导思维,即自我话语。成人在脑海里列出白天需要完成的事情并说服自己完成时,也是一种自我话语。在合作学习小组里,儿童听取他人观点并将其融入自我话语中。

维果斯基认为儿童在早期学习阶段为完成任务需要大力支持或扶持。之后要逐步减少指导或指令群,这样他们才能独立掌握这种技能。教师应鼓励儿童"自言自语"说出解题过程,鼓励儿童学会聆听其他人的解题技巧。

典型标准化测试和课堂测试只评估儿童的已知知识,或最近发展区的较低层次。另一种评估类型,如教师在一对一交谈中运用适当的激励机制,就可以探索到最近发展区的更高区域。

例如,教师要求一个一年级儿童数出3颗黄色纽扣和4颗蓝色纽扣。"我们有几颗纽扣?"儿童从1开始,每拿起1颗纽扣数一次。儿童能从3颗黄色纽扣继续计数吗?教师提示儿童,"现在我们有3颗黄色纽扣,能从3继续数到4、5、6、7吗?"几次示范后,儿童理解了题目模式并完成这种"继续数"任务。因此,这种技能属于儿童最近发展区。如果儿童坚持每次计数都从数字1开始,任务发展就并不适当。有时同龄人能够彼此做出正确提示或提醒,而不是打压儿童的自信心。

杰罗姆·布鲁纳(1915年前)对上个世纪的教育事业产生巨大影响。他将智力发展描述为从动作模式(enactive mode)到映像模式(iconic mode),再到符号模式

(symbolic mode)的过程。在第一阶段,婴儿和学步儿童只能借助于动作对物质世界作出反应。婴儿看到成人衣服上一颗闪亮的纽扣想试图抓住纽扣。2—3岁左右的儿童已形成各种感官意象。映像模式中,儿童能意识到成人缺席,能记得成人的视觉、听觉或触觉意象。架上放有一盒饼干,吃掉一块饼干后,儿童能记得饼干的味道,并想吃"更多"饼干。

5—6岁左右的儿童能运用口语、图画或数字等符号模式表达思维。布鲁纳的三种模式已应用于当前的数学教学中:完全使用教具练习数学;根据视觉、听觉和知觉提供的记忆映像练习心算;最后运用有意义的数字符号。符号模式中,一个6岁儿童解决6+7加法问题时分析道:"我拿出7,7是6加1,因此我把6与另一个6相加,最后再加上1,得到13。"

迪恩斯(Dienes,1967)主张数学思维五阶段。在第一阶段"自由发挥"(free play)中,儿童喜欢对物质世界积极地探索,但注意不到物体的共同点。例如,球和橘子都是圆的,但儿童却不能发现它们之间的相似点。第二阶段"归纳"(generalization)中,儿童识别模式、规律及不同模型的共同属性。这个阶段的儿童认识到球和橘子的本质都是圆形。在第三阶段"表述"(representation)中,儿童以此来表达抽象思维。儿童用圆圈来代表物体的形状或描述圆的概念。第四阶段"符号表现"(symbolization)中,儿童运用方程式和词语描述关系,也可用符号表现面积、周长和半径。最后,在"形式化"(formalization)阶段中,所有两维和三维数字的关系和性质被分类、排序,作为数学学科结构的一部分。儿童了解的数学世界往返于前四个阶段。

模式和建模视角

气象员套用模式预报明天白天晴,下午可能出现阵雨。企业领导者试图对销售额的提升和来年的计划增长进行量化管理。儿童运用画圈或卌等方式记录数字。教师也了解儿童思考应用题的模式,诸如认知指导教学研究中的重要发现(Carpenter,Fennema,Franke, Levi, & Empson, 1999)。

另一种模式——莱仕翻译模型(The Lesh Translation Model)(Lesh,1979)指出,教具、真实生活情境、图片、语言符号或言语及书面系统之间有密切关联。各组儿童运用多媒体手段解决问题或案例。

莱仕和他的同事(2003)认为,学习者不需对所有知识进行构建或发掘。构建只是实现数学理解的一种方式。例如,大厨或木匠师傅给学徒传授基本技能和已知关系。模型和建模视角也认为在数学教学领域至少存在四个独立目标:

1. 行为目标：如学习数字。
2. 过程目标：如分类、分析、推测和组织数据等分析技能。
3. 情感目标：如个人对数学的感觉。
4. 认知目标：如能够给答案建模，口头解释思维过程及拓展模式。(Lesh & Doerr, 2003:533)

所有这些有价值的目标在协调良好的、日益复杂的数学概念及技能集合中发挥作用。

综 述

反思自己的数学教育以及数学学科的奥秘，你会深刻理解自己的错误想法和角色态度。全美数学教师协会和全美幼儿教育协会等专业组织设定的高标准帮助你成为知识渊博、反应灵敏的教育者。专业人士以终生学习为己任。本书只是你开始旅程的一项工具。

实地调查：临床日志或数学日记

访谈、评估和记录

与一位早教教师交谈过去一年中数学的学习焦点。

可能出现的问题：

- 全美数学教师协会标准对课程有无明显影响？《不让一个儿童落后》法案对课程有无明显影响？
- 他/她如何评估学校氛围？
- 什么改变使学校氛围更加积极？改变有没有带来更负面的教育后果？

更多活动和研究问题

1. 选择一个焦点，并解释焦点如何融入学习以促进理解，提高准确性。用日志或短论文记录下该做的和不该的事情。
2. 研究从事数学或科学相关工作的女性和少数民族现状的统计数据。你的结论是什么？与全班同学分享你的发现。搜索网页 www.mcrel.org/connect/math.html。
3. 研究基础数学教科书系列的教师指南。将某一年级的内容与NCTM标准提出的数学要点进行比较。哪些领域覆盖范围较大？

与科技的联系

1. www.nctm.org

访问NCTM网页,以便发现每周问题,这是一个免费的、小学阶段题目的解题链接。参加这个组织还有其他很多好处,其中包括每周日志、标准文本和其他有利建议。

2. www.naeyc.org

全美幼儿教育协会网页,包括组织的标准、实例、课程以及NAEYC和NCTM联合立场声明。

3. www.ncate.org

全美教师教育认证委员会网页,其中扩展性地涵盖了组织的标准及满足每个标准的尺度。

4. www.stemworks.org

此网页的教育领域提供了与所有九个联邦政府地区实验室的链接。这些实验室有大量信息、产品和服务,供各州网络居民使用。

5. www.mcrel.org/connect/math.html

这是一个叫中陆地区教育实验室(Mid-continent regional Educational Laboratory,简称McRel)的网页,它为教师提供了数十个热门网站链接,其中包括女数学家和数学以及儿童文学的链接。

参考文献

Bauer, A. M., & Shea, T. M. (1999). Inclusion 101: *How to teach all learners*. Baltimore: Paul H. Brookes.

Bender, W. N. (1995). *Learning disabilities: Characteristics, identification, and teaching strategies*. Boston: Allyn and Bacon.

Bresser, R. (2003). Helping English-language learners develop computational fluency. *Teaching Children Mathematics*, 5, 294–299.

Carpenter, T. P., Fennema, E., Franke, M. L., Levi, L. & Empson, S. B. (1999). *Children's mathematics: Cognitively Guided Instruction*. Portsmouth, NH: Heinemann.

Dienes, Z. P. (1967). *Building up mathematics*. London: Hutchinson Education.

Fennema, E., Carpenter, T. P., Jacobs, V. Franke, M. L., & Levi, L. (1998). A longitudinal study of gender differences in young children's mathematical thinking. *Educational Researcher*, 27(5), 6–11.

Giganti, P., Jr.; D. Crews, Illus. (1992). *Each orange had 8 slices: A counting book*. New York: Greenwillow Books.

Kim, J., & Sunderman, G. L. (2004). *Does NCLB provide good choices for students in low performing schools?* Cambridge, MA: The Civil Rights Project at Harvard University.

Kirk, D. (1994). *Miss Spider's tea party*. New York: Scholastic.

Lesh, R. (1979). Mathematical learning disabilities: Considerations for identification, diagnoses and remediation. In R. Lesh, D. Meickiewicz, & M. G. Kantowski, (Eds.), *Applied mathematical problem solving*. Columbus, OH: ERIC Clearinghouse for Science, Mathematics and Environmental Education.

Lesh, R. Y., & Doerr, H. M. (Eds.). (2003). *Beyond constructivism: Models and modeling perspectives on mathematics problem solving, learning, and teaching*. Mahwah, NJ: Lawrence Erlbaum Associates.

National Association for the Education of Young Children (NAEYC). (1986). *Developmentally appropriate practice*. Washington, DC: Author.

National Association for the Education of Young Children (NAEYC), (1997). *Developmentally appropriate practice in early childhood programs servind children from birth through age* 8. Washington, DC: Author.

National Association for the Education of Young Child (NAEYC). (2001). *NAEYC standards for early childhood professional preparation*. Washington, DC: Author.

National Council for Accreditation of Teacher Education (NCATE). (2002). *Professional standards for the accreditation of schools, colleges, and departments of education*. Washington, DC: Author.

National Council for Accreditation of Teacher Education (NCATE). (2003). *The NCATE/NCTM Standards*. Washington, DC: Author.

National Council of Teachers of Mathematics (NCTM). (1991). *Professional standards for teaching mathematics*. Reston, VA: Author.

National Council of Teachers of Mathematics (NCTM). (1995). *Assessment standards*. Reston, VA: Author.

National Council of Teachers of Mathematics (NCTM). (2000). *Principles *and standards for school mathematics*. Reston, VA: Author.

National Council of Teachers of Mathematics (NCTM). (2006). *Curriculum focal points for prekindergarten through grade 8 mathematics: A quest for coherence*. Reston, VA: Author.

National Science Foundation (NSF). (1999). *Women, minorities, and persons with disabilities in science and engineering: 1998 (NSF - 99 - 338)*. Arlington, VA: Author.

Pendarvis, E. D., Howley, A. A., & Howley, C. B. (1990). *The abilities of gifted children*. Englewood Cliffs, NJ: Prentice-Hall.

U. S. Department of Education. (1998). *Twentieth annual report to Congress on the implementation of the Individuals with Disabilities Act*. Washington, DC: Author.

第二章

打造成功计划
——良好开端

来自地方大学大专班接受职前培训的准教师们实地考察了一位幼儿园优秀教师的教室。这个教室是很多创造性学习中心的发源地。在教室一角放着一只装有宠物兔的大笼子。天花板上悬着很多鸟巢,儿童伸手就可以够到。四处巧妙摆放着形态自然的手工制品。教师们暗想:"将来我的教室能像这间教室一样具有吸引力吗?"

在另一个学区,小学教师们参观了一个研究数学问题的工作室。当看到视频中演示儿童思考应用题的情景时,他们又想:"我的学生有没有这种内在的潜力呢?"

不论是新手还是经验丰富的教师,在面临挑战和变化时都会感到不知所措。幼儿园里和视频中的优秀教师们花费了很多年的时间来完善他们的教学艺术。如果有人想效法他们的模式,应该如何开始教学工作呢?本章中我们将探索教师们所关心的在开设适宜的数学课程中遇到的一些最常见问题。

如何开始

成功的开端应具备三个关键因素:准备充分的环境、进度适当的数学课程,以及教师自己。

准备充分的环境

教师们很少能直接接手到一个资源充足、组织有序、进出方便的教室。良好环境应交通便利，通风设施齐备，空间充足，活动中心多。有关这些中心和模型平面图的详细叙述，见斯波代克和萨拉乔的著述（Spodek & Saracho，1994）。

一间教室除了上述条件外，还要安排便于儿童小组活动的桌椅板凳（可能四人一组）。数学活动中心有矮搁板，或是手推车，上面放有贴标签的盆子、桶和箱子。用不到的材料要放在儿童够不到的地方。如一些教师会要求在衣帽架上设置一个搁板。

施瓦兹（Schwartz，1995）将数学融合到日常事务中，介绍了很多方法来布置教室和迎接新学年。不管是私人房间还是储藏箱，儿童总喜欢标示自己的私人领域。除自己的照片外，儿童都会用几何图形来创造个人设计。这种设计会体现在姓名标签上——用来记录日常行程的姓名条。这些平面图形的诸多特性给儿童提供机会去探索各种关系：角度匹配，一致关系，对称关系等。

新教师关心如何收集、整理、储存和分配数学材料。教师们会反复利用各种日常用品，从瓶盖到旧珠宝无一不在其中。他们还会向儿童的家庭寻求捐赠：列出清单，标明最需要的物品（例如婴儿秤），然后贴在教室墙外面。另一些教师会到二手商店和折扣店搜罗物品。如果家长负担得起，教师会要求捐赠一本新书，而不是款待一顿晚餐，这会让儿童度过一个特别的生日。

如预算允许，可购买一些现成材料。有时，家长会筹集资金购置操作材料，像接龙方块（Unifix cubes）、基十积木（base-ten blocks）、模式（pattern）积木、幼儿园积木（kindergarten blocks）等都是必备而又昂贵的器材。这些器材不易磨损，但缺点是如果不加注意，儿童会随手带回家，这样就再也找不到了。更新设备和教具应考虑在预算中。

器材应安全、易拿到，放置在牢固的无盖器材箱中。纽扣、贝壳、钥匙或面包标签等小物品应妥善存放在小盒子里，可以用橡皮圈勒住，这样盖得更牢。（说明：在盒盖上戳个洞，把橡皮圈的一端穿进这个洞，拴在回形针上，用胶带把回形针粘上）

教师会利用包装商品用的桶或者冰淇淋盒子，如廉价的塑料餐盘经过使用后仍完好无损，也可反复使用。教师在每个容器前面做标签、记颜色代码，贴物品图片或样本。

多人的小组活动使用的器材可以用有拉链的塑料袋分袋包装。需要时，以袋分配就显得很方便。

在使用教具时儿童有章可循。以下建议可根据各个发展期的需要进行改进：

1. 轻拿轻放容器。步伐缓慢。
2. 用完后应把容器放回原处。

3. 不干扰别人的工作。

4. 不扔掉任何物品。

5. 如果想保留其中一样物品，要征得教师同意。

有些教师建议：如儿童希望得到某样东西，例如一颗纽扣或一件珠宝，最好让儿童悄悄告诉你。如果你有很多贝壳，可以用一枚贝壳来代替他/她要的东西。这种方法一方面能保留住你的收藏，另一方面又能满足儿童对物品的兴趣。不用担心教具被盗或丢失，通常儿童在安全、健康的环境下会遵守规则。

儿童拿到操作材料，第一反应是玩，这很正常。他们会叠加材料，设计造型，或进行各种创造性活动。善于思考的教师通常会给他们一定的时间，允许他们自由选择材料或随意使用材料。只要遵守基本规则，儿童可以做任何他们想做的事情。某种程度上，教师为某种材料的使用设定基本规则。例如很多分—分—合的活动要求设计只能使用两种颜色（Baratta-Lorton，1976）。这种方法能帮助儿童完成算式，这就变成了诠释数学概念的实际操作方法。

一些教师反映儿童在长假后很难收心学习。教师在短时间内必须给予他们自由选择的空间，才能使学习继续。最终慢慢引导儿童将器材应用于学习，使器材回归到正确的位置，不再充当玩具。

教学设备齐全的教室要有电脑、电脑软件、计算器，还要有一台投影仪及其屏幕和视频显示器。技术应用拓展了教师日常数学活动的种类。

总之，一个准备充分的环境意味着教室宽敞，组织良好，而且资源充足（见附录B）。对三个主因来说，准备充分的环境最易实现。课程的调整或个人教学理念的改变则需要更加持久的努力。

进度适当的数学课程

课程涉及选择，体现了价值观。正如 NCTM 标准指南（1991，1995，2000）中所说，真正的内容要旨来源很多。本书将对这些要点进行解释和举例，并诠释一些主题单元（见第十四章）。本地的学区根据年级水平开发并印制了课程指南。有时，教师依据教科书出版说明开设一门小学数学课程。一本小学数学教科书可以提供学习的视听辅助、思想来源以及一种课程主题的引入方式。尽管如此，关键还是教师应创造教学氛围，充分利用这些资源来促进数学的实际学习。

教师进修永无止境。教师只有不断学习才能提升自身的知识水平。教师是专家，他们参加各种研讨会、大型会议、研习班和各种课程，来提高对儿童的认识，更新对数学的理解。

从事儿童早期教育的教师要学会做全年计划和短期计划。单元主题可能来源于课程网络指南（Piazza，Scott，& Carver，1994）。教师从课程网络指南中选择一个大主题,比如说熊、马戏团或昆虫。儿童和教师围绕这个主题,讨论所有感兴趣的话题。通过讨论,教师对儿童的兴趣和背景知识进行评估。单元主题包括很多活动,其中包括数学要点。这些单元活动转化为日常活动,可能只能局限在教室日程安排内。在第十四章关于"熊"的内容中,儿童要学习语言、音乐、艺术、数学、科学和其他课程。另外,学前教师计划开设积木角,比如建一个熊窝或游泳池。全班的幼儿可能有兴趣设计一个关于熊的橱窗栏或建一个"熊窝"。允许幼儿选择做他们感兴趣的事,能保持他们对主题的兴趣,他们的好奇心和创造力是与生俱来的。有关样本主题单元见第十四章。想创建自己的课程网络指南,可使用附录 M 中的分析图。

小学教师根据儿童需要和当地课程安排教案。教案与活动的不同之处在于其形式更正式,应有开头、正文和结尾。对于大多数小学教师来说,时间既是朋友也是敌人。鼓励儿童充分理解一个数学概念并能举一反三,提供足够的时间是极其重要的。为使记忆深刻,勤做练习也很必要。但是,未必每天都有充足的时间来完成计划好的一切事情。现在的儿童在学校和儿童看护中心度过的时间远比在家的时间多。将来这些中心会更经常地举行学校性的正式和非正式的数学活动。例如,积木、跳棋和国际象棋等比赛可以融入儿童课外活动,为儿童提供很好的非正式数学学习经验。

大多系列教科书都附带参考教案。教案一般依据 NCTM(2001—2006)导引系列(Navigation Series)教学模式。教案分三个步骤:导入、深入和扩展。首先,开始课程或导入课程,把小组的注意力吸引到新的活动上来。其次,深入或提出实际问题,让全班儿童共同努力解决问题。最后,对那些有兴趣继续探索问题的儿童,针对问题进行扩展,或提出新的挑战。

下面是一份三年级教案,标题是"关于电影院停车场的汽车"。可以看到该教案中总体结构包括 NCTM 年级水平焦点:目标、内容标准和过程标准,还有上一段中提及的三个步骤。

◎ **电影院停车场的汽车**

NCTM 焦点—三年级	描述和分析二维空间形状的性质。
目的	推断出电影院长方形停车场和座位数量之间的关系。
内容标准	几何,测量,解题,概率及数据分析。
过程标准	解题,沟通,联系,表达。
问题	如果电影院里只有一个可以供 100 名观众观看的屏幕,那么这个电影院将需要多少车位?画出电影院及前门,然后在离前门最近的地方准备尽可能多的车位。
导入	发放纸张,大而扁的"青豆车",一把小尺或直尺,以便精确绘图。提出问题,提醒儿童汽车或货车要能倒车,可

	开回家。
深入	停车场是长方形的吗？有没有其他图形可以用来做停车场？一辆车可以坐多少人？车上是不是满员？有没有可能车停在停车场而车上的人却没有进电影院？电影院里坐满人的可能性有多大？电影院会不会空场？你需要停车标志吗？儿童完成绘图，计算出所需最小面积后，与小组成员共享结果。
扩展	残疾人所需停车场该怎么办呢？面积应为多大？如果电影院的大屏幕不止一个呢？车主们怎样才能更好地利用车位？怎样制定合适的规则才能确保残疾人有足够车位？研究一下当地政府的相关规定。

这节课可能需要几天才能完成。儿童也想彼此合作来解决问题。一些儿童在计算空间方面更胜一筹，而其搭档却更擅长汽车和人数的合理搭配，确保电影院座无虚席(图2-1和图2-2)。

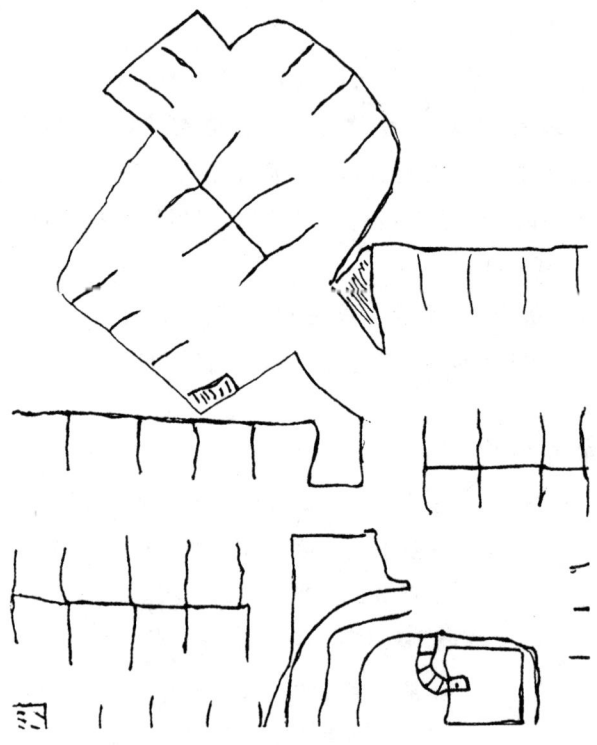

图2-1 一年级学生Fisher解决停车场问题的第一部分

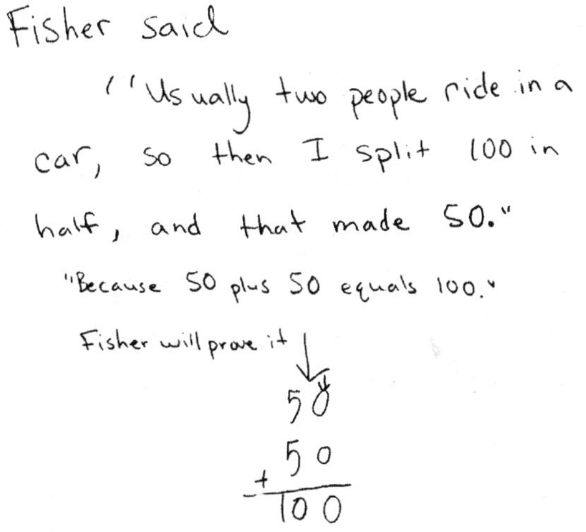

Fisher said
"Usually two people ride in a car, so then I split 100 in half, and that made 50."
"Because 50 plus 50 equals 100."
Fisher will prove it
$$\begin{array}{r}50\\+50\\\hline 100\end{array}$$

费希尔说：

"通常两个人坐一辆车，所以可以把100平分成两份，就是50。""因为50+50等于100。"费希尔得出：

$$\begin{array}{r}50\\+50\\\hline 100\end{array}$$

图2-2 费希尔解释他的方法

数学学习有关键期，很多系列教科书都用日常练习或数学速测做精准性练习，从而帮助儿童建立自信。短期内需要培养一些技能：数日历或钱，快慢运算，数数，简单加减乘除，估算。教师把这些训练练习记在手册中，多种训练环环相扣，不用专门策划学年某天的教学计划。

教师的生活非常繁忙。在暑假或节假日他们要写计划，收集材料，组织安排，给容器贴标签，这样能减轻学期中的工作压力。儿童喜欢协调自主学习、自我反思和自定学习进程，如猜谜、游戏或搭积木等。提前规划学习中心和完成独立工作能使教学更愉悦。

◎ **课堂教具**

"教具无缺点"是无稽之谈。好的教具可以消除非正式数学、正式数学和正式的学校数学之间的差异。为完成这个目标，教具必须符合儿童的发展水平。例如，在计算问题时，幼儿倾向于"分散"或单个的计算方法，通过数数得出答案。他们会先数出3个豆子，再数出4个豆子，这样得到7个豆子。假设用彩色木棒，绿色木棒代表3，紫色木棒代表4，把两根木棒接起来得出7，但这种方法对他们来说可能很难（Baroody，1989）。

像豆棒这样的比例材料更适合二年级儿童。算盘无比例，适合三年级儿童用来计算大数字。美元采用无比例系统。10美分硬币的大小并不是5美分硬币的两倍，而25美分硬币也不是5美分硬币的五倍。大小和面值之间的不成比例导致幼儿难以理解硬币面值。

最新研究显示，一到三年级的女生过多依赖教具和记录数据来解题。男生则更多用头脑进行"心算"（Carr，Jessup，& Fuler，1997；Fennema，Carpenter，Jacobs，Frankes，& Levi，1998）。男生运算时会拆分其中一个数字。"计算9+4等于几，可以从4中减去1,4减1等于3,而1加9等于10,这样10加3等于13!"女生在计算简单数字上几乎不需要思考。计算多位数需要掌握数位值概念和数字系统,依赖记忆的女生可能在这些方面会遇到困难。

卡尔、杰瑟普和福尔(Carr, Jessup, & Fuller, 1999)曾经在一项一年级男女生的研究中发现相同的结果。他们发现男生会因成人喜欢的策略或教师对获取策略的说明而受到影响,而女生使用的策略与成人已有的信仰或行动没有关系。

有时也会出现相反的效果。"在一些例子中,实际上女生会在她们与教师和父母间的互动中受到伤害。女生没有从检索或公开策略的指示中受益。成人提供的关于策略规定的元认知也没有帮助女生们使用公开策略。"(Carr et al., 1999:42)要解开这个性别谜题,需要做更多的研究。

教师自己——理念和态度

数学教师在协调学习上扮演新角色。人们普遍认为,这个角色由"台上哲人"转变为"台边引导人"。请在整体学习环境中思考以下原则,这些原则摘自《数学教学专业标准》标准五:

提供和安排必要的时间来探索有声数学,设法理解重要的思想和问题。

利用物理空间和材料,采用促进儿童数学学习的方法。提供环境培养儿童的数学技能达到熟练程序。尊重和重视儿童思想,思维方式和数学个性;尊重和鼓励儿童——

通过独立或合作理解数学。

提出问题和大胆假设。

认可和支持数学辩论思想,演示数学技能。(NCTM, 1991:57)

标准二中阐释的数学思维的产生方法与标准五有异曲同工之处,那就是必须要真正尊重个人观点,充分考虑个人观点。

数学教师要创造一种学习环境,通过下列方式,促进每个儿童的数学能力的发展:

提出能诱导儿童,让儿童参与和挑战每个儿童思维能力的问题和任务。

认真听取儿童的看法。

要求儿童口头或书面准确地解释自己的想法。

对于儿童在讨论中提出的想法,教师须决定哪些要深入探讨。

决定何时及如何把数学符号及语言与儿童的想法联系。

决定何时提供信息,澄清问题,何时模拟,何时指导,何时让儿童参与解决难题。

监督儿童参与讨论,决定何时及如何鼓励儿童参与其中。(NCTM, 1991:35)

这些标准有助于教师创造一个有别于自身童年时期的课堂环境。

假设的关键就是儿童在学习中的积极作用。儿童学习教师的话语,观察教师的行动和其他社交活动,通过自身理解和感知对习得信息进行过滤。儿童重新构建知识,并以此为基础详述知识。儿童都是怀着极大的热情来学习的。从这点来说,教师必须有意识、有目的地以某种特定方式开展数学教学活动。因此,教师必须激发儿童去思考问题,鼓励儿童从新视角审视问题,深化理解。在适度和过度激发之间存在一种微妙的平衡(Steffe & Tzur, 1994)。通过观察儿童是否能保持持久的兴趣,教师能很快发现这种激发是否太易、太难或太枯燥。

一些值得教师思考的问题:

1. 我究竟倾向相信听到的还是谈到的?
2. 我对数学的理解足以有意识地干预和激发儿童吗?如果不够,我怎样才能提升理解,用能力赢得自信?
3. 如果受到压力要退回到早前的传统方法上,我应该怎么做?

改变个人态度并持之以恒很艰难。近期的后续研究表明那些以研讨会、指导、顾问等形式,接受过为期四年强度训练的教师能够达到个人信仰和课堂实践的较高水平,这种水平与认知指导和数学课程相符(Fennema, Carperter, Franke, Levi, Jacobs, & Empson, 1996)。另一方面,一项关于20位参加了解决认知问题的短期暑期研习班的教师的研究显示了信任和课堂实践类型的广泛性。三四年后,只有一半教师坚持使用这种新方法,而另一半只作为补充或偶尔用之(Knapp & Peterson, 1995)。当教师做出改变时,他们需要从监督者和公众那里得到支持和肯定的回馈,教师在改革之路上也需要找到一些志同道合的人。

教师的态度和数学焦虑

数学焦虑确实存在,但教师不应助长这种焦虑。研究不断发现数学焦虑的程度和数学成绩密切相关。也就是说,焦虑的程度越高,参加标准化测试时的数学成绩就越差。另外,对151项研究进行的元分析显示女生的数学焦虑通常比男生严重。

其他研究者们探索了数学焦虑的两种次类型:情感焦虑和认知焦虑(Ho, Senturk, Lam, Zimmer, Hong, & Okamoto, 2000)。在情感焦虑中,个人表现为惊慌、紧张、害怕、担心。他/她受控于情绪。认知焦虑指担心、心事重重和消极地自言自语。"我不会做","我最好还是不要学了","我等不到课程结束了","这次的作业还是不会做",这些都是认知焦虑的例子。研究者以中国和美国六年级儿童为试验对象进行了一次跨国试验。他们发现,情感焦虑对参与试验的儿童学习数学都会产生不利影响。专家推测独生子女政策会提高对女性的学术期望。

现在很多大学生已经意识到了课程改革的好处，就像 NCTM 标准中所列出的一样，他们很喜欢数学学习。尽管如此，有数学焦虑的儿童需要面对这种害怕情绪并尽力克服。像《克服数学焦虑》(*Overcoming Math Anxiety*)（Tobias, 1995）之类的书籍可能会很有用，有助于克服恐慌和恐惧。对数学的极度害怕会妨碍职业选择，会让专家放弃深入研究数学，而且可能导致教师减少在课堂上教授数学的时间。

在方案中如何让家长介入

家长对孩子天生就有保护欲。他们看到"教育改革"反复进行，会考虑改革所产生的灾难性影响和后果。很多年前他们从未接触过这种"新数学"。过去的经历会导致他们产生数学焦虑。很多人对改革表现出一种谨慎而不信任的态度。

家长知道算术很重要。他们经常会用到数字，经常要计算。他们在教师的解释下才知道解题课程中每天都要用到数字，这不是简单地做选择题。针对那些对练习题、强化训练题和教学测试卡感兴趣的家长，教师可以指导他们利用卡片游戏、骰子和《家庭数学》(*Family Math*) 上的活动，来强化儿童的数字感（Stenmark, Thompson, & Cossey, 1986）。

让家长对比旧式数学课程，了解新式数学课程的缜密之处。也可以让家长回顾初高中的单元活动和计划。儿童在标准化测试中取得的优异成绩或者在数学竞赛中获得的奖项，要确保家长能看到这些珍贵、有力的数据。还有很多人害怕未知的东西。下面是一些补充建议：

1. 利用文字和便条，在家长会上介绍你教学方案中的理念和方法。
2. 制作有关课堂情况的视频或幻灯片。
3. 以数学相关的主题开设一个儿童书籍图书馆。
4. 收集有助于家长了解课程的小册子和书。
5. 对儿童学到的好东西给予肯定。

如果对数学课程的某些方面困惑，请教你的指导教师或数学专家。在家长面前对课程表达消极情绪或困惑是无益的。只有你告诉他们你的早教课程是深思熟虑的，会为他们的孩子提供优质教育，才能使他们对你信心百倍。

如果儿童学习数学只会死记硬背，该怎么办

那些死记硬背的儿童在学习分类、排列、绘图、模式和解题等数学要点方面存在严重不足。他们可能因为自身的数学成绩已经对数学产生焦虑。教师需及时评估

并指出他们主要的优缺点,他们才能调整好自己,在新课程中取得好成绩。他们需要更多时间和机会,努力理解重要概念。教师还必须时常鼓励成绩落后的儿童。给背景复杂或学习有障碍的儿童推荐学习方法,让他们有效应用。

很多传统教科书仍在不断重复多数儿童已经精通的"基本原则"。针对这点,教师可以通过快速测验跳过简易内容,在课堂中融入更多的挑战性任务。尽量抽出空余时间,将儿童文学、科学或社会研究课与有意义的数学问题结合起来。

如何满足不同数学背景的儿童需要

教师希望满足所有儿童的学习需求和情感需求。实际上,这个目标是教学活动中面临的最大挑战之一。经验丰富的教师是关心和支持儿童的楷模,在对他们进行的一项研究中发现:教学指导很少具有个别性。教师修改教学计划时经常采用小团体干预,如全体儿童合作学习。个人教育计划(the Individual Education Plans,简称IEPs)责令教师要针对班里有学习障碍的儿童修改教学计划。但满足个人需求的意愿和课堂实践之间存在差距(Schumm,Vaughn,Haager,McDowell,Rothlein,& Samuel,1995)。由于各种原因儿童的学习权利未能得到教育法规的保障,这带给我们什么样的启示呢?结论是有责任感的教师在制订计划时必须重视这个问题并将其置于首位。

有两方面值得关注:提供适当的学习活动和评估儿童的进步。有关评估的种种建议见第三章。第三章主要讨论改进教室环境和提供学习活动,尽可能让所有儿童都有机会接受教育并从中获益。这些改进措施包括分组多样化、学习模式多样化、个别辅导和消除语言障碍。

多样化分组(Variety in grouping)要灵活(Tomlinson,1995)。有时教师按个人能力分组,有时全班又统一活动。教师应按主题和儿童的需求进行分组。表现好的小组不能永远合作,分组也不可能是开展数学教学的唯一手段。

很多讨论和自由学习是以合作或小组的方式进行的。儿童要学会共享资源、听取他人想法和与人合作。这些特性是很重要的情感结果。分担解决方案的责任就意味着增加行动的风险。合作学习(Johnson & Johnson,1990)是一种更正式的组织课堂小组的方式。合作学习研究显示儿童无论能力如何,在学业上都能有所收获,自尊心也得到增强。

学习模式多样化(variety in modes of learning)通过多感官方式实现。自蒙台梭利时期起,早教专家已经把自主学习和亲身体验融入课程的各个方面,包括视觉、听觉、嗅觉和触觉。加德纳和哈奇(Gardner.& Hatch,1989)的智商高低说提醒教师:儿童在音乐或运动(动觉智能)等方面具有某些天赋。

随着儿童年龄的增长，从学前班到幼儿园，再到小学，他们无不需要多样化。一些教师和家长会根据儿童的座次改变听、说、读、写的学习模式。这种改变对儿童不利，对那些语言表达困难或有学习障碍的儿童尤为不利。课堂会因此变得无聊枯燥。

个别辅导（additional individual support）可由教师、成人志愿者、同龄人或年长儿童担任。需要特殊教育的儿童可接受专家的帮助。家长、社区志愿者包括退休教师的加入，对于教师的补充是种无价资源。很多儿童从一对一的辅导中受益（Jenkins & Mayhill, 1976）。罗伯茨和马瑟（Roberts & Mather, 1995）发现有学习障碍的儿童在接受除主要学习渠道之外的单独辅导后，会取得学业上的进步。

在电脑方面或在学习中心里，年龄较大的儿童喜欢帮助年龄较小的儿童。教室里儿童越多变化就越多，反思型教师要特别关心那些需要关心和应该得到关心的儿童。

消除语言障碍（bridging language barriers）是指教师必须掌握足够的常规外语，以便用一种初级的方式与母语为非英语的人交流。常用语手册、社区志愿者，或者辅以熟练使用某种语言的课堂，能帮助教师更有效地交流。如果儿童能阅读他/她的原始语言，现有的计算机程序就能把一种语言翻译成另一种语言。这些程序、辅助图片和教具能帮助儿童理解课堂活动。不应以幼儿能迅速接受和掌握教师数学行为的意图为前提，而是应格外努力。儿童希望能适应环境，但如果教师任由他们自我发展，他们又往往会退缩。如果这些儿童不是有行为缺陷，教师很可能会忽略他们的真正需要。

最后，可选性的课堂活动鼓励需求各异的儿童平衡他们的兴趣、能力和学习环境。面对各种机会，儿童会对那些具有挑战且可行的活动做出最佳判断。

如何利用技术来加强学习

技术是我们日常生活中不可分割的一部分。在早期儿童课堂上，技术可以发挥奇迹般的作用。善用技术的教师向每位儿童传授知识，无论是有天赋的儿童，还是那些需要辅助媒介学习的儿童。

研究发现，计算机活动与课堂活动、游戏、日常物体使用或者数学教具相结合，会产生最佳效果（Haugland, 1992）。一项被国家科学基金会命名为"搭积木"（Building Blocks）的课程计划（Clements, 1999:99），为学龄前到二年级的儿童提供了一门最先进的课程，旨在有效利用计算机技术和日常物品。数学主题包括：①模式与功能，②数据，③离散数学（比如分类、排序）。儿童利用媒介培养与其年龄相符的数学概念并连贯理解。

开发合适软件的信息来源之一是《儿童软件 Revue》杂志（*Children's Software*

Revue)。另一些强烈推荐的软件程序已经罗列在本章"与科技的联系"部分。很多商业软件公司提供免费共享软件，可以从他们的网站下载。其中道约翰斯通公司(Don Johnson，Inc)专注于软件和其他工具的研发以帮助障碍儿童最大限度地开发潜能。

制订计算机教学计划

家长和校董会都赞成在课堂环境中添加计算机元素。虽然他们对计算器的使用忧心忡忡，但却认为计算机的使用是学校与时代接轨的标志。计算机作为一种学习工具必然也存在优缺点。所以大多数儿童早教专家都赞同三条基本原则：

一是技术应能刺激主动学习，应能为儿童提供合适的教学模式。技术虽不能替代主动学习，但应融入整个儿童早教计划中。

二是技术应能增强解决数学课程问题的能力。用大量训练和练习培养精细技术或由于自身因素过于强调速度，这样的计算机计划通常指"电子手册"。挑选计算机软件应格外仔细以避免陷入误区。

三是技术应有独特语言和程序，从而区别于媒体语言。例如：键盘，回车，读盘，连接调制解调器。儿童应学会按顺序操作，比如他们会按顺序把数字符号输入计算器来解题。儿童不仅学会解题，更是掌握了操控这些工具的技能。

大多数儿童早教专家主张开辟教室一角以用作计算机中心。每台计算机配备两把座椅。儿童两人一组进行活动，或者年幼儿童与年长儿童搭配活动。教师把所有计算机统一安置于一处，便于儿童进行互动。在操作程序时，教师的辅助作用尤为重要，教师应坐在中间进行指导。此外，教师应引导儿童讨论计算机与日常生活之间的联系。

大卫·埃尔凯特(David Elkind)告诫教师应尊重儿童对自身世界的无限好奇和兴趣。"学前儿童有自己的课程目标。"(1999：65)他们也许不喜欢照教师所认同的正确方式使用工具。他们可能喜欢一直操作某种有趣的软件而不愿意换另一种复杂的。他们会对自己认为重要的问题去努力寻找答案。开放式软件能帮助儿童探索问题。

坎贝尔(Campbell)和斯图尔特(Stewart)设计了循环系统，这种实践方法能使每个人都有机会参与计算机活动。教师需把儿童姓名写在索引卡上，一个名字一张卡，再准备一堆彩色卡和一个钥匙圈。每组名字用一张彩卡隔开，所有卡片打孔并穿在钥匙圈上。设定好定时器，当一组儿童离开计算机之前，抽出写有下一组参加活动的儿童姓名的卡片。一周后所有儿童都参加过中心活动了。

选择恰当软件

教师和家长须预先熟知一种软件及其相应说明,判断该软件的使用是否与当前儿童发展水平相适合。儿童也许能很快掌握开机和读盘的方式,但成人所关注的是他们是否真正理解其含义。在诸如用计算机绘画这样的主动学习模式中,波曼和贝耶尔(Bowman & Beyer,1994:20)认为:

儿童应能理解概念和真实物体之间的联系。比如当幼儿用计算机创作出一幅图画,他不光要知道计算机的操作程序,更应理解图画与真实物体间的关系。

反思型教师倾听、提问并观察儿童如何应对教育软件。如果软件过于复杂会阻碍儿童的主动学习。

这里有一些建议可以帮助到你:

1. 儿童能够独立使用程序。频繁地请求帮助,或者"我应该怎么办?"意味着儿童不懂。
2. 儿童能够控制程序的速度和路径。
3. 反馈明确且迅速,儿童才能保持兴趣。儿童的错误容易被纠正从而能获得进步。
4. 图形和声音能吸引幼儿。软件设计赏心悦目,能激发儿童的好奇心。
5. 使用程序时,儿童体会到成功的快感。

一些优秀软件程序由于太复杂以致无法立即应用。坎贝尔和斯图尔特(Campbell and Stewart,1993)列举了一个案例,一位二年级教师为了能够成功使用"Blocker and Finders"程序让全班儿童所做的准备:预先计划包括使用课堂模拟——带木质积木的游戏板,纸网(paper grid),透明胶片(overhead transparencies)。一旦儿童理解如何在板上移动,就可以把软件用作课堂计算机中心的一部分。由于软件鼓励逻辑推理、空间解释和数据收集,她前期付出的努力是值得的。

为计算器制订计划

"计算器属于中高年级"的说法是毫无根据的。很多家长和学校董事会成员认为,计算器的使用妨碍儿童掌握基本的数字和程序。最近加利福尼亚州禁止在数学课堂上使用计算器。立法者把六年级以下学生不应使用计算器写入州法规。他们还在十一年级的"全州之星"评估计划中取消了计算器的使用(Lott,1999)。1999年5—6月份的数学教育对话(Mathematics Education Dialogues)(Usiskin,1999)发表了来自社会各方的意见和研究参考。

然而,这个专业组织和几乎所有的州标准都希望教师在他们的数学课程中使用计算器。为什么要赞同计算器的使用呢?事实是,80%以上的研究一致表明,使用计算器进行教学和考试能取得优异的数学成绩,增强儿童的自信心(Hembree & Dessart,1992)。针对5—8岁的1 000名幼儿开展的一项多年跟踪研究证明,试验儿童到四年级为止在各个数学概念上表现更优秀,包括负数,数位值,特别是小数。儿童知道传统算法的使用时机,能解释自己的思维方式。实验组没有不利影响(Grove & Stacey,1998)。

为了准确使用计算器,儿童必须能够估算和/或四舍五入近似答案。人类大脑不只是工具,它知道如何找到正确的答案。计算器不只局限在快速进行大量数字的运算。在低年级,计算器可以解释数字模式(number pattern)。重复相加同一个数字是早期乘法的表现。从较大数字上重复减去同一个数字是一种除法思维。创造性使用计算器的示例贯穿全书。最重要的是,计算器的使用为解决问题节省了宝贵时间。它把我们从日常事务中解放出来,让我们去探索更多有意义的数学主题。指导原则是"成年人每天做什么?"成年人用计算器相加一串串长数字。一旦幼儿掌握相加的基本概念,也能做同样的事情。

全美数学教师协会(NCTM,1989)建议给每个儿童提供适当的计算器或计算机。他们比喻道,计算器和计算机简化工作,就像文字处理程序帮助作家一样。此外,计算器能够解释数字模式。

儿童可以在日常活动中使用计算器,如扮演店主。他们利用计算器计算一长串数字或长除法。心算、纸笔算和计算器在课程中均占一席之地。通过几年的学习,儿童能够了解最有意义的计算形式。

综　述

打造成功开端必须密切关注三个关键因素:准备充分的环境、进度适当的数学课程和教师自己。在每个新学年,锲而不舍、专心致志和创造力将给你的课堂带来新思路和新气象。你精益求精,从儿童活动中汲取经验,成功之门将会为你打开。虽然这个过程永无止境,但却是值得的。许多优秀的教师已经先你之前,现在是时候开始了。

实地调查:临床日志或数学日记

评估和记录：绘制课堂环境

所需物品:方格纸或普通纸。

参观附近的一个教室,素描教室的客观环境。在图纸上标注所有区域和设施。

可能遇到的问题:

- 哪些地方有多种用途?

- 哪些区域安静？它们组合在一起吗？
- 哪些区域嘈杂？它们组合在一起吗？
- 如何储存数学器材？
- 计算机布线情况是否决定了某些区域的位置？

更多活动和研究问题

1. 选择一个主题，如熊或虫子，为一小组小学适龄儿童开发课程网。复制课程网，与全班儿童分享（见附录 M）。

2. 用一页纸的内容描述数学教学法中蕴含的哲学。你的哲学与你学到的方法有何不同？

3. 参观附近的一个幼儿课堂，绘制教室平面图。你是否会做修改？请向全班解释你的发现。

4. 向幼儿教育专家咨询如何为残疾儿童改造教室。以一个儿童为对象，选择代表性的一天，记录他/她在这天中使用综合环境的情况，写一份简短的个案研究。

5. 预览一个幼儿数学软件，依据本章中的指导，写出一页纸的评论。与软件互动中，儿童扮演主动还是被动的角色。

与科技的联系

1. www.preschoolbystormie.com

为布置开放的房间、家长—教师会议室提供了有用的提示。有很多中心的名单，并告诉你如何成功开办一个中心。

2. www.childrensoftware.com

这是《儿童软件 Revue》杂志的官网，你在这里能够看到样刊。

参考文献

Ambrose, R. C. (2002). Are we over emphasizing manupulature in the primary grades to the detriment of girls? *Teaching Children Mathematics*, 9, 16 - 21.

Baroody, A. (1989). Manipulatives don't come with guarantees. *Arithmetic Teacher*, 36, 4 - 5.

Baratta-Lorton, M. (1976). *Math their way*. Menlo Park, CA: Addison-Wesley.

Bowman, B. T., & Beyer, E. R. (1994). *Young children: Active learners in a technological age.* Washington, DC: National Association for the Education of Young Children.

Campbell, P. F., & Stewart, E. L. (1993). Calculators and computers. In R. L. Jensen (Ed.), *Research ideas for the classroom: Early childhood mathematics* (pp. 251–268). New York: Macmillan.

Carr, M., Jessup, D. L., & Fuller, D. (1997). Gender differences in first grade mathematics strategy use: Social and met cognitive influences. *Journal of Educational Psychology*, 89, 318–328.

Carr, M., Jessup, D. L., & Fuller, D. (1999). Gender differences in first grade mathematics strategy use: Parent and teacher contributions. *Journal for Research in Mathematics Education*, 30, 20–46.

Children's Software Revue. 44 Main Street, Flementon, NJ. 08822.

Clements, D. (1999). Young children and technology. In *Dialogue on early childhood science, mathematics, and technology.* Washington, DC: American Association for the Advancement of Science.

Elkind, D. (1999). Educating young children in math, science, and technology. In AAAS (Ed.), *Dialogue on early childhood science, mathematics, and technology.* Washington, DC: American Association for the Advancement of Science.

Fennema, E., Carpenter, T. P., Franke, M. L., Levi, L., Jacobs, V., & Empson, S. (1996). Learning to use children's thinking in mathematics instruction: A longitudinal study. *Journal for Research in Mathematics Education*, 27, 403–434.

Fennema, E., Carpenter, T. P., Jacobs, V., Franke, N. L., & Levi, L. (1998). A longitudinal study of gender differences in young children's mathematical thinking. *Educational Researcher*, 27(5), 6–11.

Gardner, H., & Hatch, T. (1989). Multiple intelligences go to school. *Educational Leadership*, 18(8), 4–10.

Groves, S. & Stacey, K. (1998). Calculators in primary mathematics: Exploring numbers before teaching algorithms. In J. W. Morrow & M. J. Kenny (Eds.) *The teaching and learning of algorithms in school mathematics.* (pp. 120–129). Reston, VA: NCTM.

Haugland, S. W. (1992). Effects of computer software on preschool children's development gains. *Journal of Computing in Early Childhood Educa-*

tion, *3*, 15 – 30.

Hembree, R. (1990). The nature, effect and relief of mathematics anxiety. *Journal for the Research in Mathematics Education*, *2*, 33 – 46.

Hembree, R., & Dessart, D. (1992). Research on calculators in mathematics education. In J. T. Frey (Ed.), 1992 *Year-book: Calculators in mathematics educater* (p. 30). Reston, VA: NCTM.

Ho, H., Senturk, D., Lam, G., Zimmer, M., Hong, S., & Okamoto, Y. (2000). The affective and cognitive dimensions of math anxiety: A cross-national study. *Journal for Research in Mathematics Education*, *31*, 362 – 379.

Jenkins, J. R., & Mayhill, W. F. (1976). Development and evaluation of a resource teacher program. *Exceptional Children*, *43*, 21 – 29.

Johnson, D. W., & Johnson, R. T. (1990). Using cooperative learning in mathematics. In N. Davidson (Ed.), *Cooperative learning in mathematics* (pp. 103 – 125). Menlo Park, CA: Addison-Wesley.

Knapp, N. F., & Peterson, P. L. (1995). Teacher's interpretations of "CGI" after four years: Meanings and practices. *Journal for Research in Mathematics Education*, *26*, 40 – 65.

Lott, J. (1999, May/June). A calculator tour around Canada and the United States. *Mathematics Education Dialogue*, 8 – 9. Reston, VA: NCTM.

National Council of Teachers of Mathematics (NCTM). (1989). *Curriculum and evaluation standards*. Reston, VA: Author.

National Council of Teachers of Mathematics (NCTM). (1991). *Professional standards for teaching mathematics*. Reston, VA: Author.

National Council of Teachers of Mathematics (NCTM). (1995). *Assessment standards for school mathematics*. Reston, VA: Author.

National Council of Teachers of Mathematics (NCTM). (2000). *Principles and standards for school mathematics*. Reston, VA: Author.

National Council of Teachers of Mathematics (NCTM). (2001 – 2006). *Navigation Series*. Reston, VA: Author.

Piazza, J. A., Scott, M. M., Carver, E. C. (1994). *Thematic webbing and the curriculum stands in the primary grades*. Arithmetic Teacher, *41*, 294 – 298.

Roberts, R., & Mather, N. (1995). The return of students with learning disabilities to regular classrooms: A sellout? *Learning Disabilities: Research and Practice*, *10*, 46 – 58.

Schumm, J. S., Vaughn, S., Haager, D., McDowell, J., Rothlein, L., & Samuel, L. (1995). General education teacher planning: What can students with learning disabilities expect? *Exceptional Children*, 61, 335–352.

Schwartz, S. L. (1995). Planting mathematics in the classroom. *Teaching Children Mathematics*, 2, 42–46.

Spodek, B., & Saracho, O. N. (1994). *Right from the start: Teaching children ages three to eight*. Boston: Allyn and Bacon.

Steffe, L. P., & Tzur, R. (1994). Interaction and children's mathematics. *Journal of Research in Early Childhood Education*, 8(2), 99–116.

Stenmark, J. K., Thompson, V., & Cossey, R. (1986). *Family math*. Berkeley: University of California.

Tobias, S. (1995). *Overcoming math anxiety*. New York: W. W. Norton.

Tomlinson, C. A. (1995). *How to differentiate instruction in mixed-ability classrooms*. Alexandria, VA: Association for Supervision and Curriculum Development.

Usiskin, Z. (Ed.). (1999). Groping and hoping for a concensus on calculater use. *Mathematics Education Dialogue*. Reston, VA: NCTM.

第三章

评 估

全美数学教师协会在 2003 年发布调查状况表,警示教师不应以单次测试成绩评估儿童的进步以及整个学校的现状。儿童可能会失去很多日常课堂中学习有意义数学的机会,而更多地转到训练往年做错的测试题上面。国际数学和科学研究动态(Trends in International Mathematics and Science Study,简称 TIMSS)和全国教育发展评估协会(National Assessment of Educational Progress,简称 NAEP)这些大规模、值得信赖的评估机构确实为决策者提供了参考。这些机构一致认为国家整体都在改进(Warfield & Kloosterrman,2006)。

国际结果

如何将美国儿童和其他地方的儿童相比较?有关四年级学生的成绩报告(U. S. Department of Education,2003)指出,美国平均分正好处于 25 个地方的中间水平。新加坡、中国香港特别行政区、日本、中国台湾名列前茅。伊朗、菲律宾、摩洛哥和突尼斯排在最后。

大家对这些结果众说纷纭。在整个过程中仅运用一种手段对儿童进行比较,一些教育者对其参考价值持怀疑态度。其他决策者觉得这是一面镜子,反映出美国毕业生为进入社会后能大展拳脚做足了准备。通常，每年的美国课程涵盖30至40个课题，而其他国家仅涵盖4或5个课题。同样，日本、德国等似乎花费更多时间来促进理解和营造技巧。他们的课程似乎与NCTM焦点的精髓相符合。

在准确计数、理解十位和个位的数位值概念、大声而迅速说出数字方面，亚洲儿童似乎比美洲和欧洲儿童略胜一筹（Guberman，1999）。在很多亚洲语言中，词语显示了数位值的本质。例如，在这些语言中，15读作"十五"，68读作"六十八"。美国课堂需要清晰明了地切实帮助儿童处理语言的不规则性。

有时人们认为，处理基本数字的速度或对数字的敏捷度与数学能力有关。一名一年级或二年级的儿童环顾教室，看到每个人都完成了练习题。这项3分钟计时测验，速度最快的儿童编入最优数学小组。这些儿童被视为擅长数学，而速度较慢的儿童则被视为不擅长数学。实际上，速度与数学能力毫无关系。速度强调的是超强记忆力，而非概念的理解，这并非数学家所关注的。一位数学家可能花费几天、几周甚至几年的时间来解题，他们时而搁置问题，时而思考问题。

做数学题更像玩一个1 000格的智力拼图。你先试填一格，然后再填其他格。你可能会以某种方式排列剩余格。你填一填，再歇一歇。执著和直觉与速度同样重要。花费更多时间来解一道数学题并不意味着你的能力就比其他人差。

男孩与女孩

可能你认为男孩比女孩更擅长数学。实际上，整个小学和中学阶段男孩和女孩在数学上的表现差异极小。总之，任何性别差异似乎与研究对象的年龄、高年级数学课程的参与度以及试验项目的认知本质有关（AAUW，1997）。在对第三次国际数学和科学评测（TIMSS；U. S. Department of Education，1997a：27）数据的近期分析中，研究者们发现"22个TIMSS国家的四年级儿童数学成绩中无明显的性别差异，美国是其中之一"。在一项对十二年级数据的分析中，TIMSS再次（U. S. Department of Education，1997b：18）证明美国是三个"在数学常用知识上无明显性别差异"的国家之一。其他两个国家是南非和匈牙利。

正式面试和非正式面试

大多数二年级教师希望了解儿童能否识别小时和分钟。过去的儿童会参加笔试，完成图3-1中所示的选择题。这种测试重复同样的程序，将时间精确到分钟，诸如识别6点40分。

说明:把与钟表上的时间匹配的答案用圆圈画出来

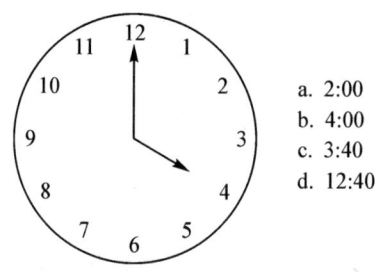

图 3-1　选择示例

现在教师可以进行正式或非正式的面试。在正式面试中,每个儿童和教师单独相处。教师利用一个闹钟模型问儿童:"告诉我 4 点钟在哪。告诉我 6 点 40 分在哪。"在评估表格中,教师记下儿童的动作。然后教师问:"你怎么找到的?"儿童说出一种策略。教师将儿童的总体反应分为三种:不理解、发展性理解(developing understanding)以及理解/应用(由 Ann Arbor Public Schools 改写,1993)。我们可以从对钟表运作不理解到略知一二,但会犯错误,到合理解释并给出准确答案这样一个渐进的过程看出儿童的进步。

如果教师想要进行非正式面试,可在小组钟表学习的课程中提出相同问题。教师在卡片或笔记本上快速记下儿童的信息。

哪种方法用时更多?当然是正式面试更为耗时。教师学到了什么?作为目前改革尝试的重要部分,哪种是评估进步更为可信的方式?

各学区教师从运用一种纸笔考试的评估方式发展到用多种方式收集有用信息,在这个过程中产生了很多重要论点。专家将评估它们的价值。2001 年的《不让一个儿童落后》法案和公众,其中包括校董会和家长都在等待评估的最终结果。

测试、分级和方案评估的一系列发展未能跟上课程改革的步伐。传统的标准化测试通常不符合课程的要求。尽管数字和常规计算容易掌握,但利用传统选择题评估儿童是否掌握了解题方法或评估儿童的数学能力,显然过于简单了。(NCTM,1995)

NCTM 标准(1989:2—3)中,数学能力这个词语用来表达对所有儿童期望值的变化。这种变化涉及理解概念和技能;面临常规和非常规问题时对数学概念和技能的运用;有效沟通相关策略、推理和数学调查结果;在运用数学理解真实生活情境上变得自信。

只通过一两次考试就能准确掌握数学含义,这几乎不可能。

评估和评价的定义

NCTM 评估原则将评估与学习联系起来：

评估应该反映所有儿童需要知道和能够解决的数学问题，应集中在儿童的理解和技能的循序掌握上面。教师应清楚了解所教和所学的内容。同时，评估应该与教学目标一致。根据既定目标，提供有关儿童个人和所处集体的发展信息，评估可确保每个儿童朝着正确方面发展并卓有成效。①（NCTM，2000:23）

NCTM 评估标准(1995)从广义描述了四个评估目的：

1. 监督儿童进步——促进发展。
2. 做出教学决定——改进教学。
3. 评价儿童表现——认识儿童的成就。
4. 评价方案——调整方案。②（NCTM，1995:25）

学区希望评估学习成果，"以厘米和英寸为单位测量直线距离"，下面举例阐释四个目的。

监督儿童进步：教师观察到查德以英寸为单位用直尺的一边来测量，而解题则要求以厘米为单位。查德需要帮助才能选择正确的单位。教师给查德一些棱长为 1 厘米的立方体和 1 英寸见方的浴室瓷砖。查德采用各种组合进行设计并记录结果。他向教师口头描述不同的单位。

做出教学决定：教师注意到班里很多儿童不是从直尺一端开始测量。全班儿童要进行更多的排列单位及计数的实践练习。每一对儿童应学会利用所选择的任意单位来制造一把直尺并向全班同学解释其工作原理。

评价儿童表现：教学单元结束时，教师要求每个儿童以英寸和厘米为单位测量三种物体（粉笔黑板擦、书的宽度、椅子的高度）。首先，儿童粗略估计结果，测量每种物体并记录结果。教师观察每个儿童在执行这项任务时的表现。

评价方案：区人事部复审所有州的三年级儿童的适应能力时发现绝大部分儿童在直线测量上得分不高。现在，数学委员会必须调查问题产生的原因并收集信息：测试项目是否有争议？儿童是否接受到足够的指导？如必要，小学课程需要如何改革？某些评估提供了儿童整体进步的信息反馈，专业人士要根据这些信息确定评价结果，以调整方案。

为优化评估实践，NCTM 标准(1995:11—22)包含六个优秀标准。简单分为下

---

① 引自全美数学教师协会的《学校数学的原则和标准》(2000)。
② 引自全美数学教师协会的《学校数学的评估标准》(1995)。

列几项。

1. 数学标准：评估应反映出所有儿童需要知道和能够解决的数学问题。
2. 学习标准：评估应该强化数学学习。
3. 公平标准：评估应该促进公平。
4. 公开标准：评估过程应该公开。
5. 推论标准：评估应该促进有关数学学习的有效推论。
6. 连贯标准：评估过程应该连贯。[①]

教师会根据以下问题思考这些标准（NCTM，1995：46）：

如何使数学课程符合数学理论的总体目标框架？

这些活动如何促进儿童数学学习？如何帮助我了解他们的学习情况？

每个儿童有哪些机会参与这类活动，阐释他/她所知道的和所能做的事情？

儿童如何了解活动意图和目的，如何了解完成任务的质量标准及其表现评估？

如何使用多来源证据做出有效推断以产生良性影响？

评估和教学的内容及过程如何与更广泛的课程和教育目标相一致？

在综合性评估系统内，儿童学习评估自身进步并设定目标。他们接受适时、具有鼓励性的，与自身理解和所犯具体错误相关的回馈意见。如果儿童能够及时收到口头或书面回馈，他们的学习就可以得到强化。正在开展的评估回答了这个问题，"我表现得怎么样？"对那些似乎无法保持注意力，不能遵从指令或找不到合适解决方案的儿童而言，这条信息尤其重要。

评估原则（NCTM，2000）认为课程是围绕重要的、适合班级发展水平的数学理念而设计的。它认为儿童能够以多种方式诠释知识，而这些方式不区分或不处罚有明显缺点的人，如英语非母语的儿童或有缺陷的儿童。原则认为评估结果将以公开有效的方式为儿童，为教学改革，为以后区、州或全国政策的制定做出合理的决定。

收集数据有哪些方式？如何让所有儿童合理运用这些数据？这些问题会在以后章节中进行说明。

课程改革和定位

为对大众更负责任，学校拓展一项幼儿园至十二年级的活动，一些州立学校和地方学区采择了这项数学成果。学校希望教师能确保儿童在很多课题上取得成绩，所以按照年级水平确定关键成果。能力测试的清单可能很冗长，每个年级评估有多达 30 个或更多的结果。例如，要求一位班里有 30 名儿童的二年级教师根据 30 项任

---

① 引自全美数学教师协会的《学校数学的评估标准》（1995）。

务的完成情况将儿童分出等级。这位教师会得到900个结果。如果没有合理的记录体系和适合的评估过程，教师只能核对清单，却得不到有效数据。

要完成这项繁重的文案工作，可借鉴NCTM焦点（2006）的精髓。学区可能会以一些综合性学习目标为重心，剔除州和地方标准中很多过于具体的行为目标。

新手教师进行替代性评估时需要将关注点集中在少数行为或观察对象上面。选择一个关键成果，记录在一页纸的上端，可能更有帮助。另外，在这一页上面写有学生名单。教师随身携带笔记本，评估全天发生的结果。如果这些替代性评估方法满足了工作繁忙的教师需求，那就可以成为常规方法。

教师除了解特定年级的学习内容和方法外，还应了解儿童在关键的数学概念上所犯的常见错误。经验丰富的教师通过观察儿童历年的表现找出这些错误。教师们分享这些有价值的数据，进行有效推断。通常儿童犯错，是因为他们在思考，他们充满好奇。他们以某种方式解决问题必有原因可循。儿童如果有机会和同伴交流或者参考其他例子，证据当前，他们就会承认自身的错误。对于所有教师来说，错误是一种有价值的信息来源。

评估策略

五种常用评估策略：
1. 观察。
2. 面试。
3. 表现任务。
4. 儿童写作，包括自我评估。
5. 文件夹。

每种方法都有其优势，而且有些方法整合了不止一种类型的评估策略。有些策略更适合于幼儿，因为他们不具备书面表达、复杂选择、反思作业的能力。（表3-1）

通常课堂上不应要求幼儿书写（除非精细评估），比如写下自己的名字，绘画人物或复制图形。

表3-1 根据年龄评估

幼儿(3—5岁)	儿童(6—9岁)
观察/聆听	观察/聆听
面试	面试
表现任务	表现任务
简单的自我评估	日志写作
	复杂的自我评估或集体评估

观察

观察是教和学过程中一个自然部分。教师要留心观察儿童何时发出领会或找到解决方案的信号,何时发出疑惑的信号。教师可能不得不改变课程设计,或者更改活动焦点。观察对象不同,观察时间不同,成功的表现也不尽相同。幼儿园教师非常熟悉一项活动——计数游戏。儿童上午的表现良好,下午的表现就比较糟。观察对家长和教师来说并不陌生。

家长在家中注意到很多事情

- 成人把玩具放在一个 6 月龄的婴儿面前,婴儿会抓住玩具。对孩子来说,用眼睛、手和嘴巴去研究玩具很正常。
- 孩子 2 岁时,会与大人边榨果汁边数:"1、2、3。"
- 3 岁的孩子喜欢重复听一个故事,可以复述故事,期待情节的发展。

教师在学校注意到很多事情

- 3 岁的杰西用积木堆出一座尽可能高的塔。
- 4 岁的拉卡莎在零食时间认真地摆放餐桌,记住每件物品及其位置。
- 5 岁的安杰利卡和迪亚沿着桌子周边认真地摆放花生。他们分工合作,而其他伙伴则讨论装花生的碗的存放地点以及摆放某一侧桌边的人选。

一天内发生这么多的事情,教师必须设计一个可行的方法来记录。然后,将这些观察方法进行总结并写成正式报告。儿童对看似简单的活动似乎都要付出努力,例如,将日常物品分类。教师的重要任务之一是调查儿童会做的事情。每个儿童都有长处和短处。我们要利用其长处,使上学成为一种快乐积极的经历。

卡密(Kamii,1990)鼓励教师与儿童玩扑克牌游戏,并观察他们对数字的推理。在"战争"游戏中,儿童翻牌后,拿到最大数字的人得到这两张牌。在"双人战争"游戏中,每个儿童翻过两张牌,并将牌上的数字相加,总和最高的儿童得到所有的四张牌。在游戏"十"中,教师用一到九的游戏卡片制作一副纸牌,完成一个 3×3 的矩阵。儿童须找出所有总和为十的组合。纸牌拿走后换上新纸牌。教师判断哪些儿童能立刻识别两张纸牌上数字和为十的组合,哪些儿童使用计数方法。斯滕马克(Stenmark,1986)与同事所撰写的《家庭数学》一书中包含另一些对幼儿来说具有挑战性的游戏。

面试

观察涉及看和听。面试包括提出适当问题,评估儿童是否真正理解概念。表现任务把面试技巧与试卷、器材以及安静环境相结合,以便更正式地评估儿童的想法。

优秀教师将非正式面试作为日常课程的一部分。

并非所有儿童都能在典型面试中有良好的表现。幼儿通过游戏构建意义，自我表达能力通常落后于思维。同样，母语非英语的儿童和听说有障碍的儿童面对课堂提问时也许只是茫然地望着教师。当复杂的数学概念用言语表达显得捉襟见肘时，教师该如何指导学习？

施瓦兹和布朗（Schwartz & Brown，1995）提出三种教学策略，在不打压儿童自信的情况下培养沟通能力。它们是认可策略、回顾策略以及挑战策略。

认可策略指认识到儿童的领悟力并表示认同。教师可以给出支持儿童想法的理由。这个理由帮助儿童用语言组织自己的想法。

回顾策略指讨论并复述已发生的事件。这让儿童既有机会体验理解，又能实践学到的知识。儿童喜欢复述，提前整理思路能建立自信心。

挑战策略指在活动中加入新成分，从而拓展儿童的思维。教师利用"假设分析"，在已学知识的基础上构建。数学关系会拓展到新材料，新定位或者其他数学课题上。

下面是一则学前班实例。教室里，教师正在桌上摆放点心，这时被一位访客打断片刻。访客离开时，一些盘子放有3块饼干，而另一些盘子只放有2块饼干。麦克斯走到桌边说："这些盘子有更多饼干。"

教师听到谈话，想借此机会讨论词语：多，少，多一个。她认可麦克斯的观察："是的，麦克斯，你是对的，那几个盘子里的饼干更多一些。我也看到了。"教师这样回顾："其他人的盘子里有没有更多的饼干？多多少？"然后将果汁倒入两个杯中以扩展或挑战儿童的思维："哪个杯子中的果汁更多？我们如何知道？怎样才能使两个杯中的果汁一样多？"如时间允许，可让儿童亲身实践倒果汁，直到两个杯中的果汁一样多。

使用这三种策略需要等待和观察，而不是讲课。数学思想的沟通是从日常课堂活动中延伸出来的。

这些方法对于学习英语的较大儿童或障碍儿童来说收效良好。成功的关键是要耐心倾听。沟通有障碍的儿童可能只是日复一日缩在角落，教师由于工作繁忙，很容易会忽略掉这些儿童的需求。

好的提问策略在活动的计划或开始阶段和结论阶段尤为重要。虽然教师可以通过一些问题得到有关儿童个人活动（或团队活动）情况的信息，但倾听并让儿童试着解题也很重要。要避免出现催促过频、纠正过度、指导过甚或者帮助儿童完成作业等现象。这些只会让儿童产生依赖心理：大人出于过度关心，最终会帮自己完成作业的。

在计划或开始阶段,教师可能问:
- 我们应该如何开始?
- 你想怎样尝试?
- 你认为这会花多长时间?
- 你想先做什么?再做什么?

对有疑惑的儿童可能会问:
- 你需要我复述这个问题吗?
- 你需要再听一遍吗?
- 告诉我,你认为你应该做什么。

教师应帮助任性、不守规矩的儿童开个好头。教师可安排这类儿童与能够清晰解释指令或重复问题的儿童暂时合作,一定会事半功倍。这些儿童有时需要再听一遍,有时需要用言语描述第一步(自言自语)。

在儿童完成工作之后,教师可能继续问:
- 你是如何理解这个问题的?
- 你能告诉我们你怎么完成这个问题的吗?
- 为什么你会这么想?
- 有人有不同的考虑方式吗?
- 有其他方法来完成吗?

这类问题不只是用对错判断来评估儿童的理解力。面试的技巧是很多解题课程成功的关键。

年级儿童编写完一道应用题,写出 3 个给纽扣分组的算式。每个儿童都有一袋纽扣和 3 个盘子。

首先,给纽扣分类。教师询问每个儿童。"你的组合是什么?你为什么选择这些组合?有没有其他方式?"将拿掉的纽扣放回一堆之中,然后让儿童再试一次。最后儿童选择一种方式编写应用题。所有儿童共同分享各自的组合,能了解到其他人不同的组合方式。教师问道:"有多少种不同的方法给纽扣分类?"并在黑板上记下答案。"我们能得出多少种不同的算式?"记下儿童的答案,"明天我们再试试,看能不能找到更多的方法。"

全体儿童通过讨论得出结论:纽扣分类有很多方式。一名儿童建议全班同学在布告板上写下各自的方式,课余时间随时可以增添。

表现任务

数学课上或课后会要求儿童完成很多任务。表现任务包括课堂作业、课后作业、小测验、考试、课堂报告和创意成果。好的表现任务能帮助教师根据关键结果的完成情况评估进步。成功的标准建立在一套得分系统之上,通过得分来评估儿童取得的成绩。儿童得分通常分为三个方面:大概理解,适当策略的运用(必要时包括计算)和正确答案。很多新式的表现任务重视开放式问题,鼓励团队合作并提供多种方式来呈现结果。

年级水平和内容是评估进步的一些任务指标。安拉伯公立学校(Ann Arbor Public School)出版的书籍《替代性评估:评价儿童小学数学的表现》(*Alternative Assessment: Evaluating student Performance in Elementary Mathematics*)完整阐释了得分系统的表现活动。这些以课堂测验为核心的方法易于掌握,与多数数学课程联系紧密,范围覆盖至多重主题。

一至三年级的活动实际包含了数学思维,几何和空间意识,测量,估计和心算以及统计和概率在内的所有小学数学课程的要点。

安阿伯的公立学校(1993:3)运用"目标方式"设计了一种得分系统。这些专业人士认识到教师会在以下三个阶段评估儿童:

1. 坚持达成目标——理解结果。
2. 开始理解但似乎不能完全掌握结果。
3. 根本不能完成目标——完全不理解结果。

换而言之,这三阶段为理解/运用,发展性理解和不理解。

《数学评估样本,学前班至二年级》(*Mathematics Assessment Sampler, Prekindergarten-Grade 2*)(Huinker,2006:9)这本书提及了下列范畴:

有限理解:没有回应或随意的,不恰当回应。

发展理解:大体符合标准但并未完成答案或答案错误,给出一个合理但笼统的解释。

充分理解:超越标准并详细解释答案。

下面列举几个年级的工作样本以诠释如何评估儿童的表现。

◎**在你的手里(幼儿园)**

丹尼尔和墨菲选择一些能够被握在手中的小物体。丹尼尔画了一朵小花。因为花朵正好小得可以放在手掌中。

评估:充分理解。(图3-2和图3-3)

姓名：Danielle

在纸上画下你手掌的图片。观察你的手。手里能放下什么东西？尽量画得好看一点。

父母：虽然他/她能够在纸的任何地方画下手，但手必须能够覆盖物体。请为孩子在物体旁边写下名称。

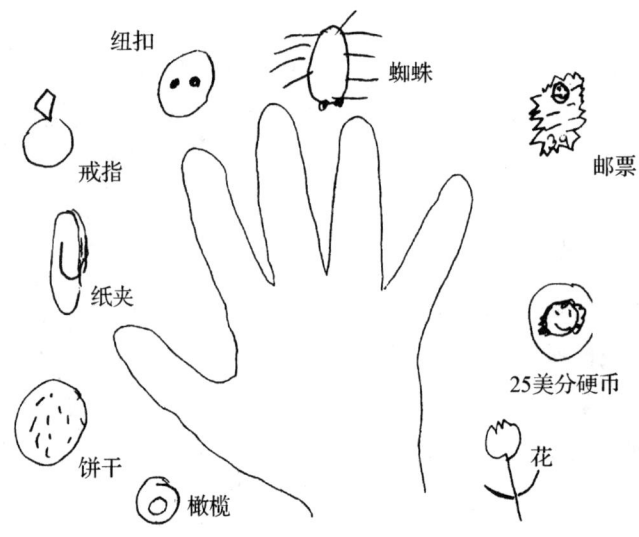

图3-2　丹尼尔解决关于手的问题

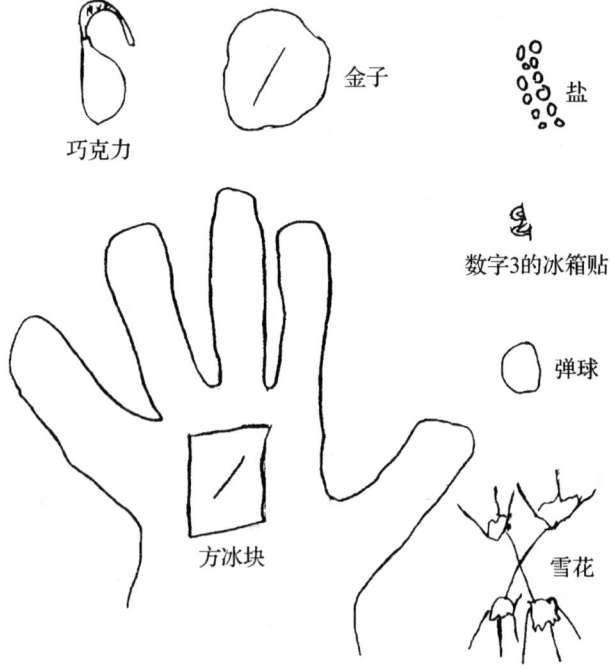

图3-3　墨菲解决关于手的问题

◎模式(幼儿园)

凯利完成了一个模式并把它画出来。ABAB模式很简单,她成功地完成了任务。她对这种模式的解释非常笼统。从这点上显示出她具备了发展性理解,但需要增加模式难度才能帮助凯利更上一层。(图3-4)

姓名:Kelly

说明:完成你看到的模式

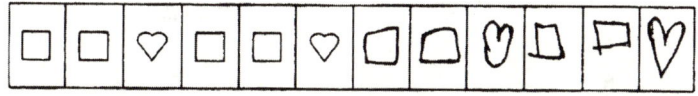

努力创建自己的模式

你对自己的模式有何看法

Kelly said, "My necklace makes a pattern, I like stars and hearts, and I did patterns in school."

(凯利说:"我的项链组成一个模式,我喜欢星星和心形,我在学校完成了模式。")

图3-4 凯利画出模式

◎对称轴(一到二年级)

麦迪森和费希尔在日常用品中寻找对称轴。麦迪森表现出发展性理解。除了飞机,她能正确画出其他物体的对称轴。但她忽视了风筝尾巴的对称,很多成人也会忽视这个具体细节。她的解释合理但笼统。(图3-5)

姓名：Madison

说明：在每个物体中间画出一条线，将物体分为完全相等的两部分。

例如，○可能是①或者㊀。纸上有一件物体是不能分为完全相同的两部分的。将其用圆圈圈出来。

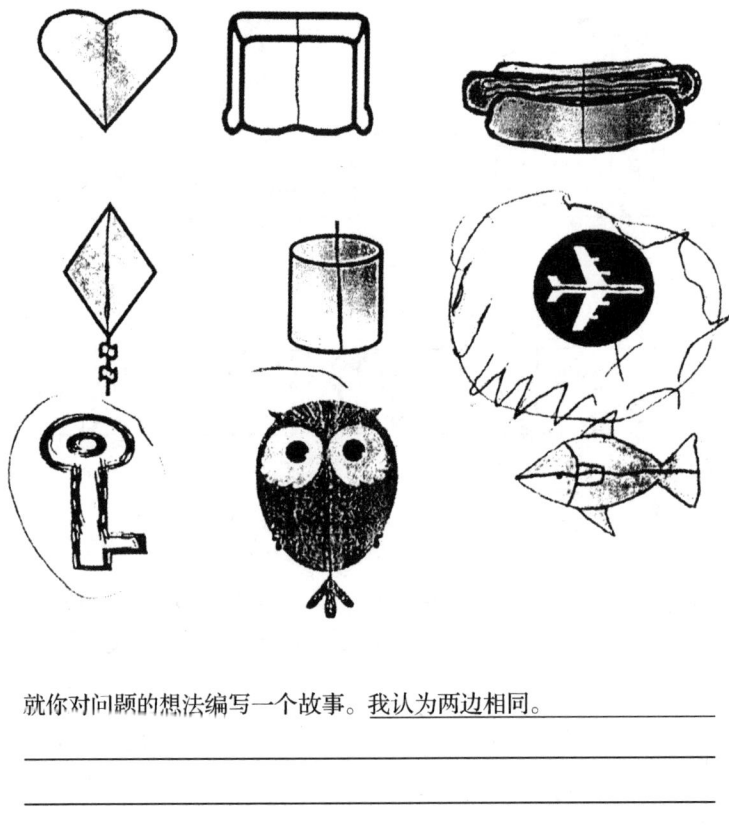

就你对问题的想法编写一个故事。我认为两边相同。
_____
_____
_____

图3-5 麦迪森解决对称轴的问题

相比之下，费希尔表现出充分理解。她对风筝尾巴作出具体解释，并说明了对称轴方向不同的原因。（图3-6）

姓名：Fisher

说明：在每个物体中间画出一条线，将物体分为完全相等的两部分。

例如，◯ 可能是 ⊕ 或者 ⊖。纸上有一件物体是不能分为完全相同的两部分的。将其用圆圈圈出来。

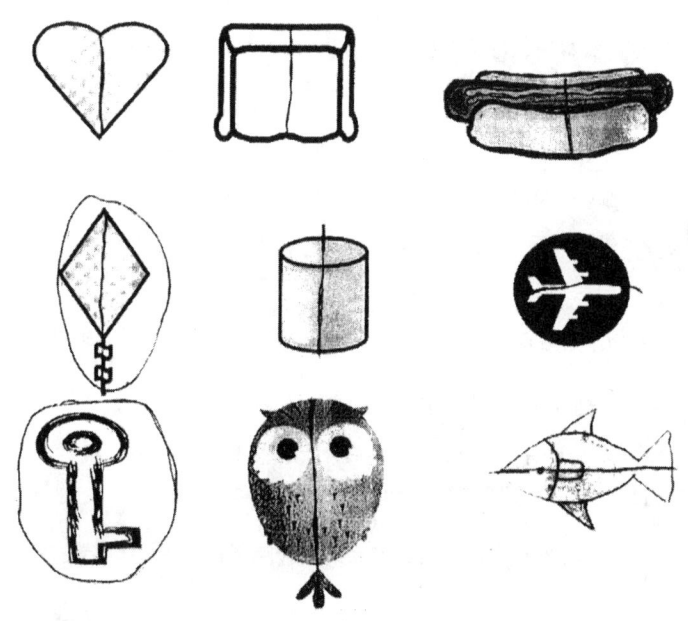

就你对问题的想法编写一个故事。费希尔说："风筝尾巴的一边是不同的。就这张图片而言，我沿着中间和斜向一边都画了一条线。"

图 3-6　费希尔解决对称轴的问题

◎树上的东西（幼儿园到二年级）

韦斯利是一个 5 岁 9 个月的幼儿园孩子。首先，他试着画出一棵长有 15 个苹果的树。但是他在绘画插图时遇到了困难。他决定运用跳跃运算快速解决问题。这种方法是有用的，但加法结果偏了 5。

他没有试着写下他自己的问题。他的解题方法和具体解释体现出发展性理解。（图 3-7）

树上的东西

姓名：Wesley

说明：阅读故事，画出插图或以任何你喜欢的方式解题。

院子里有3棵树，每棵树上有5个苹果。那么共有多少个苹果？

（韦斯利说："我认为5加5加5得20。我把这称作为跳跃计算。就好比有一堵方砖墙，我跳着计算2，4，6，8，10，我得到10。"）在这写下你的解题步骤和答案。

图 3-7　韦斯利试图用跳跃计算来找到答案

很多评估工作最近十年才得以完成。修改适合的评估和评价系统时，没有必要从头开始。

儿童写作，包括自我评估

今天的数学课上，儿童以多种方式写数学。例如，他们可能：

1. 记数学日志。
2. 写调查报告。
3. 写数学问题。
4. 解决问题并解释答案。
5. 检查自我感觉。
6. 写下自我评价。

儿童书写包括运用图片、简图和图表。这为记录儿童的思维和评估儿童对概念的理解提供了一种方式，同时用书面形式清晰阐释了学科领域的沟通。儿童可与其他人分享书面成果，而书面成果也能拓展所有组员的思维。书写样本易于保存，成为更大评估系统的一部分——文件夹。

图 3-8 的故事中,一个三年级儿童编写了一道关于大海中鱼群的早期乘法题目。她是一个在美国生活不到两年的儿童。你如何给她的故事打分?你对故事的评价如何?给儿童写信说明你觉得写作是沟通的重要方式。

儿童常用日记的方式写下他们的解题方法并解释答案。他们会对这类自我评估问题做出回答:

1. 你对今天的问题有何看法?
2. 你觉得能否找出一种方式来开展今天的问题?
3. 你最喜欢今天数学课的哪个部分?最不喜欢哪个部分?
4. 你本周学到了什么新知识?
5. 向你的朋友解释(当前的课堂主题)是什么意思?
6. 你和小组(伙伴)今天表现如何?哪个部分进展顺利?你们有没有需要改进的地方?

现实的自我评估能帮助我们看到自身的优缺点。这能提升我们的自信,在实际需要时,提高寻求帮助的能力。

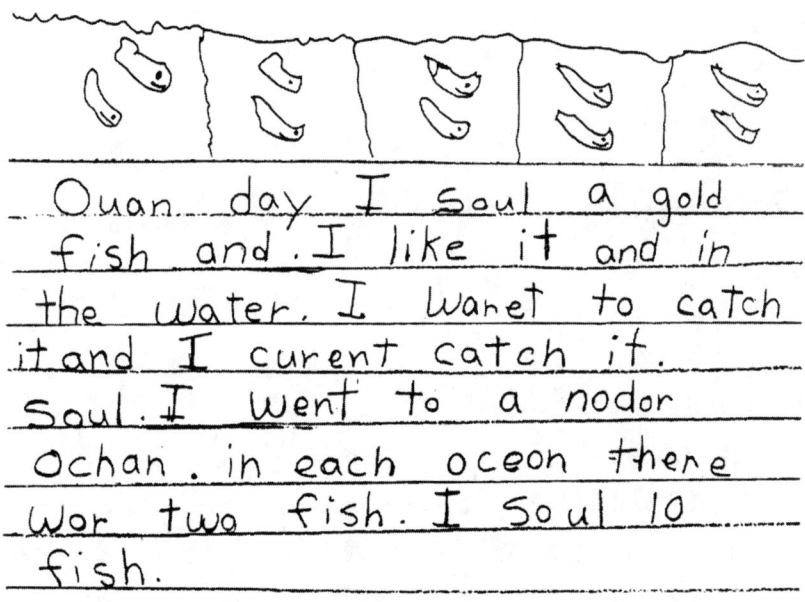

图 3-8 关于鱼群的故事写作

文件夹

文件夹集合了儿童作业及其在数学学习过程中的自我反思等材料。文件夹鼓励儿童和教师综合看待评估过程。这种策略有几个显著的优点：

- 它显示出儿童一段时间的进步，通常是一学期或一学年。
- 它包含很多作业样本和表现指标。
- 它以儿童的长处和成绩为中心。
- 它有助于儿童自主掌握适合自身的学习方法。
- 它让教师能更有效地与家长交流儿童的进步。
- 在某些学区，它是一种评估教学方案的方式。
- 组织和报告促进了批判性思维和其他更高水平的心理过程。

在课程各个领域及各阶段进行练习能提高这些技能。

除了一个纸夹外，文件夹还包括下列内容：

- 个人或小组作业样本。
- 音频或视频。
- 一本数学自传。
- 数学日志。
- 图表、照片。
- 口述报告。
- 儿童自我评估。
- 同伴互评。
- 计算机打印资料。
- 报告卡片信息清单。
- 标准化测试信息。
- 前测验和后测验。
- 儿童的最好测验成绩。
- 儿童的最差测验成绩。

大多数教师按照一个可行的格式整理文件夹，包括封面、目录表，少量内容（可能5至6个）和一份入选内容的书面说明。自我评估和反思性陈述是一个好文件夹的关键部分。儿童在收集、选择和反思上起着积极的作用。

比较样本和了解分级之前，一个新手教师需要参阅很多文件夹。久而久之，他就能形成特定模式，设定优秀标准。文件夹必须反映出儿童在重要数学成果上的进步。随着时间的推移，某类儿童文档能很好地证明儿童的改变。文件夹将给教师提供重要信息，帮助他们评估儿童的表现（Knight，1992）。

打分方式

因为人的主观判断容易造成偏见,所以观察、面试、表现任务和文件夹均不能像标准化测试那样打分。从对儿童公平起见,设定的成功标准应为儿童和家庭成员都接受。一套确定的标准称为成规(Hart,1994),是根据各阶段的表现给儿童打分。整体评分,根据 0 到 3 三阶段或 0 到 5 五阶段,通过评估整体成果给出得分。标准的范围从无反应到有策略的部分反应,再到有清晰解释的完全反应。分析评分是根据不同的特征或维度来打分。例如,根据总体组织、简洁性、语法、策略解法和自我评估等进行打分。分析评分的方法有利于针对复杂任务给出描述性反馈。根据儿童的能力和每年的时间,应更优先考虑维度。

为新的评估类型打分通常比为传统小测验和测试打分花费的时间更长。如果任务设计合理,该任务就是一种学习机会和评价方式。总结不同的成规可以帮助教师对整个年级作出判断。尽管如此,评分系统的主要目的仍然是为评估儿童进步提供有效可靠的依据。

全纳环境里儿童的替代性选择

在有些学区的学校里,儿童讲着 40 种甚至更多种类的方言。所有学校都会有一些儿童被诊断患有严重的学习障碍或者注意力缺失紊乱。NCTM 评估标准中的公平标准(1995)强调:教师应该加强实践以促进公平。这个标准意味着不可能完全相同地对待每个儿童。教师必须利用多种来源的信息,钻研儿童用来阐释自身理解力的独特方式。

学习英语时,非本土英语学习者常常想用母语回答。NCTM 标准(1995)强调通过强化英语的准备活动来体现公平。这些活动包括:
- 运用图画或教具器材。
- 将日常交流用语与数学语言区分。
- 控制词汇量的范围以及习语的运用。

特别关注数学语言就是鼓励使用各种数学词汇,这些词汇见第四章。幼儿需要在表演游戏、歌曲、故事以及体育活动中体验并运用这些词汇。很多写入障碍儿童个人教育计划(Individual Education Plan,简称 IEP)的建议,对母语为非英语的儿童来说也很有用处。

儿童利用视觉提示和图画说明来运行现有的计算机程序。如果这些程序与儿童的年龄相符，他们会喜欢上其中的音乐、动画角色、颜色以及活动，会与教室之外的大量信息进行互动。

全纳环境里的儿童受益于非言语交际的、视觉学习类型的程序。触摸窗口程序（Touch Window，1994）以及单一开关的使用能帮助很多儿童进入数学和科学的世界。精细运动神经不发达的儿童可以完成有关电和玻璃的科学实验。言语激活程序给电子文本增添模拟语音系统，能帮助儿童学习言语和语言，也能帮助二语习得（ESL）的学生。

根据联邦法律、IDEA 以及 504 章规定：障碍儿童有接受替代教育和评估的合法权利。除法律法规外，幼儿教师应尽力帮助这类儿童，应意识到语言困难通常是学习障碍的症结，这点很重要。这类儿童有很多在 3 岁开始就接受对话治疗。听说障碍影响着课堂的成功，此话有一定道理。教学专家评论道："一些数学学得最好的儿童可能是学习有障碍的儿童。"这是因为阅读、写作或口头表达上的障碍并不一定伴着数学方面的障碍。大多数学习有障碍的儿童学习数学时并不存在障碍（Bender，1995）。

但是，倾向于用单一的口头或书面形式解释数学的状况使很多儿童陷入了困境。一些写入儿童个人教育计划的常规选择包括：

◎ **时间**

1. 给予额外时间。
2. 布置更短任务。
3. 常规活动中给出间歇时间并常常变换活动。
4. 忽略活动中的模仿。
5. 避免布置作为测试熟练程度的限时任务。

◎ **口头材料汇报**

1. 首先抓住儿童的注意力。
2. 将指令分为更小的步骤。
3. 口齿清晰，语速缓慢。
4. 除语言外，运用图画或三维模型等视觉辅助手段。
5. 用录音机为年龄较大的儿童重播材料。
6. 儿童开始时保持耐心。

◎ **书写的替代物**

1. 倾听并记下儿童的回答。
2. 让儿童口述答案或解释，并录音。
3. 让儿童解释或制作一个三维模型。
4. 让儿童运用教具诠释知识。

5. 恰当使用横格纸，留出足够间距。
6. 准备好充足的纸张和铅笔。
7. 勿惩罚有拼写错误，或混用草体字母和手写体字母的儿童。
8. 允许年龄较大的儿童使用计算机化的拼写辅助手段。

◎ **压力下的焦虑**

1. 保持镇静。将儿童的注意力转移到高兴的事情或者可能成功的计划中。
2. 休息一下。然后再试一次。
3. 强调努力并坚持成功。让儿童重复肯定的语句如，"尽力就能成功"，或者，"放慢节奏就能解决问题"。
4. 尝试一种游戏方式并观察有无安抚作用。

每个儿童都有与世界互动的独特方式。有时，家长和特教专家为教师提供有价值的信息。从这些重要的信息来源中寻找想法能拓宽个人的选择。

记录

教师常常观察、倾听、提问儿童，不断挑战儿童的思维。如果教师不组织和运用一些方式记录，将丢失很多有价值的信息。评估管理系统是新手教师的首选。下面是一些常用方法：

写有每个儿童姓名的笔记卡片。

写有每个儿童姓名标签的三孔活页夹。

使用日历系统确保每个儿童都有机会获得个性化的评估。

清单，其中一侧是儿童姓名，顶部一栏是结果。

使用笔记卡片和活页夹要依靠教师自身的能力，才能记录下趣味证据。教师寻找与评估儿童进步有关的证据，应该熟知重要的数学概念。

日历系统中，每个儿童每个月被分配一天与教师进行一对一的特殊互动。教师可使用上述任一方法基于个体化考虑来评估儿童的进步。这种方法确保可以在整个学年而不只是在报告卡片时间之前，进行更深入的表现任务的面试。

清单在顶部列出关键的结果，一侧列出儿童的姓名。例如，下列矩阵包括儿童的数学表现或数学态度：记忆计数，一对一反应，模式识别和扩展，对数字5的分—分—总理解。笔记和评分方法可任意组合。教师通常用"＋"，"－"记录成功，或者用字母"P"代表理解上的进步。给评论和数据留下广阔的空间能使系统变得更有价值。

一些学区提供一套观察表格、清单和日历系统。教师将记录变成课堂生活中可管理的一部分。没有好的组织技巧，教学就成为一种无法控制的职业。想要深入研究记录形式和方法，请参考安尔伯公立学校(1993)提出的模式。

综　述

全美数学教师协会(NCTM)制订了一项雄心勃勃的议程,用以改革学校的数学教学。《学校数学的评估标准》(1995)是关键点之一。该文件确保个人评估和方案评估在内的学校方案的各方面均以真实、公平、公开的方式开展。文件修改的最大亮点是强调证据和方法的多种来源,这些证据和方法反映了对概念和技能的现实理解。任何进程中的改革都是耗时的,在实现之初都有可能偏离既定的轨道。教师总是依赖于专家现阶段提出的很多方法。但实际较新的方法,例如表现任务、解题面试和文件夹,为经验丰富的教师增添了一些评估手段。它们有助于教师在教学上作出更好的决定。

实地调查：临床日志或数学日记

访谈、评估和记录：当地学校评估

访谈教师或者管理者。

可能提出的问题：

- 在《不让一个儿童落后》法案指导下,你们学校目前的地位如何?
- 你的评估系统如何提高学区儿童的学习?
- 你如何向家长报告儿童的进步?
- 你目前的系统对学区专家来说是否更为耗时?
- 你最喜欢目前评估系统的哪个部分?

更多活动和研究问题

1. 选择一个概念或过程,思考一个帮助你评估儿童进步的面试问题。提问两三个儿童。与全班同学分享你的发现。

2. 在笔记卡片、活页夹、日历或清单中,你最喜欢哪种记录方式?用段落或日记阐释你的选择。

3. 从六个评估标准中选择一个,陈述其目的和对早期儿童课堂的影响。准备一个5分钟的演讲,与全班同学分享你的想法。

4. 为你的学生选择一个重要的数学结果,并写下评估的评分成规。请决定你是用整体评分法还是分析评分法。如果可能,尝试两种方法,并讨论每种方法的优缺点。

5. 与三个及以上家长面谈,找出他们的孩子目前在教室里运用的评估方法。询问他们对小学课堂里级别(A,B,C)使用的看法。将你的发现写成一到两页纸的论文。

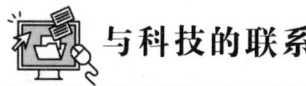

与科技的联系

信息和样本评估问题的网站

1. mathforum. org

这个综合性的网站提供了多种数学评估资源的链接。

2. www. pasd. wednet. edu

这个 Port Angelos 学区网站提供了根据年级水平(幼儿园至十二年级),设定的实际评估问题。

参考文献

American Association of University Women (AAUW). (1997). *How schools shortchange girls*. Washington, DC: Author.

Ann Arbor Public Schools. (1993). *Alternative assessment: Evaluating student performance in elementary mathematics*. Palo Alto, CA: Dale Seymour Publications.

Bender, W. (1995). *Learning disabilities: Characteristics, identification, and teaching strategies* (2nd ed.). Boston: Allyn and Bacon.

Equals Minnesota Working Group on Assessment. (1995, April 7). *Assessment tied to instruction: Make it happen and improve problem solving*. Paper presented at NCTM annual meeting, Boston, MA.

Guberman, S. R. (1999). Cultural aspects of young children's mathematical knowledge. In J. V. Copley (Ed.), *Mathematics in the early years* (pp. 30 – 36). Reston, VA: NCTM.

Hart, D. (1994). *Authentic assessment: A handbook for educators*. Menlo Park, CA: Addison-Wesley.

Huinker, D. (Ed.). (2006). *Mathematics assessment sampler, prekindergarten – grade 2: Items aligned with NCTM's principles and standards for school mathematics*. Reston, VA: NCTM.

Kamii, C. (Ed.). (1990). *Achievement testing in the early grades: The games grown-ups play*. Washington, DC: National Association for the Education of Young Children.

Kitchen, R. S., & Wilson, L. D. (2004). Lessons learned from students about assessment and instruction. *Teaching Children Mathematics*, 10, 394-399.

Knight, P. (1992). How I use portfolios in mathematics. *Educational Leadership*, 49, 71-72.

McGraw, R., Urbienski, S. T., & Struchens, M. E. (2006). A closer look at gender in NAEP mathematics achievement, race/ethnicity, and socioeconomic status. *Journal for Research in Mathematics Education*, 37, 129-150.

National Council of Teachers of Mathematics (NCTM). (1989). *Curriculum and evaluation standards for school mathematics*. Reston, VA: Author.

National Council of Teachers of Mathematics (NCTM). (1995). *Assessment standards for school mathematics*. Reston, VA: Author.

National Council of Teachers of Mathematics (NCTM). (2000). *Principles and standards for school mathematics*. Reston, VA: Author.

National Council of Teachers of Mathematics (NCTM). (2003). *NCTM position on high stakes tests*. Reston, VA: Author.

National Council of Teachers of Mathematics (NCTM). (2006). *Curriculum focal points for prekindergarten through grade 8 mathematics: A quest for coherence*. Reston, VA: Author.

Schwartz, S. L., & Brown, A. B. (1995). *Communicating with young children in mathematics: A unique challenge. Teaching Children Mathematics*, 1, 350-353.

Stenmark, J. K., Thompson, V., & Cossey, R. (1986). *Family math*. Berkeley: University of California.

Touch Window. (1994). Redmond, VA: Edmark.

U. S. Department of Education. (1997a). National Center for Educational Statistics. *Pursuing excellence: A study of fourth-grade mathematics and science achievement in international context*. Washington, DC: U. S. Government Printing Office.

U. S. Department of Education. (1997b). National Center for Education Statistics. *Pursuing excellence: A study of U. S. twelfth-grade mathematics and science achievement in international context*. Washington, DC: U. S. Government Printing Office.

U. S. Department of Education. (2000). *Pursuing excellence: Comparisons of international eighth-grade mathematics and science achievement from a U. S. perspective. 1995 and 1999*. NCES 2001-028. Washington, DC: U. S. Government Printing Office.

U. S. Department of Education. (2003). National Center for Educational Statistics. *National Assessment of Educational Programs (NAEP)*. Washington, DC: U. S. Government Printing Office.

Warfield, J., & Kloosterrman, P. (2006). Fourth-grade results from national assessment: Encouraging news. *Teaching Children Mathematics*, *12*, 445–453.

第四章

数学语言
——交流与表达

世界各地,无论老少,大家都在谈论数学。数学这种语言是如何发展的？早教儿童教育者能做些什么来强化这个过程？从幼儿时期和学步时期开始,儿童学习很多语言概念。学校经历拓展并丰富了语言学习。有些儿童上学前已经具备交流的综合能力,而另一些儿童则需要帮助才能理解丰富的意义。数学语言包含于很多口头交流技能的发展中。一经掌握,这些用英语表达的数学概念能有助于思考。

儿童喜欢在自然环境中聆听和交谈。表演游戏是一项很重要的活动,它鼓励儿童自然交谈,扮演成人角色。歌曲和童谣中耳熟能详的歌词能让儿童开心地重复熟悉的词语和短语。很多图画书和故事书利用有趣的主题和图片帮助儿童进行语言学习。

运用歌曲和童谣发展数学语言

很多传统歌曲和童谣中包含着激发儿童数学语言学习的主题。《三只小猫》(*Three Little Kittens*)丢了手套,又找到了手套。儿童喜欢找出藏在房间里的两只手套并配成一副手套。再多举几个例子。《拇指在哪里？》(*Where Is Thumbkin*)(Schiller & Moore, 1993)是一本很好的歌谣集,包含众多有价值的音乐资源。儿童可以边观看精彩视频边学习。

数学语言	传统歌曲
上和下	《小小蜘蛛》(Eensy Weensy Spider)
越过山岭	《小熊越过山岭》(The Bear Went Over the Mountain)
另一边	
鳄鱼背上	《鳄鱼之歌》(The Crocodile Song)
鳄鱼肚里	
冷—热	《三只熊》(The Three Bears)
低—高	(和着"一闪一闪亮晶晶,满天都是小星星"的调子)
柔软—坚硬	
跳上床	《三只小猴》(Three Little Monkeys)
从床上掉下来	
年轻—年老	《比利男孩》(Billy Boy)
上—下—中间—上	《约克大公爵》(The Grand Old Duke of York)

通过儿童文学发展数学语言

数学领域的学习可参照具体的儿童文学书籍,这类优秀的资源有很多。《如何运用儿童文学教数学》(How to Use Children's Literature to Teach Mathematics)(Welchmann-Tischler,1992)和《数学的美好世界:附有详细说明的数学童书列表》(The Wonderful World of Mathematics: A Critically Annotated List of Children's Book in Mathematics)(Thiessen,Matthias,& Smith,1998)两本书指导教师如何将数学、文化与批判性思维相融合。教师应根据年级水平确认教学策略及其后续活动。图书馆和书店每天都会新进很多书籍。儿童文学图书馆将帮你寻找到适合课堂教学的精选作品。

如何利用有趣的图书或故事直接或间接教授数学语言?下面列举五个例子来阐释。

《婴儿说,"更多,更多,更多"》("More, More, More." said the Baby)(Williams,1997)——这本画板书描述了多种文化背景下的孩子尽情玩耍,喜欢与看护者玩"越来越多"的游戏的情形。书中用精美插图阐释了语言概念,如"中间"(肚脐眼),描绘了日常生活,如数脚趾,把孩子轻抛到上空。这本书适合学步儿。

《相反词》(Opposites)(Crowther,2005)——这本具有动手功能的拉拉书用推和拉的形式阐释了基本概念,让儿童了解黑夜和白天的变化,罐子如何开关,摩天轮忽上忽下。反复的推和拉充满无穷的乐趣。这本书适合 4 到 8 岁的儿童。

《相反词》(*Opposites*)(Slide'n Seek)(Murphy, 2001)——这本互动性很强的画板书用拉开的箭头解释相反词。例如,糖罐先是满的,拉开箭头,罐子就空了。一个女孩走上楼梯——拉开箭头,变成一个男孩走下楼梯。1 到 4 岁的儿童觉得这本书非常棒。

《祖母》(*Big Mama's*)(Crews, 1998)——孙子、孙女们旅行去拜访住在南部农场的祖父母。他们搭乘火车,骑马去农场,脱下鞋袜,从井里取水喝,钓鱼,然后参观牲口棚。书中解释了很多位置词。按照行程的自然顺序排列事件,复述故事。儿童可以创作自己的旅行故事,并与全班同学分享。这本书对学前班到小学的儿童很有吸引力。

《门铃响了》(*The Doorbell Rang*)(Hutchins, 1986)——两名儿童坐着吃一盘饼干,每次门铃响都会进来数量更多的很饿的伙伴。如果每人能得到的饼干数相同,那么每个儿童得到几块饼干?儿童可以表演故事情节,以花片代替饼干分给来客。

这些儿童文学作品的简介能够使早期教育者们了解到,在图书馆或者书店可以找到学习语言的丰富资源。教师精心策划,运用想象,利用书籍丰富儿童的生活。儿童从自由游戏发展到听媒体中播放的故事,再到口头或书面表达。并非每个故事都按顺序开展,但是,了解活动流程(从时间的松散到有条不紊)有助于教师做好一周的计划。例如,一年级儿童在自由选择时间可以玩多米诺骨牌(课堂尺寸或常规尺寸)。接着教师读《十个黑点》(*Ten Black Dots*)的故事(Crews, 1986)。然后,儿童用教师给出的一定数量的点数构思一幅图画并画出来,当然给每个儿童提供的黑点数量不同。教师收集大家的作品并朗读每个人写的故事或口述的故事。全班同学现场讨论并制成一本书。(注意:每页纸包含 1 到 10 个点)

讲故事作为文化艺术形式

传统的欧式故事都有开头、中间和结尾。内容主要是关于一个人物的经历。库润通(Curenton, 2006)重新翻阅了相关非欧式故事的文学作品,发现很多传统文化使用不同的方法。非裔美国的传统故事常常围绕一个主题讲述相关事件和人物。例如,很多人购物,换个地点再次购物,诸如此类。

帮助儿童记住并推理,即使只用几句话,也将引出更复杂的故事。看图讲故事,木偶游戏或者角色游戏会引出更长、更复杂的故事情节。很多数学书能促进语言的发展,帮助儿童取得学业的成功。

数学语言和年龄稍大的儿童

为使年龄稍大的儿童体会数学句子的逻辑性,教师应清楚解释各种术语、符号以及描述程序的方式。同时,儿童需要通过理解、倾听和实践才能精确地领会这种语言。

以减法为例。幼儿常使用词汇"拿走"。这很自然,没有必要"纠正"孩子。但"拿走"只是运用减法解决应用题的三种常见形式之一。当已知整体(和)和一部分(加数),而求另一部分,用减法解析这类的题目更为正式。这种定义更准确地着眼于过程。

下面一则例子更好地解释了应用题中的减法语言:"杰森有一块比萨,切成六小块。他吃了两小块。他的姐姐莎拉可以吃到几小块比萨?"教师问:"比萨共有几小块?杰森已经吃了几小块?盘子里还有几小块?"关注问题陈述的方式能帮助儿童用多种方法理解减法。这种方法提示儿童不能总是依赖固定词语或者关键词语解题。

语言肩负英语和数学双层意义时,数学语言对很多儿童来说会是一种挑战。例如,"plane"是一架飞机还是点的二维集合?"operation"是医院的手术还是加减运算?课堂以外,一些概念出现的频率很低,所以在课堂上花费足够多的时间让儿童清楚理解数学语言的意义变得尤为重要(Caps & Pickreign, 1993)。这样,你就能顺利实施沟通标准(NCTM, 2000)。

早期儿童课程中出现的数学概念

各种各样的词语构成了丰富的数学词汇。看到这些词汇时,教师们通常很惊讶。他们并未意识到"在……之上"和"在……之下"这样的日常词语是数学课程的一部分。在这一章节里,你将看到详尽的按照范畴划分的关键词列表:比较词、位置词、趋向词、顺序词、时间词、形状词以及数字词。同时还附有一般建议,指导教师如何将这些词汇融入到日常早教课堂活动中。多数教师认为专门用一章列出所有词汇很实用。

在后续章节中,我们将以这些基本概念为基础,深入讨论数学的各个要点。这些章节同时为课程计划和评估提供建议。我们可以在《学习成就缩影》(修订版)(*Learning Accomplishment Profile*, revised edition)(Sanford & Zelman, 1981)这样的资源中找到准确掌握这些词汇的年龄段。

英语能力有限的儿童更需要通过童话剧、图片、模型和教具等方式来掌握词汇。两位作者都讲述了常的故事,常是一名幼儿园计算机教学的助手。在协助其他孩子学习时,他以《亚瑟的教师遇到麻烦》(*Arthur's Teacher Trouble*)(Broderbund)方案中的视觉信息为中心,渐渐成为同学眼中的"专家"。这样,他在学习英语语言过程中赢得了地位(Haugland & Wright, 1997)。

比较词

第一组词是"比较"词。在比较中,儿童观察各种特性的差异如尺寸、温度或响度。儿童比较物体重量时,会托住两个物体或用盘秤称重量。下面是一些常用的比较词,它们为早教奠定坚实的基础:

大—小	动物玩偶,洋娃娃,人,汽车,卡车
大—小	沙滩球和网球,玩具碟和真实的碟子,钱包和行李
高—矮	人,树,高楼大厦和房子
快—慢	速度不同的音乐,汽车,儿童的动作
重—轻	石头,空的牛奶盒和满的牛奶盒。羽毛和大石头
热—冷	食物,饮料和天气
年轻—年老	婴儿和大人,树
洪亮—柔和	人的声音,乐器,录音
高—低	操场设施,飞机和汽车,阳台上的人,乐器
近—远	不同位置的人和物

方位词

方位词有助于儿童掌握很多空间概念,这些概念对以后的学习很重要。儿童在积木角或厨房玩耍时,他们有很多机会能用到这些词。堆积物体时,他们可以讨论顶部的物体,中间的物体和底部的物体。玩玩偶屋时,他们讨论走进小屋小睡一会儿或者走到外面与朋友一起玩耍。

在位置词中最难理解的是左右概念。即使成人有时也觉得难以理解这两个概念,总是借助提示,如根据戴戒指的手指来判断方向。这很正常,因为它要求我们能够根据中线将自身分成两部分。例如,一个朋友说:"看树上的小鸟!哪里?在左边!"你做不到迅速扭头朝向鸟的方向。因为你难辨左右,尤其是你必须先确定朋友所在的方向。

> **示例**
>
> **在玩偶屋或者车库玩耍**　　**堆积物体**
>
> 在……里面　　　　　　　顶部
>
> 在……外面　　　　　　　底部
>
> 外边　　　　　　　　　　中间
>
> 分开　　　　　　　　　　一起
>
> 在……上面
>
> 在……下面

> **示例**
>
> **讨论碟子及食物在桌子上的摆放位置**
>
> "你的杯子在右边"
>
> 右—左

趋向词

趋向词涉及物体的移动。为了让儿童亲身体会这些词汇,可以以音乐游戏或趣味体育的形式开展活动。另外,儿童玩汽车或卡车类可移动的玩具时经常会遇到这样的词汇。

> **示例**
>
> **运用音乐活动或体育游戏,运用汽车或卡车**
>
> 向前—向后　　　　　向上—向下
>
> 向……方向远离　　　在周围
>
> 向右—向左

顺序词

顺序词很重要,因为它们能培养儿童一种次序感,帮助儿童解决在数字系统中遇到的较复杂的问题。儿童在排队进行活动或排列一组玩具(如农场动物)时,可以亲身感受这些词语。他们可能讨论每个动物与其他动物的关系。排队时,他们意识到一个儿童排在队列的第一位。如果不能远距离观察整个队列,儿童就很难区分其他顺序词。例如,课间休息全班同学排成一队。排在"第四位"的儿童可能说不出自己所在位置的顺序。

> **示例**
>
> **将动物园的动物排成一队，确保每个动物都和其两边的动物不同**
>
> | | |
> |---|---|
> | 第一个—最后一个 | 开始—最后 |
> | 在……之前—在……之后 | 之前—之后 |
> | 在……前面—在……后面 | 中间 |
> | 紧接着 | |

时间词

时间语言由很多词语构成。要想掌握时间词需要很长的时间。根据皮亚杰的理论，儿童在幼儿期已开始学习时间概念，直到 9 岁左右才能真正掌握（Copeland，1984）。儿童很小就能理解好事将近的概念。他们会记起明天是他/她的生日，或者明天全家要去迪士尼乐园游玩。他们开始学习早上、下午和夜晚的概念。对他们来说，思考将要发生的事情比谈论昨天或上周这样的概念更容易一些。儿童对时间的意识只存在于现在。他们会很快忘记发生过的事情，除非是一件大喜或大悲的事情。

一年级儿童开始学习根据钟表来识别时间，先学习小时，然后学习 5 分钟的间隔。他们开始学习日历，包括一周中每天的名称，每月的名称以及年的概念。接着他们掌握今天的概念，但很难记住某个数字或日期，除非这个日子很特殊，如某人的生日。最后学习很多与假期、上学日和周末相关的词汇。

> **示例**
>
> **利用教室图表安排日常事件，每天更新日历，或利用购买的或教师自制的钟表来学会识别时间**
>
> **常用时间词**
>
> | | | | |
> |---|---|---|---|
> | 早上 | 晚上 | 夜晚 | 白天 |
> | 早 | 晚 | 下午 | 午前 |
> | 今天晚上 | 午后 | 中午 | 正午 |
> | 明天 | | | |
>
> **钟表词**
>
> | | | | |
> |---|---|---|---|
> | 分针 | 时针 | 小时 | 分钟 |
> | 手表 | 闹钟 | 秒 | |
>
> **日历词**
>
> | | | | |
> |---|---|---|---|
> | 每周的七天 | 昨天 | 明天 | 月份的名称 |
> | 季节的名称 | 日期 | 节假日 | 生日 |
> | 上学日 | 周末 | 假期 | |

形状词

婴儿床有"边"。波波球是圆的。麦片放在盒子里。我们整理床铺,将床单掖进"角"里。用非正式的方式使用形状词能帮助儿童描述日常物体。下列方框列举出了一些常见的形状词。

示例

找出并讨论环境中出现的形状

圆—圆形	边—方形	角—三角形
平面—筒	盒子—阶梯	纸盒—空间

数量词

我们的数字系统是由一组很重要的词描述的。儿童学会比较数量和辨认多或少的关系,例如,"安迪的葡萄干比我的多。"

示例

在积木角或家政中心的点心时间讨论数量

多	少	一样多	很多
比……少	比……多	比……少	

儿童学习数数,"1,2,3"。大多数儿童很快就可以数到 100 了,所以了解下列数字名称的差异对教师来说很有好处。

- 自然数　这些数字从 0,1,2,3,4,5 开始。
- 整数　　这些数字包括:0,1,2,3,4,5,…。
- 基数　　基数是一个集合所含元素数量的多少。我们将集合中的元素与非零自然数相对应。

　　　　0　0　0　0
　　　　1　2　3　4
　　　基数是 4。

- 序数　　这些名称赋予每个数字一个位置,如第一,第二,第三,第四,第五……对儿童来说,序数很难掌握。直到 8 岁他们才能正确地运用这些数字。

NCTM 过程标准:用数学词汇写作

图 4-1 中,一个一年级儿童画出一天中太阳在天空的移动。午后,天逐渐变黑。这个例子告诉我们儿童用故事表达思想时,会与日常生活相联系。

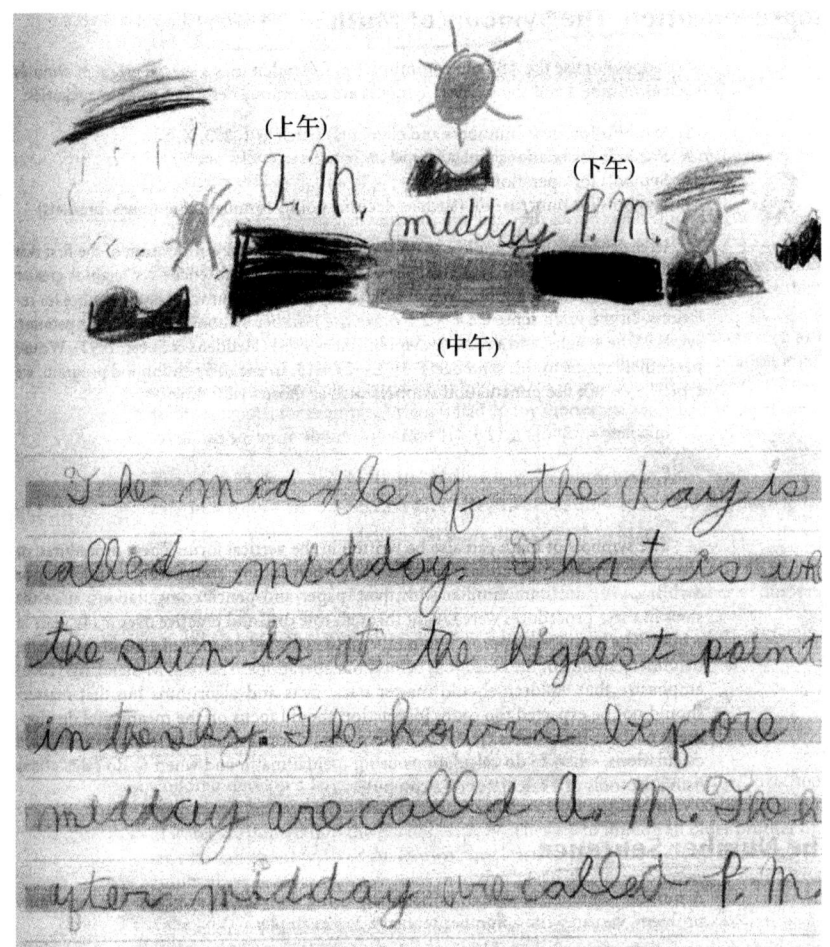

（白天的中间是正午，是一天中太阳高度最高的时候。正午之前的时间是上午，正午之后的时间是卜午。）

图 4-1　一个一年级男孩的时间故事

表达：数学符号

数学并不是用 ABC 字母来交流。相反，它运用一组特殊符号，如数字和标记。这些符号通常有四种：

1. 概念符号（数字和元素）（如 $1, 2, 3, x, y$）。
2. 关系符号（如 $=, \neq, >, <$）。
3. 运算符号（如 $+, -, \times, \div$）。
4. 标点符号（如小数点，逗号，小括号，中括号）。

为了表达一个完整的想法，我们至少必须运用前两组。我们写下算式 $8 > 3$。英语中,这个算式表示"8 大于 3"。在算式 4+2=6 中,我们运用数字符号(4,2,6),一个运算符号(加号)和一个关系符号(等号)(Heddens & Speer,1992)。我们在 8+(3+2)=13 这个算式中运用小括号。在早期教育中,通常不会使用下列标点符号:

中括号　　$3 \times [1+(2+4)]=21$

或者

大括号　　$A=\{2,3,4\}$

数学符号也可以竖写。这些程序,或者说演算法包括加减乘除运算法则。成人都很熟悉纸笔运算,因为这些程序中的步骤是在多年的学习中通过反复训练和实践而教授的。数学的传统方法强调掌握算法,而不需理解运算法则背后的推理。NCTM 标准(2000:76)要求儿童必须掌握基本原理和算法,但我们不应急功近利。教学要想有意义,应关注这些程序的发展。儿童应该恰当使用纸笔算、心算以及计算工具(计算器或计算机)。

算式

利用各种符号书写出一个算式。每道应用题都对应一个算式。例如:

1. 查尔斯有 12 个苹果。他给了贝斯一个苹果。那么查尔斯剩下多少个苹果?

　　算式　　　$12-1=\square$

2. 艾丽塔有一些苹果。她给了德文 3 个苹果。现在她有 4 个苹果。那么她本来有几个苹果?

　　算式　　　$\square-3=4$

除了理论数学之外,每道算式都对应一个故事。即使代数也有现实意义,能够赋予那些奇怪的等式以含义。

同样的算式可以表达不同的含义。请看下面这个例子,"$6+3=\square$"。

在谷仓里有 6 条狗和 3 只猫,那么谷仓里共有多少动物?

或者

碗里有 6 个桃子。爸爸把 3 只梨子放进碗里。碗里共有多少水果?

最后,一个已经得解的算式可以辨别对错。我们不能辨别"$7+\square=12$"是对是错。但我们可以说"$7+7=12$"是错误论断。我们可以写"$7+7\neq 12$"或者"7 加 7 不等于 12"。儿童在能写下符号之前要先理解符号的种类及其运用原理。

学前班儿童可能只理解数字 1,2,3 等概念,但教师需要理解数学教育发展的宏伟蓝图。儿童到三年级应能编写应用题并列出几个算式。例如,"莫丽萨有 20 个恐龙模型。玛丽有 14 个恐龙模型。那么我们应该如何续写故事呢?"

$20+14=34$　　玛丽和莫丽萨总共有 34 个恐龙模型。

20－14＝6　莫丽萨给玛丽 14 个。现在她只剩 6 个恐龙模型。
20＞14　莫丽萨的恐龙模型比玛丽的多。
14＜20　玛丽的恐龙模型比莫丽萨的少。
14≠20　玛丽和莫丽萨拥有的恐龙模型数量不同。

为了评估,教师在各阶段所安排的具有挑战性的数学课程使儿童获得很多超出小学阶段的能力。

综　述

伴随儿童的不断成长,他们会学到丰富的数学知识。学前班儿童学会要求"更多"。大人将罐装水倒入大水壶调橘汁时,他们会数着罐子的数量:1,2,3。他们试着模仿哥哥或姐姐,数到 10 或 20。(渐渐地,他们学会辨别出更多的一组。例如,这个盘子里的饼干比那个盘子里的多。数字意识的发展需要经过很多年)

那些能自行思考问题并制定自我策略的儿童在数学上变得很自信。例如,教师给每个幼儿班里的儿童发放一个从花园里采摘的豆荚。一名儿童打开一个豆荚,发现其中一边有 4 颗豆子,另一边有 1 颗豆子。接着编写这样的故事:"豆荚一边有 4 颗豆子,另一边有 1 颗豆子。"算式可以写成,4＋1＝5。"在我的豆荚中有 5 颗豆子。"

教师面临的挑战是运用数学语言这个强大武器,去指导儿童在已知信息的基础上更深入地理解。本书的每一章都将探讨一个不同的数学要点,帮助你在"指导学习但不逼迫孩子,或强制孩子做无意义的练习"之间取得微妙的平衡。你正开始的是一次令人激动的旅程。你一定能做到!

设定的数学游戏

舀,舀,舀

适合年龄:学步儿童的合作性活动

所需物品:沙桌或沙盒,婴儿配方奶粉里的或者洗涤剂中的小勺子。

看护人对婴儿说:"迈克尔说开始舀。"迈克尔说:"开始舀。"孩子和大人一起舀沙子,直到每个人的勺子都满了。然后,看护人问迈克尔,"我应该舀几勺?"迈克尔说,"7。"看护人边将勺子倒空,边说:"7,7,7。"下一个孩子边说一个与 7 不同的数字边将勺子里的沙子倒空。数字可以相同,也可以不同。不需要按照顺序说数字。孩子喜欢说和听到数词。迈克尔说:"倒空勺子。"大家都倒空勺子。另一个孩子负责下达指令,并引导组里的成员在倒出沙子的同时数数。

NCTM 焦点:幼儿园,第一焦点
NCTM 过程标准:沟通
NCTM 内容标准:数字和运算,测量

> **设定的数学游戏**

大象的重量

适合年龄：3—5岁

所需物品：《大象和麻烦》(*The Trouble with Elephants*)(Riddle，1988)(选用)，教室里重物和轻物，课堂上使用的秤。

阅读这本书,看到小女孩发现屋里有头大象时遇到了哪些麻烦。例如,大象跳进浴缸,水都溢出来了。大象是重还是轻？将教室里的物品分成两组——重的和轻的。称出它们的重量并讨论结果。提出问题：教室里有什么物品是又小又重的？深入研究这个问题。

NCTM 焦点：幼儿园,第三焦点

NCTM 过程标准：解题,推理和论证,联系

NCTM 内容标准：测量

> **设定的数学游戏**

老麦克唐纳的农场

适合年龄：5—7岁

所需物品：《老麦克唐纳有个农场》(*Old MacDonald Had a Farm*)的音乐文件,歌曲中出现的一系列动物,序数词1到7的词汇卡片。

预先准备：独立的词汇卡片。

听《老麦克唐纳有个农场》的音乐,根据歌曲中动物出现的顺序给动物排序。将每个动物用代表其序数位置的词汇卡片标记,也就是说,牛第一个,羊第二个,以此类推。然后,不听音乐,根据记忆来排序。

NCTM 焦点：幼儿园,第一焦点

NCTM 过程标准：沟通,表达

NCTM 内容标准：数字及其运算

设定的数学游戏

每周的桑树丛日

适合年龄:6—8岁

所需物品:《桑树丛》(The Mulberry Bush)的音乐文件,描述家务活的图片卡,一周7天的词汇卡片。

听《桑树丛》的唱片,并安排一周7天的家务,即洗衣服,熨衣服,诸如此类。将这些家务活的图片卡和一周7天的词汇卡片相匹配。让儿童确定每天所做不同的事情。要求儿童画出图片,并与一周7天匹配。让他们发挥想象尽量编一首歌,比如说,"我们在去健身的路上,去健身,去健身,在周一的早晨"。

NCTM焦点:幼儿园,第一焦点;一年级,第二焦点

NCTM过程标准:沟通,表达

NCTM内容标准:测量

设定的数学游戏

多或少的游戏

适合年龄:4—8岁,合作游戏

所需物品:一堆用于比较的卡片,一颗标有1—2—3,1—2—3的骰子,一堆熊形的花片。

预先准备:一堆用于比较的卡片(见附录C)。

拿出厚的图画纸或纸板,将一张切割成游戏卡片。在一些卡片上画上一幅图,图上是一个装有"更多"饼干的盘子。在另一些卡片上画出装有"更少"饼干的盘子。还有一些卡片,在上面画上两只一模一样的盘子,盘子里的饼干数相同。洗牌。在相应的卡片上打印词语(更多,更少,同样多)。

玩法:每个玩家从桌子中央的花片堆里拿出8个。一个玩家摇动骰子并抽出一张卡片。例如,骰子上的数字为3加上一个"更多"卡片意味着其他孩子要多拿3个花片。如果孩子摇出2,并翻出一张"更少"的卡片,孩子要返还2个花片。如果孩子拿到"同样多"卡片,这个孩子错过本轮花片数量不变。赢家是第一个拿到足够"更少"卡片,送完手中花片的人。

提示:为让游戏时间尽量缩短,可以从每人5个花片开始。

NCTM焦点:一年级,第一焦点

NCTM过程标准:解题,沟通

NCTM内容标准:数字及其运算

实地调查：临床日志或数学日记

面试、评估并记录：我们一起来讨论时间

面试一个 6 到 8 岁的儿童。

可以提出的问题：

- 你多大了？你的生日是哪天？____（填上年龄）对你意味着什么？
- 你妈妈年龄有没有变大？
- 什么是"早上"？什么是"下午"？什么是"晚上"？
- 你怎么知道你的假期将要结束？

更多活动和研究问题

1. 选择数学语言词汇的一类，并编写一部书。灵感可能来源于当地课堂的自然环境。

2. 挑出一首儿童歌曲或童谣并设计一项强化特定数学词汇的语言学习的活动。

3. 对学前班儿童进行一项有关数学词汇知识的非正式评估。例如，运用一辆小汽车和一个车库，来查看儿童是否理解如向前、向上、去这类趋向词。用日记或小论文的形式写下你的发现。

相关的儿童文学

Allen, P. (1990). *Who sank the boat?* New York: Putnam. ? Qui'en Hundio el bote? Chicago: SRA (1995) for the Spanish version.

Berenstain, S., & Berenstain, J. (1997). *The Berenstain bears inside outside upside down*. New York: Random House.

Hoban, T. (1997). *Look book*. New York: Morrow Junior Books.

Kahn, R., & Crews, D. (Illus.). (1992). *Blue sea*. New York: Mulberry Books.

Nayer, J. (Teacher's Guide by Sullivan, E. A.). (1998). *More or less*, preK—2. Delran, NJ: Newbridge Educational Publishing.

O'Keefe, S. H. (1989). *One hungry monster: A counting book in rhyme*. L. Munsinger, Illus. New York: Little.

Scarry, R. (1998). *Richard Scarry's pop-up opposites*. Old Tappan, NJ: Simon & Schuster.

Taylor, D. (1995). *Animal opposites*. Austin, TX: Raintree/Steck Vaughn.

与科技的联系

教师用网页：课程计划，活动，主题和有益提示

1. www.preschoolbystormie.com

此网页包含数以百计的课程、主题，为开放式讨论、家长会提供有用的建议。

2. www.LessonPlanZ.com

此网页包括学前班计划、资源和主题，还包括很多对课堂有用的建议。

3. www.gameskidsplay.net

此网页包括数以百计的操场游戏和运动游戏、活动和歌曲，此网页页面精美。

儿童用软件

1. Reader Rabbit Taddler.（2002）.The Learning Company，San Francisco，CA.

推荐给年龄在2到4岁之间的儿童使用。很多学步儿的家长在尝试过其他一些软件之后强烈推荐此款软件。此款软件的使用不需要任何点击或者鼠标技巧。按任何键都可以。软件教授数字、颜色、形状、动物声音、歌曲和形状猜谜。

2. Jumpstart Languages.（2001）.Knowledge Adventures，Los Angeles，CA.

此软件运用游戏和图片来教儿童计数，进行衣物和食物的选择，还有几种语言中的文化思维。

3. Jumpstart Advanced Series：Kindergarten（2003），Grade 1（2003），Grade 2（2003），Grade 3（2003）.Knowledge Adventures，Los Angeles，CA.

这些流行软件对儿童极具吸引力。让他们收集票据或奖励，使其探险活动得以继续。软件包含模式、数字辨识、形状、解题等等。

4. SCH Millie's Math House.（2005）.IBM（Aap Misc Parts），Armonk，NY 2005.

此款软件是获奖软件米莉的数学房间（Millie's Math House）的形象和拓展版本。该软件增设了一些新内容。除了常用数字及其运算问题之外，儿童还建造了老鼠屋，制作了古怪的臭虫，回答了有挑战性的数学问题。

5. Spatial Relationships.（1999）.Sunburst/Hypermedia，Hazleton，PA.

推荐给6到8岁儿童使用。这个获奖项目帮助儿童培养几何词汇，进行立体式思考。

6. Hamtaro：Wake Up Snoozer！（2003）.The Learning Company，San Francisco，CA.

推荐给4到7岁儿童使用。此软件介绍了早期教学中的加减法、形状识别模式、分数等，内容引人入胜。

# 参考文献

Caps, L., & Pickreign, J. (1993). Language connections in mathematics: A critical part of mathematics instruction. *Arithmetic Teacher*, 41(1), 8-12.

Copeland, R. W. (1984). *How children learn mathematics: Teaching implications of Piaget's research*. New York: Macmillan.

Crews, D. (1986). *Ten black dots*. New York: Greenwillow Books.

Crews, D. (1998). *Big mama's*. New York: The Trumpet Club.

Crowther, R. (2005). *Opposites*. Cambridge, MA: Candlewick Press.

Curenton, S. M. (2006). Research in preview. Oral storytelling: A cultural art that promotes school readiness. *Young Children*, 61(7), 78-89.

Haugland, S. W., & Wright, J. L. (1997). *Young children and technology: A world of discovery*. Boston: Allyn and Bacon.

Heddens, J., & Speer, W. (1992). *Today's mathematics* (7th ed.). New York: Macmillan.

Hutchins, P. (1986). *The doorbell rang*. New York: Morrow.

Murphy, C. (2001). *Opposites (Slide'n seek)*. New York: Little Simon.

National Council of Teachers of Mathematics (NCTM). (2000). *Principles and standards for school mathematics*. Reston, VA: Author.

Riddle, C. (1988). *The trouble with elephants*. New York: HarperCollins.

Sanford, A. R., & Zelman, J. G. (1981). *The learning accomplishment profile* (Rev. ed.). Chapel Hill, NC: Chapel Hill Training-Outreach Project.

Schiller, P., & Moore, T. (1993). *Where is Thumbkin?* Mt. Rainer, MD: Gryphon House.

Thiessen, D., Matthias, M., & Smith, J. (1998). *The wonderful world of mathematics: A critically annotated list of children's books in mathematics*. Reston, VA: NCTM.

Welchmann-Tischler, R. (1992). *How to use children's literature to teach mathematics*. Reston, VA: NCTM.

Williams, V. B, (1997). *"More, more, more," said the baby*. New York: Greenwillow Books.

第五章

早期数学概念
——匹配、分类、比较和排序

儿童的好奇心很强。婴儿通过感知体会到瓶子的大小、形状和重量,判断瓶子是不是太大没法拿或者太重拿不动。学步儿白天给娃娃穿衣,晚上休息给娃娃换衣服。儿童探索着时间和顺序。他们将农场的动物排成一队,逐个喂以谷物,这样的活动显示出他们的匹配能力。

根据皮亚杰的理论,有关颜色、尺寸、形状和质地的物理知识可以用来构建逻辑数学知识。逻辑数学知识涉及一些重要关系,而这些关系奠定了早期数学思维的基础(Copeland,1984)。为了恰当指导儿童学习,幼儿教师需要研究匹配、分类、比较和次序或排序的数学关系。教师应了解早期数学的建构基础,开发一门激励儿童参与解题活动的课程。如果教师缺乏对这些早期数学概念的了解,他们就会使用机械技巧教授儿童,如数数、写下数字和找到集合里物体的数量,这样会"催促儿童",赶鸭子上架。此外,多数儿童能在学前班和小学阶段学会,如果一个儿童在这些领域欠缺逻辑思维,就预示该儿童在发展上落后了。这些儿童需要得到额外评估和专家的帮助。

匹配

匹配指的是一一对应的概念。当一个儿童分发杯形蛋糕时,每个伙伴都能得到一块蛋糕。蛋糕块数可能"刚好"足够,也可能有"多余"。数美分时,每个美分数一遍。匹配构成了数字系统的基础。

学步儿最早会说的一个词就是"多"。当他喝完一杯苹果汁后开始哭闹:"还要更多——更多。"2岁大小的儿童掌握了事物增加或减少的直觉概念。研究显示,向2到4岁的儿童展示一组三个物体,如果盖住三个物体再加入一个新物体,改变原来的组合,儿童可以很容易发觉这个组合的变化。如果问他们"怎样解决这个问题,"他们会把后放入的物体拿走(Brush,1972;Gellman & Gallistel,1978)。儿童这种思维方式建立了"多—少—相同"的概念。

儿童能够记住或创建"相同"时就具备了将两个物体匹配的能力。例如,教师要求儿童把鸡和鸡蛋进行匹配。每只鸡下出的鸡蛋数量相同,如一个鸡蛋。篮子里可能有更多鸡蛋,这些是"多余的鸡蛋"。匹配是更为复杂的守恒问题所需的一项必要技能。皮亚杰的守恒测试是用于评估儿童成长以后的发展,第六章将有专门论述。

评估匹配问题时,需要考虑四个方面的问题:

1. 物品相同还是不同?
2. 匹配的物品有很多还是只有一些?
3. 每个集合里的物品数量是否相同?
4. 集合是否"连接在一起"?

这些方面将在图5-1至图5-8中逐一得到解释。

1. 物品相同还是不同?

不同的物品更容易匹配。

(1) 更容易。

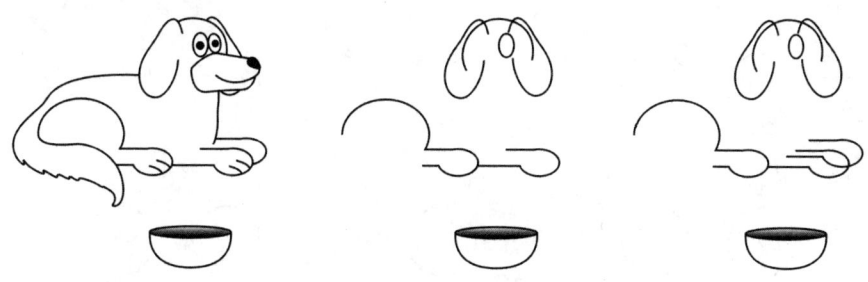

图5-1 不同的物品——更容易匹配

(2) 更难。

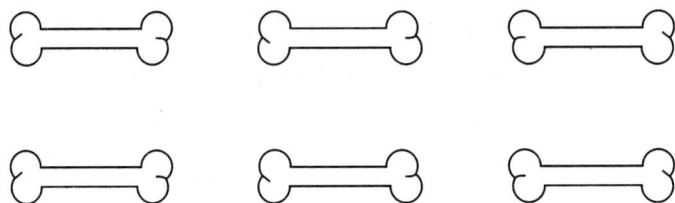

图 5-2　相同的物品——更难匹配

狗和碗的例子更容易是因为儿童在匹配两个不同物品时存在视觉优势。如果给出一排骨头和一堆相同的骨头,儿童就很难确定每根骨头的匹配关系。

2. 匹配的物品有很多还是只有一些?

(1) 更容易(5个或5个以下物品)。

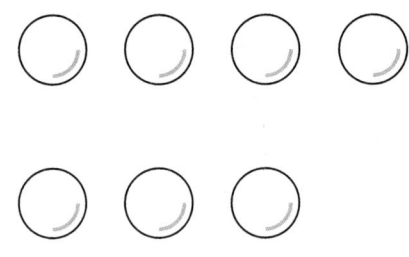

图 5-3　小集合——更容易匹配

(2) 更难(5个以上的物品)。

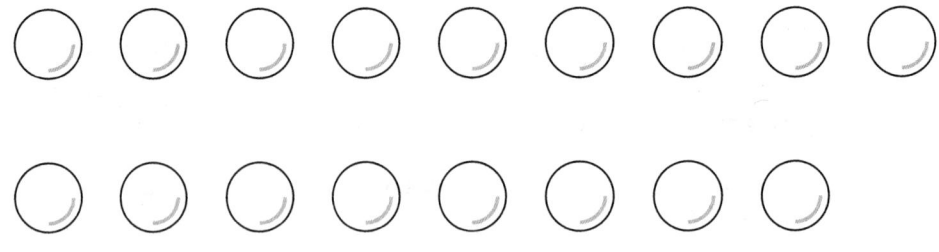

图 5-4　长集合——更难匹配

需要匹配的物品越多,任务就越难。匹配行如果有变动,这样就更难确定是否漏掉了某个物品。

3. 每个集合里的物品数量是否相同?

(1) 更容易(偶数集合)。

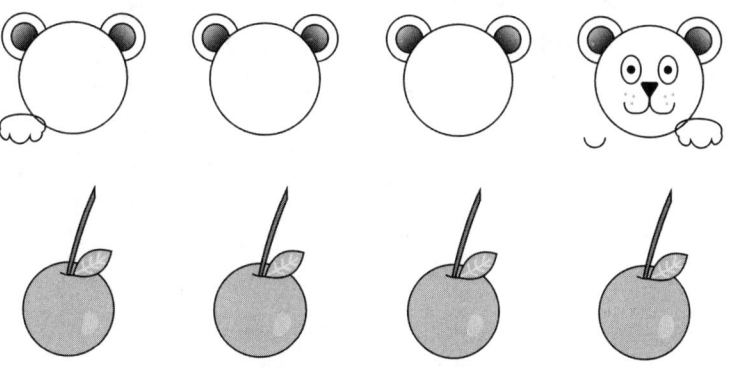

图 5-5 数量相等——每只熊有一颗樱桃

(2) 更难(一个集合数量不足或过多)。

图 5-6 数量不相等——樱桃不足

多数儿童喜欢匹配物品数量相等的集合。一些熊没有得到樱桃,似乎找到更多樱桃之后才能完成这项任务。

4. 集合是否"连接在一起"?

(1) 相连更容易。

图 5-7 相连集合

（2）不相连更难。

图 5-8 不相连的集合

集合相连时更容易检查匹配是否成功。在人和椅子匹配的例子中，由于人和椅子接近，儿童能够立即判断椅子是否足够。

在家和在学校的非正式学习

日常事务提供了很多匹配机会。穿戴方面涉及每只脚穿一只袜子，再穿一只鞋。每个纽扣洞对应一个纽扣。早餐桌上，一碗麦片配一把勺子和一杯橙汁。上学时间到了，每只手戴一只手套，每只脚穿一只鞋。上公交车，每个乘客都只能有一个座位。

在学校，每个儿童都有一个储物柜或一个挂衣钩，可能还有一个放便条的邮箱。上艺术课，每个人需要一本杂志、一瓶胶水和一盒蜡笔。每个儿童写故事时需要一支铅笔和一张纸。

很多玩具有助于匹配。一匹马只能坐一个人，每架飞机或每辆车也只能坐一个人。洋娃娃穿的鞋，架子上的锅碗都有固定的位置。在一些家庭，每个人的毛巾都挂在固定的钩子上。家长和教师在生日宴会上帮助儿童摆放桌子、分发食物、发放气球或礼物，协助儿童完成匹配活动。烧烤时，每个杯子里放一朵蒲公英来装饰桌面。

4岁以前，大多数儿童能够匹配物品。有认知性发展延迟的儿童却难以进行此类描述的活动。因此，早期匹配能力评估有助于教师辨别某个儿童是否需要特别关照。

使用具体物品，以儿童为参照物，按照从左到右的顺序，向儿童解释匹配物品的过程非常有益。例如，图 5-9，教师可以帮助儿童将兔子和萝卜进行匹配。

图 5 - 9　匹配平行列

将物品水平排列,以清晰的方式呈现出问题,可以帮助儿童解决学习中遇到的某些类型的应用题。例如,下面是一年级的一个典型应用题。

共有 5 个小丑和 3 只气球。有几个小丑没有拿到气球?(图 5-10)

图 5 - 10　画图解题

另外,将物品水平排列,这种方式有助于完成图解活动,因为展示出的行列使人一目了然。如果绘制小丑和气球的图画,教师可能会问:"小丑比气球多几个?"或者"气球比小丑少几个?"

匹配是最早得到发展的数学概念之一,它为各种逻辑思维的发展奠定了基础。

匹配能力评估

评估是制订计划、开展教学和进行复习的过程中不可缺少的一部分。你每天都可以观察和提问儿童。在课堂里走动或与小组儿童共同在试验台工作时,你可以观察到他们是如何完成匹配活动的或听他们描述活动过程。可以使用下面的方法评估每个儿童的进步。

◎ **观察**

儿童如何花费时间排列玩具并组合匹配?儿童是否会要求更多的物品,比如说,"我桌子上没有足够的杯子"?

◎ **提问**

要求儿童给你讲述有关物品匹配的故事,描述物品不够或物品太多时所发生的情况。儿童如何判断匹配结果?怎么做才能弥补这种情况?

学校分发物品时,例如,分发给每人一把剪刀,教师问:"你如何分发才能保证每人都有一把剪刀?你想从哪里开始?"

◎ **表现评估——恒等集**

年龄:4—5岁

所需物品:36个相同物品,如绿色熊形花片、青豆或其他计数器、牙签。

选择

1. 相等匹配:

把8个绿色熊形花片排成一列,另外准备8个备用花片。要求儿童"给每只小熊找一个朋友"。

2. 匹配很多物品:

用更多的熊(18只)再次重复这个任务。

3. 不等集:

拿出10只熊,并给儿童6颗青豆或者花片。要求儿童"给每只熊分发一颗青豆或一个花片"。当他/她发现没有足够青豆来分发给所有熊时,观察他/她的反应。

4. 合集:

拿出8只熊,向儿童示范如何用一根牙签和一颗青豆串成一只熊的样子。要求儿童从左边开始完成这个任务。(图5-11)

图5-11 合集评估

多数幼儿能轻松完成早期匹配活动。若某个儿童无法完成,教师应尝试让儿童直接将物品与图片相匹配。几个月后,让儿童重新完成基础匹配活动。你也不妨向导师或数学专家进行咨询。在全纳环境中,有特殊需要的儿童喜欢形式各样的匹配游戏,如茶杯和茶垫,晾衣夹和晾在夹子上的袜子,钉子和挂板,形状和形状拼图,喷水壶和需浇灌的植物或者门外的花盆。

◎ **表现评估——等集**

匹配或创建等集:

这个任务要求儿童准确计算出一个集合里所有物品的数量,并用记下的数字创造出一个新集合。这同时也体现了对"相同数字"概念的理解。

年龄:5—7岁。

所需物品:大量的花片、纱线或纸碟。

说明:将 14 只熊形花片堆成一堆(可用纱线围住),要求儿童创建一组类似的集合。(图 5-12)

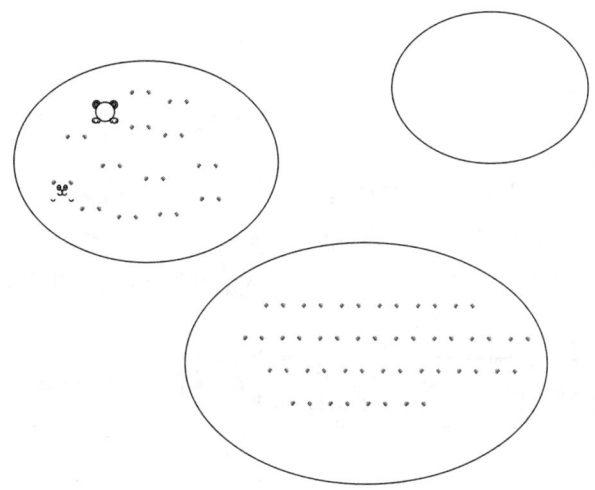

图 5-12 评估创建等集所需的材料

早期分类——创建集合

在成人帮助下,儿童学习将周围的物品分门别类。他们会注意到组员之间的"相同之处"。首先,儿童了解到被称作"狗"的动物。自己家的狗、邻居家的狗和妈妈养的狗。某一天,全家开车行驶在一条乡村小道上时,儿童看到另一只"狗"。这是一只很大的动物,白底灰点,长尾巴,正在草地上吃草。

"狗狗,狗狗。"孩子喊道。家长说:"不,那是一头牛。"这样,儿童脑海里关于"狗"的原概念得到了修订,接着创建一组新的概念称为"牛"。创建概念并为其命名始于幼儿期,它作为一种组织信息和联络世界的方式,将贯穿儿童的一生。实际上,"甚至在能够准确计算小集合数量之前,儿童就已经开始阐释集合了"。(Baroody & Benson,2001:157)

集合是给出定义的物品或概念的结合(组)。人们构建集合的特性,如果集合里元素的特性很含糊,就很难判断一个物体或概念是否属于某个特定集合。例如,我们假设汽车是一个组或者"集合"。美国车集合对应外国车集合怎么样?我们同意所有车都属于通用集合的子集合吗?

我们可以定义两门车和四门车的子集合(图5-13)。

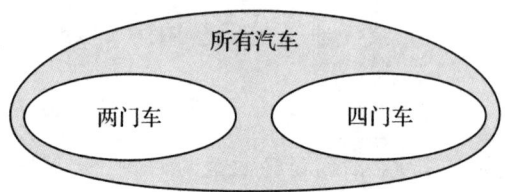

图5-13 所有汽车的子集合

维恩图是描述并集和交集的一种有效方式。图解中的圆圈表明每个集合的元素。并集是由两个集合中所有元素组成的。例如,图5-14里,并集包括两个集合中所有的汽车。集合重叠就出现交集,是指两个集合中都包含一些有共性的汽车。

图5-14 两个集合的交集(维恩图)

图中有一个在保修期内的汽车子集和一个需要大修(维修费超过三百美元)的汽车子集。需要大修的汽车在保修期内属于两个集合的交集。

某个牌子的汽车出现刹车故障,汽车制造商能够确定这类车主所在的集合,利用序列号向车主发出召回令。而且必须联系到这个子集中的每个车主,以免发生事故。

单元集合包括一个成分或元素,例如专利处方药。空集不包括任何元素,比如教室里所有活的长颈鹿的集合。

一个集合中包含的物体未必都要相同,假设碟子的集合:盘子、碗、杯子和茶碟,或者高尔夫俱乐部的集合:森林、铁杆和推杆。练习册的习题中有时要求儿童将某

个数字归入一个集合,因为涉及的物体相同,这样的练习对儿童来说有难度。(见图 5-15)

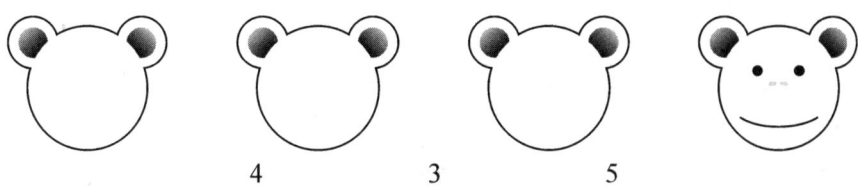

在正确的猴子数量上画圈

图 5-15 练习册上的例子

人们总是试图解释一组概念,比如《独立宣言》中提到了一系列美国的价值观,即生命、自由和对幸福的追求。而其他学科如历史或哲学也在寻找这种集合。

在家和在学校的非正式学习

在家中和学校里儿童有大量机会了解集合:生活在陆地上的动物,生活在水里的动物。宠物和野生动物是有区别的。洋娃娃放在玩具角,积木堆在积木架。教师可以同时使用集合和组别这两个术语。集合中所有穿着冬装短上衣的儿童是否排列整齐?你们中一些人戴着手套,一些人没戴。外面太冷了,你们没有人想去外面玩。

将人群分组时,敏感对待多数人的需求,尤其是儿童的需求,选择受欢迎的类别将其划分,这点很重要。如果只有富孩子穿得起网球鞋,我们就不能以网球鞋来分组。所有人都希望长得更高,就不能以高矮来分组。当然,没有人想成为单元集合中的最后一个备选人。

儿童创建集合时,通常先依据颜色区分物体,其次是其他方面。儿童根据材料的类别进行分类。例如,给他们提供一盒纽扣,他们首选颜色进行分类。如果要求用别的方式,他们可能会选择"发光"和"不发光"这两个集合。给儿童提供粗纱线轴,使集合里的各元素能清楚地摆放在特定位置。之后,纱线能帮助儿童直观看到子集和交集。一些儿童自己能够利用尺寸(大或小)和形状(圆或方)创建集合,但多数儿童需要成人的指导。

一些儿童按照教师的指导通过注视或目测来匹配两个物体。例如,教师把"零"放在圆圈里,要求儿童为集合找到更多的元素。此例表明儿童不需"创建"形状范畴只需依照模式找到相同的"零"。

最棒的分类总是来自于儿童的想象。一名一年级儿童拿出两颗人造钻石纽扣、一颗

黑色中等大小的纽扣和一颗红色纽扣放在纱圈中央。他说这是一张"脸"。(图 5-16)

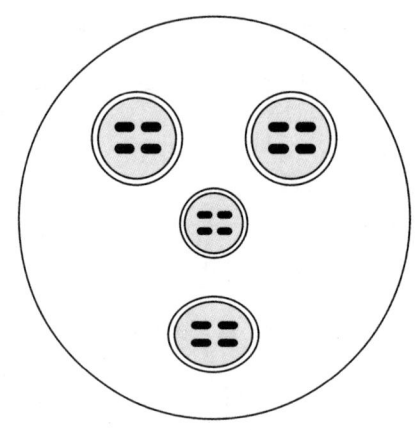

图 5-16　一个孩子的纽扣集

分类时,很多儿童用不属于任何组别的物品创建了一类"其他物品"。这种分类很正常,尤其是在处理日常材料的时候。

到幼儿园后期和一年级时,儿童能够创建一个数字的所有子集,这表明他们已经掌握了这项技能,即 5＝{5＋0,4＋1,3＋2,2＋3,1＋4,0＋5};联合集合(加法)和分离集合(减法)。这些运算方法在后续章节我们会具体讨论。

向全班提出问题：集合

所需物品:小物品收藏,城市生活和乡村生活对比的图片,沙漠动物和农场动物对比的图片,用线或粗纱线做个圈围住集合,标记集合的记录纸。

方法:让儿童大声解释他们做某些决定的原因,根据表达能力进行分组。健谈的儿童分成一组,而害羞或安静的儿童另成一组。每个小组由三到五个儿童组成,以便教师能够听清楚每个儿童的表述。

教师收集大纽扣等日常物品为分类活动做准备。用粗纱线在桌上围成圆圈。准备好空白纸为集合制作标签或便签。发给每个儿童一小堆纽扣。教师提出一个开放式问题:"这些纽扣怎么分组?"儿童渴望以"黄色纽扣"为标准分类。必要时,用黄色水笔制成一个图卡标签。儿童从发放的纽扣中寻找黄色纽扣进行分类,讨论他们的发现。

另一种标准可能是"黑色纽扣",任何属于"黑色纽扣"集合的合理解释都能被接受。填满几个圈后,把纽扣放回容器中重新分发。这次活动目的是找到尽可能多的不同的分类方法。

为了开展活动,一些小组需要更多的激励。教师可以提问:"你的纽扣堆里有哪些颜色?"需要给安静的儿童提供机会论述他们的选择,不应让他们受到小组中健谈儿童的影响。虽然小组讨论和分类需要花费很长时间,但却实现了目标。请记住大约8%的男孩和4%的女孩会受到"色盲"的困扰,经常导致儿童不能区分红绿两色。

儿童取得进步后会尝试创建两种相对的分类,例如,带橡皮的铅笔和不带橡皮的铅笔。最后,他们试着在不使用否定词的情况下给两个集合命名,例如,有盖钢笔和伸缩钢笔(可弹进去)。

提出问题:复杂分类

复杂分类需同时考虑两个及以上的变量。儿童利用属性块(attribute blocks)这样的器材逐步了解和、或者、不的用法。例如,教师向儿童提出:"把所有不是方形的黄色积木放在一边,然后把所有不是黄色,但形状是方形的积木组成另一边。"满足黄色和正方形两个条件的积木就是黄色方形积木(图5-17)。由于儿童极少有机会在课堂以外对分类任务进行批判性思考,所以这些计划好的课程使儿童更好地理解模式和函数。(见第9章)

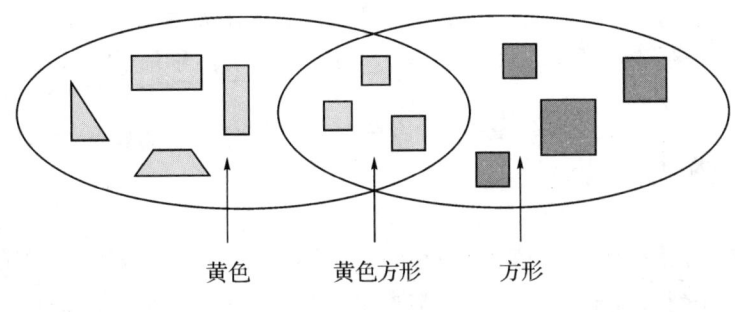

图5-17 复杂分类

其他有关复杂分类的例子如下:

我有一个兄弟　　　　我既有兄弟也有姐妹　　　　我有一个姐妹
我会骑三轮车　　　　我既会骑自行车也会骑三轮车　　我会骑自行车

让儿童自行设计一些分类并与全班同学分享。

比较

早期分类与"相同"有关,而比较与"不同"有关。最早的比较概念来自易于观察和体验的对立面。这种能力通常不需要被教授,常用比较词可参见第四章。

除比较两个相反的物体或事件之外,教师会提问儿童,让他们比较两个数量。给儿童两堆豌豆,教师会问:"哪一堆豌豆多?哪一堆豌豆少?两堆一样多吗?"为了解决这些问题,儿童会运用视觉技巧、计数或匹配的方式。最后,比较是掌握下一个概念(次序或排序)所需的必备能力。

在家和在学校的非正式学习

在学前班至幼儿园阶段,家长能帮助儿童用比较词标记日常物品。例如,家长可能一周强调一组如"热—冷"的词语。在家中和学校里,成人应鼓励儿童将对立词和生活直接联系起来。例如,"我的汤太热了,没办法喝","我的牛奶凉了"。谈论天气时,可能只用一个词,例如,"外面很冷",也可能几个月内"外面都不热"。大人询问后要让儿童大声说出词语,而不是只肯定性地点头。你可能问:"你的汤怎么样?"而不是问:"你的汤热不热?"有时儿童需要机会运用新词语,而成人却说得太多。

由于多数学前班儿童能轻松运用这些词汇去描述日常事件,所以不需要在计划活动中融入很多比较词。用盘秤"称"各种材料的重量时还是有必要教授一些反义词,诸如"重—轻"。很多缺乏比较语言概念的儿童可以通过儿童文学、音乐、童谣,或者表演游戏来学习。(见第四章的课堂内活动)

至于学习其他反义词如"粗糙—光滑",可以在鞋盒里装满需要分类的物品,如丝、人造纤维、绸子、毛毡、灯芯绒、毛巾布、锦缎、结子花呢等面料,厨房洗刷用具,水果篮,小石头。在鞋盒里放入两种分类的薄层标签。家长和儿童可以共同收集。

次序或排序

次序或排序指把两个以上物体或包含两个以上元素的集合排序。常用排序方式是依据尺寸(小到大),长度(短到长),高度(低到高),或厚度(薄到厚)进行。然后进行更为复杂的活动,如颜色(浅色到深色),质地(粗糙到光滑)或容量(少到多液体)。

相对于比较而言,排序更难,因为儿童必须做出几个判断。例如,比较三根不同长度的吸管,中间的吸管必须比前一根长,又要比后一根短。

皮亚杰描述了儿童在排序方面三个不同的成长阶段(Copeland, 1984)。如果给一个3到4岁的儿童一组不同长度的棍子,他无法排出顺序。棍子被他排列得杂乱无章,毫无规律可言。儿童5岁左右能够通过反复试验给棍子排序,他会不停地挪动棍子的位置,直到完成排序任务。6岁以上的儿童在移动棍子之前能够事先考虑所有棍子的摆放,形成行动计划之后,再系统地挑选棍子。

蒙台梭利学校的幼儿(2岁半到5岁)通常能够根据直径大小将木制圆筒排序,或者根据色调将一系列彩色墙砖排序。因此某些排序任务似乎多加练习就能提高,甚至在更年幼时就可能完成。

给两组物体排序称为双重排序。《金发姑娘和三只熊》(Goldilocks and the Three Bears)的故事是一个很好的例子。熊爸爸拿到一只大碗,熊妈妈拿到一只中

碗,熊宝宝拿到一只小碗。(图 5-18)

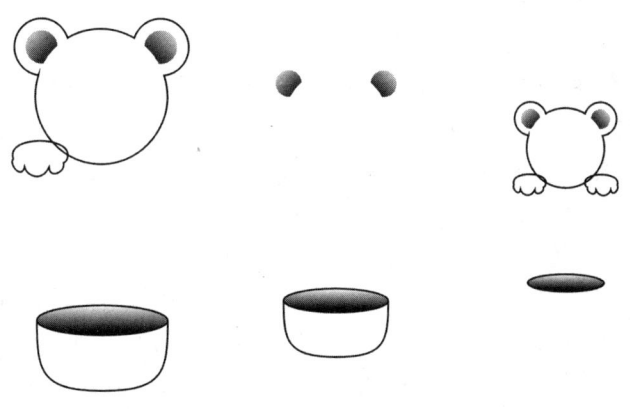

图 5-18 双重排序示例

只要排好的顺序有规律可循,每个集合都可以自成一体。如熊爸爸要节食所以拿到小碗,熊妈妈拿到中碗。而熊宝宝太饿,所以拿到了大碗!

最后,之前已确定的顺序逆向时,排列应采取倒序。最常见的例子是倒数。我们首先学习顺序,然后将顺序颠倒。倒数对很多一年级儿童来说很难掌握。有些儿童自然地运用这项技能来解决减法,而其他人会觉得很无聊。当电梯下落、温度骤降或用遥控器逆向频道翻页时,成人会体验倒序。视觉体验或从仪器上读取倒序的数字远比记忆更加容易。

为什么排序概念这么重要?首先,排序是数字系统的基础之一:2 比 1 大,3 比 2 大。其次,很多人对主题和幼儿园至一年级数学课应该学习的内容存在很多困惑。很多家长和教师不了解口头计数和其他计数概念之间的区别,而口头计数相对容易掌握。这些概念包括回答"多少"这种问题,将数字加入集合(例如,数出 5 个沙滩气球,围成一圈,或写下数字 5),并用序数词标示位置(例如,第一)。另一个难理解的概念是用数轴测量连续的材料,如一根绳子。

在家和在学校的非正式学习

学步的婴儿喜欢在厨房里玩耍。搅拌钵和量杯提供套叠体验,就像叠叠圈这类商业玩具一样。根据时间安排日常事务,例如早饭时间、午饭时间、晚饭时间。毛巾——洗澡巾、洗手巾、洗脸巾——可以放在置物架上。我们在"你想做第一个?""你是不是最后一个下公交车的人?"这样的句子中经常可以听到序数词。图画书描绘了一个人从婴儿到成人的发展阶段。儿童通常按照年龄顺序描述家庭,从弟弟到爸爸。这些非正式的学习经历和早期计数都与排序息息相关。

下面是另外一些课堂排序的例子。市面出售一些排序材料,例如蒙台梭利套叠圆筒、彩色瓷砖或描述日常生活的图片序列卡。另外,教师可以收集各种大小不一,用于存放手套、袜子和鞋子的包装盒。将塑料瓶（盛花生酱的）装满不同高度的水或冰。木琴和钢琴音符从低到高。用盘秤称出水果重量并排序。教师还可以根据时间顺序将日常活动拍摄成照片，贴上标签，并展示在布告板上。

科学活动中，将豆类植物按顺序摆放在窗台上。球茎植物如风信子、水仙花、郁金香、喇叭花根据其高度很容易排序。

在尺寸相同的罐子里装上不同数量的物品可以帮助儿童目测数量。例如，4个罐子里分别装上10颗、25颗、50颗和100颗豆状软糖。一名儿童从碗里舀出一些软糖，判断哪个罐子里的软糖与舀出的数量最为接近。

一年级儿童开始学习数字1到10的序数名称。为了让儿童更容易掌握这项技能，教师不妨把词语配对，"数字1，第一；数字2，第二；数字3，第三，以此类推"。

寓教于乐是一种学习排序的方式。"我说你做"游戏可以根据序数命令进行。例如，"西蒙说：'第四个孩子将迈出一步吗？'"排队休息时，按顺序点名。玩游戏时儿童掷骰子，说出数字，例如："数字3，第三个孩子排到队伍第一位。"玩这个游戏时，要确保队列有明确的方向性（从前到后），儿童才能够数清各自的位置。

提出问题：有关排序关系的评估

你可以用三种方式了解儿童已知的顺序或排序知识。非正式地观察、倾听或对他们进行面试，从而掌握他们的总体进步。单元结束时，你不妨做一个表现评估，了解儿童在理解排序上是如何进步的。

◎ **观察**

儿童如何根据课堂里现成的材料完成排序任务？儿童能否给套叠盒或各组顺序卡排序？不同尺寸的一组袜子如何排序？

◎ **面试**

要求儿童讲一个全家福的故事。儿童如何描述家里每个成员的高矮和年龄？

给儿童布置一个排序活动，要求他们给长度不同的一组吸管排序。儿童如何进行这个活动呢？排序时是否制订了系统性的计划？

◎ **表现评估：排序**

年龄：6岁半以上。

所需物品：一组不同高度的动物（6到8个），一组小玩偶。

说明：要求儿童按从小到大的顺序把动物排成一列，直到排完所有动物。向儿童提出要求："将第四个动物给我。""将第二个动物给我。"

然后，把玩偶排成一队，观察儿童能否给位置命名：第一，第二……第八。询问儿童："这个玩偶是第一个。下一个玩偶在第几的位置？"依此类推。

综　述

儿童在学前班阶段开始非正式地学习匹配、分类、比较和排序。教师应认识到这些重要关系在早期数学课程中发挥的作用。关注儿童语言学习、视觉空间能力和逻辑思考能力的发展将有助于教师为数学活动制订适当的发展计划。

实地调查：临床日志或数学日记

面试、评估和记录：有关分类的关系

所需物品：各种日常物品——各类纽扣、贝壳或石头，一次只能使用一种物品集合。把粗纱线摆成圈，将物品集合圈起来，一个农场和一组动物留作备选。

面试4岁半到6岁之间的儿童。

可以提出的问题：
- 你如何将物品分类？
- 你能用其他方式分类吗？
- 你能说出物品集合的故事吗？
- 提供一个农场，让儿童安排农场里的动物：
- 你如何摆放农场里的动物？
- 你为什么认为动物们喜欢你安排的位置？

更多活动和研究问题

1. 比较皮亚杰和蒙台梭利关于比较、排序、分类和计数等早期数学概念发展的观点。用日志或小论文的形式描述你的结论。

2. 去当地图书馆选择一本配有物品集合插画的儿童书籍。进行一项分类活动，以便拓展书中提到的观点。做好准备，把你选的书及课程观点与全班同学分享。

3. 在一大张纸上制作一个维恩图。选择班级中只有部分儿童才有的特性。让你的学生在适合自己特性的圆圈里或交叉处签名。

4. 制作一组图片卡，这些卡片彼此间应有关联。如邮递员（邮箱、邮车、邮包）或消防员（消防车、橡皮管、靴子、消防衣、消防栓）。要求学前班儿童将你的图片分类并识别物品。判断图片代表的人和物是否能在儿童生活的环境中找到。

相关的儿童文学

Aardema, V., & Dillon, L. & P. (Illustrators). (1975). *Why mosquitoes buzz in people's ears*. New York: Penguin USA.

Carle, E. (1989). *The very busy spider*. New York: Putnam.

Carle, E. (1991). *The rooster's off to see the world*. Old Tappan, NJ: Picture Book Studios.

Carle, E. (1991). *The tiny seed*. Old Tappan, NJ: Picture Book Studios.

Giganti, P. (1988). *How many snails*. D. Crews, Illus. New York: Morrow.

Lillegard, D. (1989). *Sitting in my box*. J. Agee, Illus. New York: Penguin USA.

与科技的联系

面向教师的网站：授课计划、活动、主题和小贴士

www.preschoolrainbow.org

盖尔的学前班彩虹(Gayle's Preschool Rainbow)，这是一个主题网站，提供了数百个授课计划、活动方案和好点子，尤其是针对学步儿阶段。

儿童用软件

Zoombinis Logical Journey. (2001). The Learning Company, San Francisco, CA.

这个软件为儿童提供娱乐的同时可以教会儿童很多逻辑思维的技巧。该软件有很多富有吸引力的谜语等待儿童揭晓答案，涉及解题、逻辑、集合、分类、映射、假想测试、模式等内容，强力推荐8岁及以上的儿童使用。

 参考文献

Baroody, A., & Benson, A. (2001). Early number instruction. *Teaching Children Mathematics*, 8, 154–158.

Brush, L. R (1972). *Children's conception of addition and subtraction: The relation of formal and informal notions*. Unpublished doctoral dissertation, Cornell University.

Copeland, R. W. (1984). *How children learn mathematics: Teaching implications of Piaget's research*. New York: Macmillan.

Gellman, R., & Gallistel, C. R. (1978). *The child's understanding of numbers*. Cambridge, MA: Harvard University Press.

第六章

培养数字意识

👥 文化视角

几乎每种文化都有其独特的计算方法。美国本土的很多计算系统通常以10或20的倍数为基础,使用的运算词汇也是从手指和脚趾衍生而来(Closs,1986)。关于因伊努特文化中以20为基数的计算系统克洛斯进行了有趣阐释,而多萝西·希伯(Dorothy Ebert)与他的描述如出一辙(1972):一个人有20(手指加脚趾),五个人就有100,100被称为"一捆"。这是因为狐狸皮和海豹皮被捆成一百一组。

美国北部很多部落居民,例如,达科他人(Dakota),切罗基族人(Cherokee),奥吉布瓦人(Ojibway),温尼倍格人(Winnebago),怀安多特人(Wayndot),以及米克马克(Micmac)人都能数到百万。虽然他们在实际应用中很少用到大于1000的数字,但是他们的数字系统似乎可以无限延展。奥吉布瓦人的计算系统最早起源就是称一百万为"大千"(Closs,1986)。

数数这种基本技能很容易被儿童所掌握。很多幼儿园课程评估的通用标准就是儿童能否数到一百。但是,家长、校董会和一些教师会将口头数数与下列更高级的思维方式混淆:

- 阅读数字,例如,"这是'3'"。

- 写下数字,例如,视觉动态任务。
- 将一个数字与集合或基数性原则匹配,例如,数出 5 颗豌豆,并回答问题:"多少?"
- 直觉感受数字的大小,例如,"15 和 50 哪个更接近 10?"
- 合理猜测数字,例如,"小罐子装不下 100 多块金鱼饼干"。
- 用直观或抽象思维(不用数数)观察部分和整体的关系,例如,"我有 2 个绿瓶盖和 3 个紫瓶盖"。

综上所述,蕴涵交叉概念的复杂集合有利于"数字意识"的发展。数字意识指的是在特定文化内,运用数字和测量工具判断常识。它判定答案的合理性和准确程度。这有助于儿童发现错误并选择逻辑性最强的方式解决数学难题。

全美数学教师协会标准(2000:32)阐释了数字意识和计算,以及从学龄前到十二年级儿童应该能完成的事情:

理解数字,数字表达方式,数字间的关系和数字系统;

理解运算的意义以及各种运算之间的联系;

准确推断以及合理估计。

标准包括基本理解和简分数的表达,如 $\frac{1}{2}$,$\frac{1}{4}$,这是幼儿园到二年级教学预期的目标之一。标准还要求教师帮助儿童在二年级结束时熟练掌握基本的加减法。[①]

毛尔科维奇、赫什科维茨和布鲁克海默(Markovits, Hershkowits, Bruckeima, 1989)的研究中举例证实小学高年级儿童缺乏数字意识。在这个研究中,儿童要解答下列应用题:

一个 10 岁的男孩身高 1.5 米。那么在他 20 岁时身高是多少?

大约有三分之一的儿童选择了"3 米高"的答案。从实际角度看,一个人根本不可能长到 9 英尺高。由此说明这些儿童可能没有使用米尺的具体经历,更没有机会在数学课上进行讨论和辩论。

数字意识的培养始于幼儿期。早教教师如果能摆脱传统,以近期研究为基础,注重经验总结,教学中定能有很大改变。过去的教师从简单数数跳跃到加减运算,忽略了重要的数学概念,而这些数学概念能够赋予数字以意义。本章将阐述这些重要概念。

与组合和数位值等概念相关的数字意识的培养将在第七章讨论。

---

① 得到全美数学教师协会允许,摘自《学校数学的原则和标准》。

数数：幼儿边学边玩

学步儿和幼儿园儿童每天都能接触到数字。蛋糕上点着3根蜡烛，他们庆祝生日："我3岁了。"数字常出现在家用电器、信件和车牌号码中。日常烹饪会用到一杯这个、两个鸡蛋、三杯那个。很多东西几乎总是成双成对出现：眼睛、手、脚、袜子、鞋子、三明治面包片或汉堡包面包片。他们还注意到：哥哥姐姐或表哥表姐似乎喜欢数农场里动物的数量或者车库中汽车的数量。

儿童最早的语言经历来自童谣和数数书籍。很多图画书会给歌词配上图画。我们经常能听到这样的歌谣：《一，二，系上我的鞋》(One, Two, Buckle My Shoe)，《咩，咩，黑羊》(Baa, Baa, Black Sheep)和《越过草地》(Over in the Meadow)。

One, two, buckle my shoe.	一，二，系上我的鞋。
Three, four, shut the door.	三，四，关上门。
Five, six, pick up sticks.	五，六，拿起棍子。
Seven, eight, shut the gate.	七，八，关上栅栏。
Nine, ten, a big fat hen.	九，十，一只大肥母鸡。
Baa, baa, black sheep.	咩，咩，黑羊
Have you any wool?	你有没有羊毛？
Yes, sir, yes, sir,	有的，先生，有的，先生。
Three bags full.	三个袋子装满了羊毛。
One for my master,	一袋羊毛给主人，
One for my dame,	一袋羊毛给夫人，
And one for the little boy	然后另一袋给那个小男孩，
Who lives in the lane.	他就住在胡同里。
Over in the meadow, in the sand, in the sun,	越过草地，沙滩上，太阳下，
Lived an old mother frog and her little forggie one.	住着一只青蛙妈妈和她的青蛙宝宝。
"Croak!" said the mother; "I croak," said the one,	"呱呱！"青蛙妈妈叫道；"我呱呱，"青蛙宝宝叫道。

So they croaked and they croaked in the sand, in the sun.	他们在沙滩上、阳光下,"呱呱"叫。
Over in the meadow, in the stream so blue,	越过草地,在如此清澈的河流里,
Lived and old mother fish and her little fishes two,	住着一条鱼妈妈和两条鱼宝宝。
"Swim!" said the mother; "We swim!" said the two,	"游啊!"鱼妈妈说;"我们游啊!"鱼宝宝说。
So they swam and they swam in the stream so blue.	他们在沙滩上、阳光下,"呱呱呱"游。
Over in the meadow, on a branch of the tree,	越过草地,在一根树枝上,
Lived an old mother bird and her little birdies three.	住着一只鸟妈妈和三只鸟宝宝。
"Sing!" said the mother; "We sing!" said the three,	"唱啊!"鸟妈妈说;"我们唱啊!"鸟宝宝说。
So they sang and they sang on a branch of the tree.	他们唱啊唱,在一根树枝上唱啊唱。

这些歌谣强调了韵律和简单数数的方法。

儿童文学、艺术和数数

一些书籍把艺术与数数相结合给儿童提供难忘的数学体验。以下有两个例子:

安野光雅(M. Anno)的《安野数数书》(*Anno's Counting Book*)(1986)——作者按照月份的推移,逐月以 0 到 12 的数字顺序增添物品,用形象的方式帮助儿童数数。儿童讲述成长中的见闻——野鸭、马、人、南瓜。这本书已成为经典获奖作品。《安野数数书参考书》(*Anno's Counting Book Big Book*)(1992)使儿童能以小组为单位观察图片。

路西·密克维特(L. Micklethwait)的《我看名画:画中数字》(*I Spy Two Eyes: Numbers in Art*)(1993)——这本书云集了从中世纪到毕加索时期的优秀艺术作品。例如,在《圣母玛利亚肖像和苹果树下的孩子》(Madonna and Child Under an Apple Tree, Lucas Cranach the Elder, 1472—1553)等作品中,儿童数到"16 个苹果"。鲜亮的图片适合贴在数学布告板上面。

很多电子书囊括了数百本适合学步儿的数数书,其中包括《我会数出花瓣》(*I Can Count the Petals of a Flower*)(J. Wahl, S. Wahl, 1985),非裔美国人邦斯(M. Bangs)的《十,九,八》(*Ten, Nine, Eight*)(1992)以及哈德森(C. W. Hudson)

的《非洲公开测试123》(*The Afro-Beta 123 Book*)(1989)等图画书。儿童通过歌谣和书籍，日常边听边练，自然而然就学会了从0数到10。

研究和当今课堂

心理学家多年来一直钻研儿童数学认知的发展。他们虽认同在数字和计数中得到的某些发现，但同时也意识到还需要更进一步探索知识。善于思考的教师为了制造好的学习环境会关注研究的内涵。

7岁前儿童的数数和数字关系能力发展缓慢。幼儿园儿童以机械或死记的方式数数。数数能力有三个前提条件或原则：定序原则、一对一原则和抽象原则（Baroody & Benson, 2001；Baroody & Ginsberg, 1986；Fuson & Hall, 1983；Gelman & Gallistel, 1978；Gelman & Meck, 1986）。

定序原则（stable order rule）指儿童必须以一定顺序记忆成人使用的数词。一些儿童只能记牢部分顺序，例如1,2,3,4。而其余部分在持续的基础上无序重复，例如5,7,6。在数数过程中可能有一部分记忆顺序极不稳定，纯属猜测，例如25,40,12。大多数儿童在进入幼儿园之前都能数到10（Baroody & Price, 1983；Fuson & Hall, 1983；Gelman & Gallistel, 1978）。

一对一原则（one-to-one rule）指儿童把物体和数词一一对应。4岁以前，儿童认识到数数是一种回答"多少"问题的策略（Sophian, 1987）。尽管如此，大多数教师注意到数数的精确性会受到一些无效方法的影响，如跟踪被数的物体或使用不固定的计数顺序等。儿童掌握标准顺序后，能够说出某个整体集合的最后一个数字，表明他们已掌握了基数概念，或者已经能够把数字和集合相匹配。

抽象原则（abstraction rule）指儿童意识到他们能够数出各种不同的物体，如奶牛、鸭子、母鸡等各种农场动物。物体无须相同。

根据基数原则，儿童认识到能以任何顺序数出物体：从上到下，从下到上，循环或直线形式。只要不增加或不移动任何物体，总数仍然相等。一年级儿童对集合的稳定性似乎感到很惊奇。例如，在传统的"击鼓传花"游戏中，将一小部分的物体放在一个棕色的纸袋里。播放音乐的同时，大家像传递"烫手山芋"一样地传递袋子，直到音乐停止。"获胜的儿童"必须说出袋子里有多少个物体。自然，由于在音乐停止的几分钟内，没有发生任何事情，所以数字仍然相同。但是，很多儿童会胡乱猜测，仿佛有股神奇的力量令事情发生了改变。皮亚杰的数量恒定测试中同样也发现了这个恒定性原则。

在问到集合中的物体数量时，3到4岁的儿童能轻松得到结果（Fuson, Grandau, & Sugiyama, 2001；Sophian, 1987）。但要求他们比较两个集合时效果就并不显著。（例如，这些集合里的动物数量是否相同）如果要求他们创建一个特定大小的集合（例如,请创建一个与我的集合同样大小的集合)时,他们就更无从下手。用一个木偶扮演数数,即使解决了组织和排序的问题后,4岁儿童仍不能正确判断木偶是否完成了比较集合的任务(Sophian,1988)。卡密(Kamii,1982)发现儿童到5岁半左右才能通过一对一方式匹配教具,开始学会回答这个问题。她写道,7岁之前儿童更倾向于口头数数这种策略。

教师把认知指导教学应用于课堂,在运用数学事实解题之前,他们把数数解题活动描述为三个阶段。这些策略是直接建模、计数策略和派生事实。直接建模是儿童在解决简单的加减法应用题时动手移动代表数字的花片。卡朋特、凯里和考巴(Carpenter, Carey & Kouba, 1990)写道,"大多数一年级儿童到期中可以用直接建模策略解决联合(变化未知)问题,他们能够依据经验,通过匹配两个集合来解决比较问题"(1990:117)。另外两种计数策略将在第十章中阐释。这种讨论研究的意义在于儿童学会识别或写下数学符号之前,能够轻松使用计数策略解决数学问题。

名词性数字

幼儿园儿童为了回答"多少"的问题而学习数数,同时他们周遭能接触到很多用作名词或描述的数字。这种数字叫做名词性数字。例如,"747喷气式飞机飞过我的房子"或者"我最喜欢的足球队员穿5号球衣"。地址、电话号码、衣物以及鞋码都是名词性数字。数字的这种用法扩展了儿童的词汇量。狗的头顶有一个斑点,或者邻居家有只三条腿的狗。数字运用无处不在,甚至儿童每天写字用的2号铅笔也包含数字。

皮亚杰守恒测试

皮亚杰的守恒测试要求儿童判断两组物体(通常是积木或方格),或两种量的彩泥(体积)或液体(容积)。儿童根据守恒测试或数字恒定性观察两组物体(图6-1)。

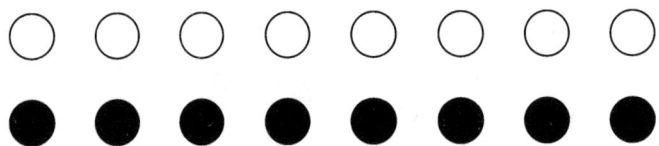

图6-1 皮亚杰的数字守恒测试

如果儿童认为相同(数字),然后将集合延展,儿童还会认为它们相同吗?(图6-2)

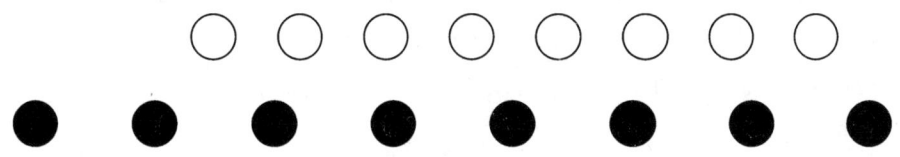

图 6-2 一个集合延展

许多五六岁的儿童断定延展行更多,因为"它更长"。他们似乎认为占据空间越大,物体数量就越多。一旦物体从匹配位置移出,他们缺乏抽象能力去理解一一对应的概念。值得注意的是,很多教师反映在比较时,儿童试图数出每一行物体的数量,这体现出数字的更为复杂但不完整的概念。

数量测试中通常会用到液体测量和橡皮泥。两杯相同刻度的水,其中一杯倒入高脚杯。哪个容器中的水更多?为什么?"这个更高",或者"这个更满"。两个形状完全相同的泥球。一个捏成一条蛇形。哪种形状所用橡皮泥更多?为什么?"蛇更多,因为它更长。"这些测试依赖连续测量而不是数数,比数字守恒测试难很多。所有测试的关键是询问儿童:"你能说出为什么这么想吗?"

这些测试意味着什么呢?如果儿童不能从等集中抽象出比较概念,那么他对数字的理解是有限的。所以皮亚杰认为在这些概念之前,儿童(4 到 7 岁)只是机械地学习数字。皮亚杰认为:形成、分类、顺序和排序都可作为早教课堂的教学主题,这是完全恰当的。他的观点否定了蒙台梭利及其追随者的普遍成果,已经在学术界得到广泛支持。(Bauch & Hsu, 1988)

在研究儿童比较集合能力方面,皮亚杰的观点与很多研究者不谋而合。儿童将数数视为连续处理总数的方式,这似乎有道理,他们来回挪动心理数字线。因此,诸如"多少"或"多多少"(加法)和"少多少"(减法)这样简单的任务对儿童来说是很适合的挑战。"现在有 6 个小丑,4 个气球。如果每个小丑拿 1 个气球,那么有几个小丑没有拿到气球?"这样的比较应用题很适合能够准确记住数字的儿童。

指导性学习活动

虽然守恒是儿童理解数字的一个关键基准,但即使无法掌握,也无须延缓课堂学习。因为数字包含诸多特性,儿童探索起来将其乐无穷(McClintic, 1988)。这些活动有:

- 数数童谣和手指游戏或活动。
- 计数行列数和圆圈游戏。

- 把东西藏在手掌中,露出一点点进行猜测,用这种游戏强化数数。
- 数字的日常运用,例如,庆祝"一百天"。
- 用多种材料探索部分——整体关系。
- 团体思考。
- 读写数字(大龄儿童)。

每部分课程大纲所提供的实例会帮助早教教师制定发展适当的数学冒险活动。

数数童谣将韵律、音乐及其活动相结合,使数数成为一种愉悦身心的事情。将一对一原则融入口头重复中,使死记或机械数数变为一种理性活动。即儿童边数边做。他们边数边拍手,边数边打响指,或边数边进行。押韵超过 1—2—3 韵行的童谣,有助于儿童学习数数。下面是三首有名的歌谣:《笑翠鸟》(Kookaburra),《这个老人》(This Old Man)和《五只小鸭子》(Five Little Ducks)。

Kookaburra sits in the old gum tree-ee. Merry, merry king of the bush is hee-ee. Laugh, Kookaburra, laugh, Kookaburra, Gay your life must be.	笑翠鸟坐在一棵老橡胶树上。 它是灌木丛里的快乐国王。 笑啊,笑翠鸟,笑啊,笑翠鸟, 你的生活一定很快乐。
Kookaburra sits in the old gum tree-ee. Eating all the gumdrops he can see-ee. Stop, Kookaburra, stop, Kookaburra, Leave a few for me.	笑翠鸟坐在一棵老橡胶树上。 吃了所有的果糖,它就能看到了。 停下吧,笑翠鸟,停下吧,笑翠鸟, 留一点给我吧。

(说明:笑翠鸟吃的是在澳大利亚橡胶树上长的莓果,而不是果糖)

儿童边唱歌,边传递装有果糖的布袋,果糖数量比参加游戏的人数多 5 到 6 颗。每个儿童在接到布袋后拿出一颗果糖,歌唱完毕全班同学数一数笑翠鸟"还剩"多少颗果糖。

《这个老人》是大家熟知的手指游戏,从 1 数到 10。教师通常会同时使用数字卡片,从而显现一定的顺序。

This old man, he played one, He played nick-nack on my whack, With a nick-nack paddy whack, Give a dog a bone, This old man (point to self) Came rolling home (roll hands over each other).	这个老人,他玩一, 他用我的拇指玩装饰物, 用一个装饰鼓敲, 给狗扔块骨头。 这个老人(指向自己) 滚着回家(相互摇手)。

Two... on my shoe (tap shoe)	二……在我的鞋上（轻敲鞋子）
Three... on my knee (tap knee)	三……在我的膝盖上（轻敲膝盖）
Four... on my door (knock forehead)	四……在我的房门上（敲击前额）
Five... on my hive (wiggle fingers for flying bees)	五……在我的蜂房上（为飞动的蜜蜂摆动手指）
Six... on my sticks (tap index fingers)	六……在我的棍子上（轻敲食指）
Seven... up in heaven (point skyward)	七……在天上（指向天上）
Eight... on my gate (knock on imaginary gate)	八……在我的大门上（敲想象中的门）
Nine... on my spine (tap backbone)	九……在我的脊柱上（轻敲脊椎）
Ten... nick-nack once again (clap hands)	十……再玩装饰物（鼓掌）

《五只小鸭子》童谣中，游戏开始是一组多个成员，接着每唱完一段就减少一个成员。这首歌谣帮助儿童从高到低数数，直到五只小鸭在结尾处全部重新出现。一小桶水和五只塑料鸭子成了有趣的游戏道具。尽管这首歌谣并未涉及零的概念，但教师可以清空"池塘"，并讨论这个重要的数字。

Five little ducks	五只小鸭子
Went out to play.	出去玩，
Over the hill and far away,	越过小山，走得很远。
Mama Duck called with a	鸭妈妈叫着：
Quack—quack—quack	"嘎嘎嘎。"
Four little ducks came	四只小鸭子来了，
Swimming back.	游着回来。
Four little ducks	四只小鸭子
Went out to play.	出去玩，
Over the hill and far away,	越过小山，走得很远。
Mama Duck called with a	鸭妈妈叫着：
Quack—quack—quack,	"嘎嘎嘎。"
Three little ducks came	三只小鸭子来了，
Swimming back.	游着回来。

Three little ducks	三只小鸭子
Went out to play.	出去玩，
Over the hill and far away,	越过小山，走得很远。
Mama Duck called with a	鸭妈妈叫着：
Quack—quack—quack,	"嘎嘎嘎。"
Two little ducks came	两只小鸭子来了，
Swimming back.	游着回来。
Two little ducks	两只小鸭子
Went out to play.	出去玩，
Over the hill and far away,	越过小山，走得很远。
Mama Duck called with a	鸭妈妈叫着：
Quack—quack—quack,	"嘎嘎嘎。"
One little duck came	一只小鸭子来了，
Swimming back.	游着回来。
One little duck	一只小鸭子
Went out to play.	出去玩，
Over the hill and far away,	越过小山，走得很远。
Papa Duck called with a	鸭爸爸叫着：
Quack—quack—quack,	"嘎嘎嘎。"
Five little ducks	五只小鸭子
Came swimming back!	游着回来，
With all their friends.	还带着他们所有的朋友。

　　大多数图书馆都可以找到歌谣、童谣和手指游戏方面的书。这些书籍为教师的教学提供了有价值的补充材料。

　　数数游戏包括容易掌握的按顺序口述，辅以音乐和动作。例如："人物数数游戏"和"转圆圈游戏"（Baratta-Lorton，1976）。在游戏中，儿童面朝前排成一行，他们每数一个数字就跨一步。例如"1—2—3—4"，数到4就举起双手，转身180度，然后反方向行进，"1—2—3—4"，数到4举起双手，再转身。

　　教师根据要数的数字把儿童分成相应的对数。以4为例，全班同学排成4队，每排同学说出相应数字后坐到地上。儿童一齐数或说出自己所在排的数字，从最左边一排开始数数。这个游戏也可结合序数词开展。起初数字成对出现："数字1—第1"，"数字2—第2"……然后不提及基数只使用序数。

　　在"转圆圈游戏"中，七八个儿童围成一圈。从一个儿童开始数，下一个儿童接着数,一直数到序列中最后一个数字。以 6 为例,数到"6"的儿童坐下,其余儿童继续数,每个数到"6"的儿童坐下,直到最后只剩一个儿童站着。

另一种转圆圈游戏中,儿童在音乐伴奏下边唱歌边根据韵律加入或离开这个圆圈。这首歌曲一直会唱到数字 5,曲调缓慢从容。而电视中的数字往往成串蹦出,速度之快就像直接从炮筒中发射而来,填鸭式灌输给儿童。理性数数应是仔细学习每个数字,而速度并不能有效提升数数的稳定性。数数练习不只局限于常规序列 1—5,1—10,1—20,1—50,1—100。儿童熟练掌握特定序列后,教师可通过下面两种不同的方法使游戏多样化:

1. 在序列中数到一个特定数字结束,例如,"数到 8 停"或"数到 4 停"。
2. 从一个特定数字开始,例如,"从 6 开始数到 9 停"。

口头数数很有趣,加以练习儿童都能得到提高。每天唱几分钟的歌曲和童谣或玩上几分钟的游戏,效果就大不一样。

顺着数

一年级教师问:"如果曼纽尔有 4 辆卡车和 2 辆汽车,那么他共有多少辆交通工具?"很多儿童用花片加以辅助,从数字 1 开始,构建整道题目。他们边取四个花片边数道"1—2—3—4",接着再取出两个并数着"1—2—3—4—5—6"。这种方法固然是一种策略,但是教师希望鼓励儿童学会从一个数字开始"继续数数"。儿童可以从"4"开始,然后数出"5,6"。

很多活动都鼓励儿童接着一个数字往下数,如袋子游戏、手掌游戏和动作游戏。这些活动也可用作倒数练习。

袋子游戏　　教师和儿童数出一定数量的花片,如 5 个。先把其中 3 个丢进袋中,儿童齐声说:"3",然后把第 4 和第 5 个花片数出来并丢进袋中。教师把袋中花片倒出,每个儿童确认一下袋中花片数为 5。注意:为使游戏效果更佳,请确保每个儿童有 1 个袋子和一些花片。

变化:可以使用不透明的碗,把积木放进碗里或用碗扣住积木,方法同上。

手掌游戏　　儿童在桌上水平摆出一排花片,数出整体花片数量如 1 至 5。然后盖住部分花片,如用手"盖住 3 个"。他们说"3,4,5"。

变化:一名儿童把 5 个花片分放在两只手中,合上双手。游戏开始时张开一只手,其他儿童数出花片数,注意不要从 1 开始。如果这个儿童手中有 3 个熊形花片,那么小组其他成员就数出"3"。然后这名儿童张开另一只手,其他成员必须接着数字 3 往下数,如"4,5"。每个儿童轮流玩,而其他儿童在旁边观看并数数。注意紧接在后的儿童要变换数字组合。

动作游戏　儿童排成一队站在各自的椅子前,边报数边坐下。教师可在随意时间点敲一下小铃。小组成员必须说出打铃时坐着的人数,然后从这个数字继续数直到结束。

变化:儿童报完数就180度转身。铃响时,儿童说出已转过身的总人数,然后继续完成游戏。铃响时最后一个报数的儿童在下一轮成为打铃的人。

倒着数

一些儿童在解减法题时会很自然地运用倒着数这种技能,但多数儿童不使用或无法正确使用倒着数策略。倒数难就难在需要把熟悉的序列反向。很多流行的智力测试都要求儿童和成人用已知顺序的相反顺序重复数字。这种任务对人的听觉记忆真的是一个挑战。

儿童通常将这个过程理解为"拿走"。"我有6辆玩具车,少一辆就剩5辆。"上述提到的袋子游戏、手掌游戏和动作游戏中,先给出总数,然后移动物体。例如,在袋子里放6个花片,边拿出2个边数"6,5"。那么袋子里还剩下几个花片?答:"4个。"在玩动作游戏时,最好让儿童身体力行。例如开始有10个儿童,"10,9,8,…"数到8时铃响了,3个儿童走出队伍,那么还剩几个人?"7个。"数学思维更缜密的儿童可以将倒数作为一种有趣的挑战。他们享受附加练习所带来的乐趣并为自身的能力而感到自豪。

只有想不到没有做不到。成人的想象力限制了儿童在日常生活中运用数字和练习数数的空间。煮饭、配菜、玩具清理、玩棋盘游戏以及庆祝入学100天(幼儿园到二年级)等传统活动都有助于教师为儿童提供更多学习数数的机会。

儿童在家可利用做饭、摆饭桌和清理玩具的机会练习数数。早饭时,3罐水可以榨出一杯果汁。吐司炉里弹出两片面包。午饭时,平底锅里有2个热狗,而有人准备了2个小圆面包。做起司三明治时,两块硬面包里刚好放一片奶酪。餐前汤时每个人的座位上都摆有一只碗、一把勺子、一张餐巾纸和一杯牛奶。白天父母和保姆可以帮助儿童练习从1数到3。

收拾玩具真是一项繁琐的事情,但数数使它变得其乐无穷。"车库里可以放多少辆卡车?""你的新玩具套装里有多少个玩具?"边数玩具边分类放进玩具箱里。"所有的汽车应放进篮子里。""有些娃娃应和娃娃屋配套,而有些娃娃则应放在校舍里。"整理既是一次数学的体验,又能将东西归位。

糖果乐园(Candyland)、动物之森(Animal Crossing)和猜数字(Number Guess)等棋盘游戏寓教于乐,激励儿童运用数字和批判性思维来完成游戏。动物之森和猜数字来源于《家庭数学》(Stenmark, Thompson, & Cossey, 1986)一书。儿童在糖果乐园中用1个或2个有色方块走棋。儿童在动物之森中摇动标着1、2、3的骰子,沿着一个长方格走棋。

猜数字游戏中每个孩子盖住1到9其中一个数字,提一个问题以作线索,"这个数字比(____)大吗?"或者"这个数字比(____)小吗?"接着根据线索来猜数字。《家庭数学》一书还描述了很多其他游戏,这些游戏涉及数学的方方面面,适合幼儿园到三年级的儿童。

很多学校保留庆祝入学100天的传统。教师买来100根吸管,又找来3个咖啡罐或者3个大塑料杯子,用记录单记下儿童实际上学的天数。周末、假期和下雪天不计入其中。每过一天,就把代表一天的一根吸管放进标着"1"的杯中。如果杯中已有10根吸管,就把吸管捆起来并移动到标着"10"的杯中。重复这种步骤,直到有10个"10捆"。(图6-3)

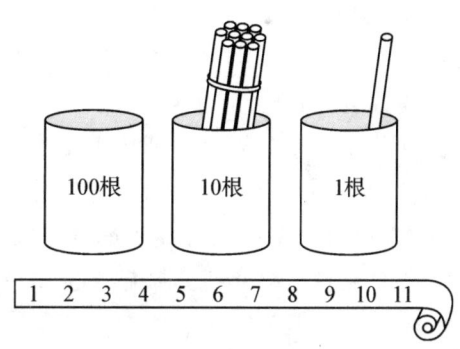

图6-3 利用吸管数到100

入学100天的日子通常是在二月的某个时候,班级或整个学校都会庆祝这个节日。每个儿童都从家里带来一个装着100件物品的袋子。全班可以行进100步或者吹灭蛋糕上100根蜡烛。教师和儿童可一起商量如何度过这一天。有些教师还会穿上胸前缝有100枚纽扣的运动衫。庆祝的方式无论好坏,只要儿童玩得开心就行。即便儿童只行乐于当下,他们还是很喜欢参加晚会,喜欢数每一天,以记载时间的推移。

从数数到部分—部分—整体活动

早期儿童数学中进步的最重要标志之一就是认知,此观点由一些研究者和作家提出。很多教师跳过了搭建积木阶段,而这是培养数学中"部分—部分—整体"概念必不可少的阶段（Payne & Huinker，1993；Resnick，1983；Van de Walle，1988，1990）。

表 6-1　从数数到部分—部分—整体活动的转变

数数	部分—部分—整体
1. 数数	1. 数数
2. 认出并写下数字	2. 接着数、倒着数
3. 将数字放入集合	3. 创建并讨论"部分和整体"
4. 学习加减法则	4. 认出常用的直观模式
5. 解决应用题	5. 解决应用题
	6. 读并写下数字
	7. 学习法则

"部分—部分—整体"活动探索数字的子集，即各子集相加总和为该数字。如数字 6 可以拆分为 2+2+2，2+1+1+2，3+2+1，4+2，4+1+1 等。传统的数学课程通常指导儿童用数位值系统描述数字，如 42 就是 40 加上 2。如果询问能否用其他方式，儿童不能立刻说出"39 加 3"。而在日本，教师就会鼓励儿童组合和拆分数字，每个年级水平使用不同的读数法，如分数和小数（Kroll & Yabe，1987）。幼儿园至小学的课标之一是培养灵活使用数字的能力。利用数字电台和数字书籍相关音像制品认真探索小额数字（4 到 10），《数学方法》方案在这方面做出了表率作用（Baratta-Lorton，1976），自那以后众多研究皆证实该方案很有价值。佩恩（Payne）和休因斯克（Huinsker）（1993）在总结多年研究基础上证实解题能力与这种数字活动有联系。

胡森、格雷道和苏吉雅玛（Fuson, Grandau, Sugiyama，2001：522）研究了儿童对《孩子们的数学世界》（Children's Math World）课程中数字的理解。他们发现"儿童能学会小额数字和数字 10 以内的'拆分'。'分开的伙伴'是隐藏在一个数字中的一对数字。例如 5 的伙伴是 4 加 1 或 2 加 3"。《数学表达》（Math Expressions）（Fuson，2006）是最新的国家科学基金基础改革课程。这个系列课程用很多方式来练习拆分数字。一种方法是：用棉球作为"小羊"，再加一张双面垫，所有的小羊站在垫子的一端作准备。然后部分小羊跳过"栅栏"或垫子中间的线，以创建某个数字的新组合（从 5 到 10）；另一种课间早练习是利用一栋三角屋顶的高层公寓。屋顶上的数字代表楼层数，将楼层一分为二，变成两套公寓。儿童填入数字（6 到 10）的所有组合方式。

在幼儿园后半阶段到一年级学期末这段时期，教师可以利用各种教具强化每个数字。以下是最常用的设计图案所需材料和指导说明：

牙签	一根牙签必须至少接触另一根牙签
积木	素色或双色1英寸方块
卫生间瓷砖	正方形,每种图案使用两种颜色
模式块	每种图案要有两个形状
珠宝	以1比5比例进行切割;正确数量的珠宝放在一个小杯子里(餐饮杯)
双色豆	数出所需豆子的数量放入杯中,晃动杯子再倒出豆子(用方毛巾来减少噪音)
接龙方块	每种图案有两种颜色
垃圾桶或聚宝盆	创意表达,数出每种所需数量的图案

儿童或在桌上或在地板上完成图案设计,每个图案包含的物品数量与当天的日期一致。例如儿童在5号工作,那么每个图案里面就包含5种物品。(图6-4)

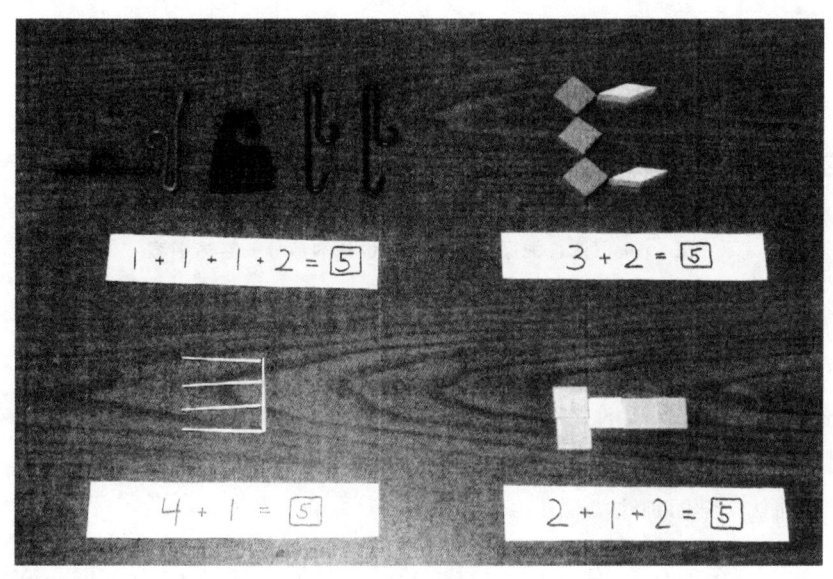

图6-4 使用数字5的图案

教师希望儿童有机会经常接触数字串,诸如4—5—6,7—8—9或10—11—12。儿童今天与数字6打交道,明天再与数字4打交道。这种方法使儿童不会将数字练习视为一种需尽快完成的"比赛",或认为大数字比小数字更为高级。

当儿童在桌上完成图案设计后,教师要求儿童与各小组成员互相讨论每种图案。儿童"看待"组合的视角可能和成人不同。在图6-5中,儿童会说:"这是一幅3+2+1的图案。"

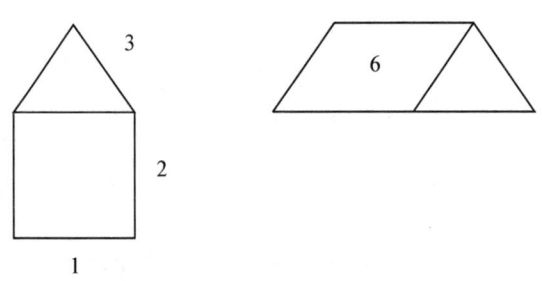

图 6-5　用牙签组成数字 6 的图案

只要牙签组成的各部分加起来等于 6 即可,至于儿童如何解释则无关紧要。

然后教师指导儿童将图案临摹到纸上,如是一次性物品(例牙签)可将其直接粘在美术纸上。这些图案可收集到"我的数字 5"、"我的数字 7"等数字书中。当儿童能认识数字时教师可写下每一部分对应的数字以标示图案的各个部分(图 6-6)。

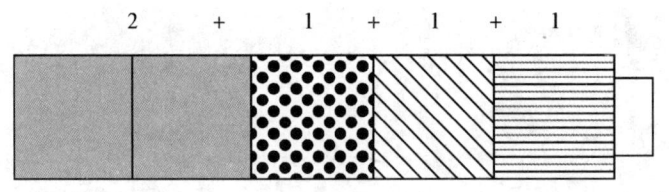

图 6-6 用四种图案的接龙方块设计的部分—整体图案

一年级之前儿童不必学习如何写或背等式,例如 $2+1+1+1=5$。一些教师会使用部分—部分—整体垫板(part-part-whole mats)(Van de Walle,1988),垫板整体是一个图画框架,图画纸上有两个方格。儿童将一个集分为两个子集,写入方格内。例如数字 7 可以分为 5 和 2。垫子的缺点在于每个数字只能分解为两个加数,这跟利用抽认卡学习加法类似。

儿童每个数字都是花费几周时间进行强化练习的,这为他们以后的学习打下坚实的基础。虽然数字书的制作耗时耗材,但却是数学成功的关键之一。

集体思考

通过之前介绍的顺着数、倒着数和部分—部分—整体等数数活动能够强化团体思维,使儿童不用接触物体或不用从 1 开始数,就能一眼判断出小的集合和子集的大小,也可通过练习常用数字模式(如图 6-7 和附录 G 中点卡)提高这种瞬时直觉识别能力。

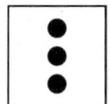 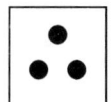 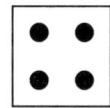 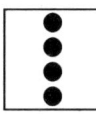 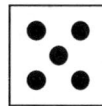 

图 6-7　常用点模式和简单变换形式

教师当着一群儿童的面设计一个模式，将其举过头顶或置于垫子上。然后让儿童仿照这个模式，在不数数的情况下脱口说出上面的数字。简单的圆形材料，如西洋棋、扑克牌或小饼干都可以加以利用。

另一种变化形式是教师用纸质午餐盘自制各种模式的"点盘"（Van de Walle，1988）。收集的纸盘就像是一套抽认卡，儿童看到一个纸盘后应尽快说出上面的点数。在这项数学活动中，速度就成为了一种激发性的工具。

将点模式用于较大数字时，儿童可讨论看到的子集。例如在一个 9 的模式中，他们可能看到"3 组 3"。鼓励儿童制作自己的点模式并就此讨论部分和整体的关系。

激发数字集合识别能力的另一个方法就是将其置于"十框"中，十框图由两排五小格组成。（图 6-8 和附录 H）

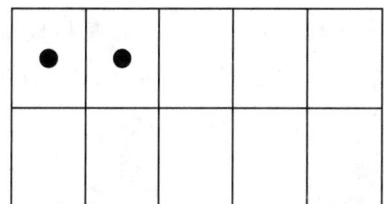 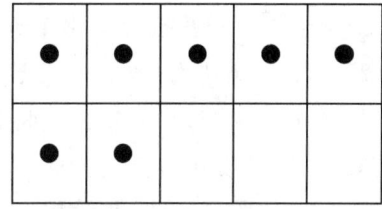

图 6-8　2 和 7 的十框图

儿童将一个花片置于左上格，接着填充其余格以表示不同的数字。十框图中的每个数字皆与 5 和 10 有关。5 和 10 的分总关系能增加儿童的自然倾向，利用 5 和 10 的倍数进行正数和倒数心算。用十框模式为一年级学生制作有趣的抽认卡。

儿童利用两个十框可创造数字 11 到 20。例如，数字 16 是一个满的十框加上一个只放有 6 个花片的十框。总之，使用点盘和十框能帮助儿童立即识别小集合和子集，而不需要计数每件物品。这些器材强化了儿童对数字间关系的意识，尤其是以 5 和 10 为基准建立的数字意识。这些活动值得教师花时间和精力去开展。

在全纳课堂里，有特殊需求的儿童要花费大量的时间去学习数数技巧，了解部分—部分—整体的数字关系以及利用点模式或十框直观识别小集合。虽然他们要用一年多的时间才能建立基本的数字意识，但这却是非常值得的。一旦建立了牢固的基础，他们就能够自然地过渡到其他知识。第四、五、八、九和十二章中的内容很适合作为他们的早期学习活动。

读写数字

数字是书面符号 0,1,2,3,4,5,6,7,8,9。幼儿园儿童运用教师制作的数字卡片,开始了解数字名称及其价值。他们制作数字书,数出图片数量或图案的各个部分时会选择恰当的卡片贴在收集物的旁边。

为培养儿童的数字认知,很多教师会用地板大小的数轴垫组织儿童玩游戏。儿童将 0 到 9 的数字填进数轴的每个格子。或者一个儿童抽出一张数字卡片,读出数字。然后垫子上的儿童移动到那个数字上面。儿童轮流说数字或者在垫子上移步。如果教师准备多个地板垫,就可以让更多的儿童积极地参与到这项游戏中来。

其他常见的棋盘游戏有宾果游戏和集中游戏。在宾果游戏中,准备一个骰子和一些点模式卡片。一个孩子掷一次骰子得到一个数字,然后盖住一张对应的卡片。数字卡片逐渐被骰子的点数覆盖。在集中游戏中,游戏板由成对的配对数字或点模式组成。孩子通过记住被盖住的数字(或点)的位置尝试进行匹配。

写数字是一年级儿童要完成的主要任务。一些早教方案建议教师采取将数字与故事相结合的方法教授。课堂上儿童根据语音写下数字。胡森和他的同事(2001:523)这样写道:"我们发现幼儿园儿童能学会写出 10 以内的数字。这种能力一经掌握,在进入一年级后儿童彼此间的差距会缩小。"待时机成熟,教师可以运用多种媒介加以辅助,其中包括:

1. 用手指尖临摹砂纸做成的数字。
2. 用彩泥捏成数字。
3. 用模板临摹数字。
4. 用湿泥或食盐捏成字母。
5. 用湿海绵在黑板上写数字。
6. 遵循教师的提示,如"9 像一个气球和一根棍子"。
7. 将初级信纸上的点连接来临摹数字。

凯普哈特(Kephart)的《教室里慢学习者》(*The Slow Learner in the Classroom*)一书给教师提供了一些黑板练习,帮助儿童解决持续性的视运问题的其他一些黑板练习。

有些数字会被儿童颠倒,例如 6 和 9,5 和 2。二年级儿童随着年龄的增长会不断修正这些错误。但如果这种状况持续到三年级,那么就得向学习障碍方面的专家进行咨询。专家通常会对儿童进行评估,尤其当儿童还存有其他学习障碍时。

一些全纳环境中的儿童不能写出数字,因为他们握笔困难或存在更严重的运动障碍。但他们或许能够处理瓷砖上的数字。教师可利用 1 平方英寸的浴室瓷砖制作数字瓷砖,用不褪色的马克笔在每块瓷砖上面写一个数字。也可以给他们安装一台配有 TouchWindow 2.2 版系统(Edmark,2000)的计算机来辅助学习。计算机经过改装,儿童可直接点击屏幕上的答案或者运用单向开关设置指出答案。有障碍的儿童就能完成数学题了。还可以采用复杂的语音识别方案,该方案为那些有言语能力却不能开口的儿童提供了方便。

分数和数字意识

NCTM 标准 1——数字和运算的目标之一是要求幼儿园学龄前到二年级的儿童能够理解如 $\frac{1}{2}$ 和 $\frac{3}{4}$ 这样的基本分数。这个目标似乎很容易达到。一年级儿童能象征性地辨认出一个整体的各部分,例如一个苹果的 $\frac{1}{2}$。他们似乎认为平均分配很重要,这样每个人所得相同。因此,均分(平分)和等值(相等)对理解分数来说至关重要,这也似乎为儿童所熟悉。

但遇到另一类问题时,情况就发生了改变。假设成人有 3 块全麦饼干,儿童有 2 块。最初,大多数儿童会说成人有更多饼干。但当成人把儿童的 1 块饼干掰成两半,很多幼儿园年龄段的儿童会很满足,因为现在双方的饼干数量相同。这是儿童用数 1—2—3 的方法得出的,却忽视了饼干必须大小一致的问题。年龄更小的儿童拿到 2 块 $\frac{1}{2}$ 的饼干时却说自己有 3 块饼干,这种现象也经常发生。数数虽然有助于儿童记录分离的物品数量,但只有到孩子认识到数字代表相等间距或单位,才能形成真正意义上的数字意识或数字对话。

低年级儿童认知分数通常分为两种方式。一种是通过实物模型,或是集合中长方圆形区域认知部分和整体的关系。该定义中分数由整体中各部分的总数量(分母)和阴影区或需要关注的部分的数量(分子)构成。

例如,$\frac{2}{3}$ 意味着区域分为 3 个相等部分,其中 2 个是阴影区。(图 6-9)

图 6-9 用颜色表示的分数部分

在商数诠释中,分数涉及均分物品以解决除法问题。如果有 3 个小朋友和 2 块饼干，要求每人得到的饼干数量相同，问每人得多少？答案显然是一个分数，$\frac{2}{3}$ 块饼干。如果想用十进制表示分数关系，也可将其转化为小数表示。

我们可将一套物品，例如一套棒球卡分开。这里"整体"指一整套 12 张。儿童如果不能把数字的各个等集合想象为一个整体的各个子集合之和，就很难理解这种分数关系。

教授分数标准是早期分数教学的重点，如小于整体的分数、等于整体的分数和大于整体的分数。教师通常会利用一些常见的图形区域（如长方形或圆形）进行教学，而三角形很难被等分。这种方式有益于儿童以后的学习。经过对两个五年级课堂调研（Huinker，1999）发现把相加分数想象成"合并为一个整体"，这个策略是教师广泛使用的方式。

为了评估儿童是否理解了分数教师可以给儿童提供一幅图片的一部分，让他画出整体图片。例如，$\frac{1}{4}$。（图 6 - 10）

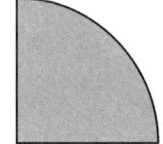

图 6 - 10　整体是什么呢？

有些儿童很早就会利用分数条状图和分数柱状图等具体辅助方式探索分数，他们今后在学习多种不同分数关系的高年级课程时会更顺利。

综　述

培养数字意识是设计合理的数学发展规划中的重要一步。很多概念和活动对教师（即使是经验丰富的教师）来说也很新颖。教师应密切注意儿童数数和思考数字的过程，这能累积教学经验，指导儿童在这些重要领域的概念和技能发展。

设定的数学游戏

2 和 3 的组合

适合年龄：3—4 岁

所需物品：6 个纸盘，12 个相同的花片，1 只碗。

在儿童面前摆出 6 只纸盘，让他们将 12 个花片分组，每个盘中有 2 个花片，然后将花片放回碗中。在儿童面前摆出 4 只纸盘，让儿童将 12 个花片分组，每个盘中放 3 个花片。观察儿童处理问题的方式，注意数字 2 和 3，并留意"空碗"的概念。

NCTM 焦点：幼儿园学龄前，第一焦点

NCTM 过程标准：解题

NCTM 内容标准：数字及其运算

设定的数学游戏

牙刷游戏

适合年龄：3—4 岁

所需物品：3 把牙刷，3 个填充式动物或人物玩偶，1 个高脚茶杯或玻璃杯。

教师将杯子和 3 个动物玩偶放在桌子上。儿童边数"1,2,3"边将牙刷放进杯中。教师开始讲故事：动物们早上醒来要"刷牙"了。第一个动物拿起 1 把牙刷。现在杯子里只剩下 2 把牙刷。故事继续，直到"杯子里没有牙刷"。这个故事可以在"晚上睡觉"时再讲一次。

变化：这个故事可以根据 J. Brett 的《金发姑娘和三只熊》(1987)进行扩展。

NCTM 焦点：幼儿园学龄前，第一焦点

NCTM 过程标准：解题及沟通

NCTM 内容标准：数字及其运算

设定的数学游戏

数字配对

适合年龄：4—6 岁

所需物品：小玩具如动物模型或积木，透明的塑料鞋盒或透明的玻璃罐，小黑板或记录纸，粉笔或铅笔，一定量瓷砖（每块上都有一个数字的浴室瓷砖）。

教师将一些动物模型放入透明鞋盒，问儿童，"怎么才能知道盒子里有多少只动物？"儿童回答："可以数一数。"于是让一个儿童拿出动物，组里的其他儿童一起数数。然后儿童在黑板或纸上记下得到的数字，画出与集合中数字等量的图片或定位标记。用 5 到 12 中的不连续的数字，改变模型的数量，继续游戏。

NCTM 焦点：幼儿园，第一焦点

NCTM 过程标准：解题及沟通、表达

NCTM 内容标准：数字及其运算

> **设定的数学游戏**
>
> 动物园里的熊
>
> 适合年龄:4—6 岁
>
> 所需物品:附录Ⅰ里提到的熊池塘游戏垫,12 个熊形花片,8 个人形花片。
>
> 沿着游戏垫的路线,将熊放在正确位置。"平整的岩石上有 4 只熊,池塘里也有 4 只。2 只进了大山洞,1 只走出山洞并跳进池塘里。5 个孩子在栅栏旁边观察熊的一举一动。"
>
> 在故事中加入熊和儿童的元素,说出所使用的物品数量。
>
> NCTM 焦点:一年级,第一焦点
>
> NCTM 过程标准:沟通、解题
>
> NCTM 内容标准:数字及其运算

实地调查:临床日志或数学日记

面试、评估和记录:这是什么样的火车?

面试一个年龄在 5 到 7 岁的儿童。

所需物品:

如图 6-11 中展示的火车,用以记录汽车数量的铅笔或钢笔。

图 6-11 一列火车开过

可以提出的问题:

- 这辆是汽车 1 吗?
- 哪辆是汽车 12?你是如何得知的?
- 哪辆是汽车 4?我们给它标上数字。
- 哪辆是汽车 11?我们给它标上数字。
- 评估儿童是否能从现有数字中找出新的数字,还是从第 1 辆车开始数。儿童是否会从最接近新数字的末尾开始?尝试以 25 辆汽车为例。

变化形式:运用基数词,例如"第 4 辆车"。

更多活动和研究问题

1. 观察幼儿在家或在学前班的情况。聆听和观察日常生活中使用的数字的例子。用段落或日记的形式记下你的发现。

2. 设计一个棋盘游戏,主题要鲜明有趣,对儿童有吸引力。外带一个标有数字 1,2,3 的骰子。草拟一个计划与儿童分享。

3. 准备一个十框图(附录 H)并收集一些花片。给一名儿童(5 岁半到 6 岁半)展示如何填满这个十框。准备好数字卡片以便标注。在你展示卡片之后,让儿童动手填满十框。用段落或日记的形式记下你的发现。

相关的儿童文学

Anno, M. (1986). *Anno's counting book*. New York: Harper-Collins.

Bang, M. (1992). *Ten, nine, eight*. New York: Green-willow.

Barnes-Murphy, R. (1987). *One, two, buckle my shoe*. New York: Simon & Schuster.

Brett, J. (1996). *Goldilocks and the three bears*. Boston: Putnam Juvenile.

Galdone, P. (1986). *Over in the meadow* (adapted). New York: Simon & schuster.

Hudson, C. W. (1989). *The Afro-Bets 123 book*. Orange, NJ: Just Us Books.

Jones, C. (1990). *This old man*. Boston: Houghton Mifflin.

Koontz, R. M. (1989). *This old man*. Putnam. *A modern interpretation of the song. Ten little sweat-suited men are the focus of the book*.

Krudwig. V. L. (1998). *Cucumber soup*. C. M. Brown, Illus. Golden, CO: Fulcrum Publishing.

Micklethwait. L. (1993). *I spy two eyes: Numbers in art*. New York: Greenwillow.

Mother Goose. (1991). *Baa, baa, black sheep*. New York: Lodestar. Exuberant art work brings new life to the traditional nursery rhyme.

Wadsworth, O. (1985). *Over in the meadow*. New York: Viking Penguin.

Wahl, J., & Wahl, S. (1985). *I can count the petals of a flower*. Reston, VA: NCTM.

Willebeek le Mair, H. (1989). *Our old nursery rhymes*. New York: Philomel. Thirty nursery rhymes, including "Baa, baa, black sheep," are nicely illustrated in this book that was first printed in 1913.

♪♫相关音乐

Talman, S. (2002). *Classic nursery rhymes*. Rock Me Baby Records, Albuquerque, NM.

Talman, S. (2004). *Children's songs, a collection of childhood favorites*. Rock Me Baby Records, Albuquerque, NM.

Various Artists, (2003). 101 *toddler favorites*. Music Little people, Redway, CA.

与科技的联系

教师用网页：课程计划，活动，主题和有利提示

1. www.LessonPlansPage.com

这是一个适合幼儿园到十二年级儿童使用的综合性网站，网站根据年级水平和主题领域进行划分。在早期数学课程中运用了教具。

2. www.littlegiraffes.com

数字意识数学中心：利用课堂里的彩色照片详细描述了其他一些主题。

儿童用软件

1. Winnie the Pooh Preschool Plus. (2001). Disney Interactive, Burbark, CA.

推荐给2岁半到5岁儿童使用。这款软件非常适合幼儿使用，它包含很多数字认知和其他活动。比如一个有趣的游戏就是维尼熊为屹耳的生日收集礼物。

2. Math Missions：The Race to Spectacle City. (2003). Scholastic, New York, NY.

推荐给幼儿园到二年级儿童使用。儿童运用数学来建造高楼大厦，将玩具分类，数出超市里糖的种类，还为拱形走廊挣"钱"。

3. A to Zap. (1995). Sunburst Communications, Hazleton, PA.

推荐给幼儿园学龄前到一年级儿童使用。这是一款刺激的探险游戏，以很多创新方式探索字母和数字。当儿童点击T字母，就能够和9个栩栩如生的朋友之一交谈。每个字母和数字都是一个惊喜。游戏中画面和音效都很有趣。

参考文献

Baratta-Lorton, M. (1976). *Math their way*. Menlo Park, CA: Addison-Wesley.

Baroody, A. J., & Benson, A. (2001). Early number instruction. *Teaching Children Mathematics*, 7, 154–158.

Baroody, A. J., & Ginsburg, H. P. (1986). The relationships between initial meaningful and mechanical knowledge of arithmetic. In J. Hiebert (Ed.), *In conceptual and procedural knowledge: The case of mathematics*. Hillsdale, NJ: Lawrence Erlbaum Associates.

Baroody, A. J., & Price, J. (1983). The development of the number word sequence in the counting of three-year-olds. *Journal for Research in Mathematics Education*, 14, 361–368.

Bauch, J. P., & Hsu, H. J. (1988). Montessori: Right or wrong about number concepts. *Arithmetic Teacher*, 35 (6), 8–11.

Carpenter, T. P., Carey, D., & Kouba, U. (1990). A problem solving approach to the operations. In J. N. Payne (Ed.), *Mathematics for the young child* (pp. 111–131). Reston, VA: NCTM.

Closs, M. P. (1986). *Native American mathematics*. Austin: University of Texas Press.

Eber, D. (1972). Eskimo art: Looking for the artists of Dorset. *The Canadian Form*, 52, 12–16. As cited in M. P. Closs, (1986), *Native American mathematics*. Austin: University of Texas Press.

Fuson, K. (2006). *Math expressions*. Boston, MA: Houghton Mifflin.

Fuson, K. C., Grandau, L, & Sugiyama, P. A. (2001). Achievable numerical understanding for all young children. *Teaching Children Mathematics*, 7, 522–526.

Fuson, K. C., & Hall, J. W. (1983). The acquisition of early number word meanings: A conceptual analysis and review. In H. P. Ginsburg (Ed.), *The development of mathematical thinking* (pp. 49–107). New York: Academic Press.

Gelman, R., & Gallistel, C. R. (1978). *The child's understanding of number*. Cambridge, MA: Harvard University Press.

Gelman, R., & Meck, E. (1986). The notion of principle: The case of counting. In J. Hiebert (Ed.), *In conceptual and procedural knowledge: The case of mathematics*. Hillsdale, NJ: Lawrence Erlbaum Associates.

Huinker, D. (1999). Letting fraction algorithms emerge through problem solving. In L. T. Morrow & M. J. Kenny (Eds.), *The teaching and learning of algorithms in school mathematics*: 1998 yearbook. Reston, VA: NCTM.

Kamii, C. (1982). *Number in preschool and kindergarten: Educational implications of Piaget's theory*. Washington, DC: NAEYC.

Kephart, N. C. (1960). *The slow learner in the classroom*. Columbus, OH: Merrill.

Kroll, D. L., & Yabe, T. (1987). A Japanese educator's perspective on teaching mathematics in the elementary school. *Arithmetic Teacher*, 35, 36 – 43.

Markovits, Z., Hershkowitz, R., & Bruckheima, M. (1989). Research into practice: Number sense and nonsense. *Arithmetic Teacher*, 36, 53 – 55.

McClintic, S. V. (1988). Conservation: A meaningful gauge for assessment, *Arithmetic Teacher*, 35 (6), 12 – 14.

National Council of Teachers of Mathematics (NCTM). (2000). *Principles and standards for school mathematics*. Reston, VA: Author.

Payne, J. N., & Huinker, D. M. (1993). Early number and numeration. In R. J. Jensen (Ed.), *Research ideas for the classroom: Early childhood mathematics* (pp. 43 – 70). New York: Macmillan.

Resnick, L. B. (1983). A developmental theory of number understanding. In H. P, Ginsburg (Ed.), *The development of mathematical thinking* (pp. 109 – 151). New York: Academic Press.

Sophian, C, (1987). Early development in children's use of counting to solve quantitative problems. *Cognition and Instruction*, 4, 61 – 90.

Sophian, C. (1988). Limitation on preschool children's knowledge about counting using counting to compare two sets. *Developmental Psychology*, 24, 634 – 640.

Stenmark, J. K., Thompson, V., & Cossey, R. (1986). *Family math*. Berkeley: University of California.

Touch Window. (2000). Redmond, WA: Edmark.

Van de Walle, J. A. (1988). The early development of number relations. *Arithmetic Teacher*, 35 (6) 15 – 21.

Van de Walle, J. A. (1990). Concepts of number. In J. N. Payne, *Mathematics for the young child* (pp. 62 – 87). Reston, VA: NCTM.

第七章

理解数位值系统

课堂上,约翰森小姐正在引导儿童玩数位游戏以探索数位值概念。她发给每个儿童一张一位数(0—9)的大卡片,并将儿童分为四人一组。儿童需用卡片上的数字组成一个最大的四位数。每组儿童面向全班站成一排,拿有最高位数卡片的儿童从左至右依次排列。这四个儿童说出所组成的数字,例如"8 642"。然后每个儿童读出自己所处的位值,例如"8 000",下一个说,"600",以此类推。教师把数字写在黑板上,列出所有数字以后,要求全班儿童将数字按照从高到低的顺序排列。在拓展游戏中,要求每个儿童用这些数字编一个故事并记录在笔记本上,当然故事需要符合实际。例如,一个人不能吃掉8 642块软心糖,但是可能花8 642美元买一辆二手车。

这种练习对儿童来说有什么意义呢?首先,它强调了数位值的位置特点。其次,它综合了造数字、说数字和写数字一系列活动,如果时间允许,还可结合数字编写实际的故事。一些研究者们发现从一位数或两位数快速转换到四位数字,有助于儿童"构建多单位概念,这或多或少能够规范十位概念"(Fuson ed al., 1997:137)。

只接触单位数和两位数容易导致儿童难以建立清晰的框架。虽然数字 83(eighty-three)和 47(forty-seven)在英语名称中已包含了规律,即"80"加"3","40"加"7"。但是数字"11"却找不到同样的规律,它的读音是"eleven",而不是"10 加 1"。因此,数字 11 至 19 给儿童提出了特殊的挑战。一些其他英语语言(如地址、电话号码或邮政编码)中所使用的数字通常被分作个体,一个一个复述。建立精确的数位值概念似乎需要花费很长时间(Fuson et al.，1997)。

一到二年级的教学焦点(NCTM，2006：13—14)强调"以个和十为单位分类"和"理解以十为基数的算法系统和数位值系统"。在小学数学课程中，这些重要的里程碑值得关注。

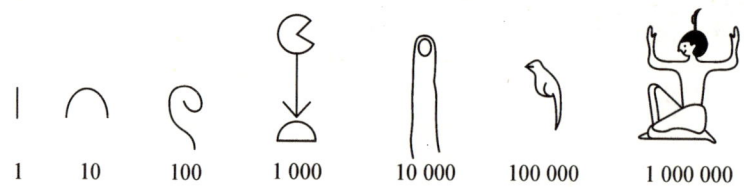

图7-1 埃及人的数字象形文字

以十为基数(十进制)

历史简介

早期文明曾经使用过鹅卵石、符木系统、棍子记数，也使用过在棍子上刻凹痕、在石头上刻痕或者在陶器上做记号等方法。随着贸易和税务需求的发展，人类文明产生了数量为10的标记，即用一个特殊的符号来表示10。如图7-1所示，埃及人用象形文字表示数字。

图中，1是一笔，10是缚住牛脚的绳子，100是绳圈，1 000是莲花的图案，10 000是一根手指，100 000是一只蝌蚪，1 000 000是神将手举过头顶的图案。高位数写在低位数之前(Scott & Scott，1968)。如图7-2。只有在管理大的资产或动工建造金字塔时，埃及人才会使用百万以上的数字。

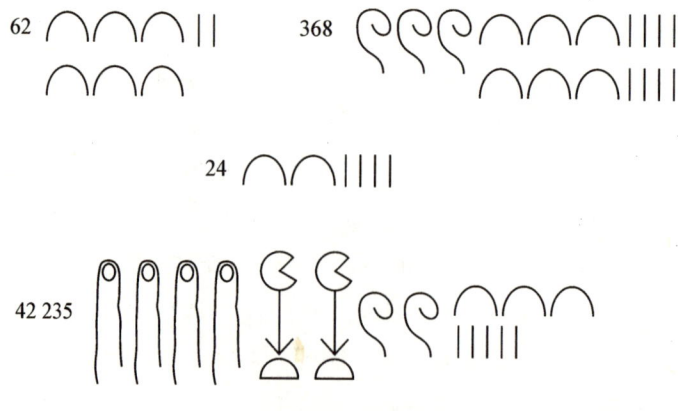

图7-2 用象形文字写下的数字

美国现有的数学系统称为印度—阿拉伯计算系统,由印度人发展,阿拉伯人传播到整个欧洲。该系统很快与罗马数字系统并驾齐驱,到 16 世纪就取代了罗马数字系统。尽管 0 的确切出处仍存有争议,但该系统确实包括了 0 符号。某创始人认为直到九世纪 0 才在印度出现(Smith,1953)。以十为基数的系统绝不是唯一的编组计算系统。如若研究美国本土人士使用的多种系统请参见《美国本土数学》(*Native American Mathematics*)一书(Closs,1986)。

美国文化中测量长度(英寸)、计算数量(一打)和时间(白天 12 个小时)以十二为基数。现代计算机的操作以二为基数,计算机识别 0 和 1 两种可能。尽管操作的数字可能很长,但相较于用数字 0 到 9 编制十种可能方式从中找到一种可能方式,这种简单的"开—关"方式要容易得多。

以十为基数的系统(基十系统)的特性

以十为基数的系统共有四个特性:

1. 系统使用数字 1,2,3,4,5,6,7,8,9 和 0。0 是一个占位符。例如 405 意味着十位数是空的。0 也可以表示数量或空集,如房间里有"0 头大象"。

2. 基十系统是一个位置系统。个位数在最右边,个位数向左移动一位就是基数十所在的位置,接着是基数乘以基数的位置(即百位),以此类推,可用式子表示如下:

$b^4 + b^3 + b^2 + b + 1s(b=10)$

例如:$342 = 3 \times 10^2 + 4 \times 10 + 2$

3. 整个数字的值是各部分或每个数位所赋予的值之和。

4. 人们利用基十系统完成所有的基本计算,这个过程就称作演算。这些纸笔计算包括加减乘除运算。基十系统还可运用到小数和测量的米制系统中。虽然计算器和电脑使用的运算系统不同于此,但儿童仍需掌握基本的运算系统。而且某些特定场合借助计算工具进行运算反而会事倍功半,不切实际。儿童如果不了解基十系统,就无法建立数字意识,即便手握计算器也无法解决大额数字或小数问题。

教师尽管常常使用基十运算系统,却从不深究这个系统的构建方式。而且许多教师在讲授数学方法时常会拿其他一些基数系统与本国使用的系统作对比,从而展现本土系统功能性之强。

数位值的多种理解

富森及其同事(Fuson et al.,1997)公布了几个数位值研究方案的结果。他们发现儿童对两位数有五种不同的理解,根据具体情况会偏向其中一种理解。因此富森及其同事并未严格划分出层次,但他们都认可最基本的概念理解。比如一道题目中有数字56。下面是考虑这个两位数的五种常用方法。

1. 单一多位数:儿童按照个位进行计数。56意味着56个1。

2. 十和一:幼儿知道数字中包含十位数,如30,40,50。但数到29之后,儿童就会胡乱猜测下一个数字。儿童可能会把十位数和其他数字混淆。例如29,40,31,60,50。在儿童看来,56是50个1和6个1。

3. 按个和十顺序排列:儿童以十为单位计数,如10,20,30,40,50,然后以加十为单位,如51,52,53,54,55,56。儿童对数位值有了初步的理解。

4. 以十位数为单位:儿童以十位数为计数单位,如1个10,2个10,3个10,4个10,5个10,然后加上个位数。或者,儿童可能省略"10",而只说,"1,2,3,4,5"来表达十位数的存在,再加上个位数。50加6等于56。儿童进一步理解了数位值。

5. 完整顺序——分离十位数和个位数:儿童自主运用十位数和个位数的概念。例如,"琼斯小姐有56块饼干。她以10为单位将饼干放进盒子里。那么她装满了几个盒子?"儿童回答说:"五个。"教师问:"你是怎么算出来的?"儿童回答:"我就是知道。我知道五个十位数就是50,所以装满了5个盒子。"

儿童的解题能力总是滞后于他/她的数字书写能力,以及解题时记录数字的能力(Fuson et al.,1997)。教师须记住,书写问题和数字颠倒问题是儿童常犯的错误,但这些错误并不能反映儿童对问题或概念的理解。如何指导儿童学习美国数位值系统呢?教师可借鉴近期发表的一些有关儿童自然倾向的研究成果和形成视觉表象的各种传统方法。

儿童的自由策略

很多儿童在二年级会遇到多位数加减的问题。传统的教学方法教授的是数位排列,从右到左计算,通常会用方格作为视觉辅助的手段。儿童每天得做30道课内课外练习。

这种解题方法并不是儿童自然用于解决多位数计算的方式。如果让儿童用自己的方式解决问题,他们通常从左开始,来回组合直到得出答案。(Kamii & Joseph, 1998; Kamii, Lewis, & Livingston, 1993; Madell, 1985; Wearne & Hiebert, 1994)

下面举一个例子。

传统的解题方法:

$$\begin{array}{r}673\\+241\\\hline\end{array}$$

"我把 3 加 1 得到 4,写下 4。然后 7 和 4 相加,得到 11,写下 1 并保留另一个 1。6 加 2 等于 8,再加上 1 等于 9,因此我写下 9。"

儿童们发明的解题方法:

$$\begin{array}{r}673\\+241\\\hline\end{array}$$

"我把 600 和 200 相加得到 800。然后 70 加 40 等于 110。然后 800 加 110 得 910。再把 3 和 1 相加得 4。因此答案是 914,写下 914。"

儿童运用自身能力解决此类问题,这显示出他们已经具备良好的数位值意识。他们即便犯错也只是小的运算错误。比较而言,一项针对二到四年级儿童的研究表明传统教学方法熏陶下的四年级儿童"比那些能够自我思考的二年级儿童差远了"(Kamii et al.,1993:202)。四年级儿童未运用数字意识,导致所犯错误很离谱,而他们自己却觉察不到。成人能理解数位值,并能自信地运用传统演算法。而儿童只能领会传统方法的逻辑性,并在最终转换时将其视为"另一种计算方法"。标准方法在运算大额数字时更显效率,因为大额数字存在多种组合可能,例如 1 658 249 + 3 480 167。当然这种计算可能用计算器更为适合。但相加 87 001 和 40 010 时,从左向右进行运算就更有意义。

教师应如何评价数位值概念或多位数运算法则呢?一方面,卡密和多米尼克(Kamii & Dominick,1980:135)作者警告,讲授常规演算法是有害无益的。他们这样写道:

讲授演算法是有害无益的,理由有两方面:①使儿童放弃独立思维,②"不讲授"数位值会阻碍数字意识的发展。

如若儿童用自然方式进行思维,就能在计算大额数字的同时树立解题信心并提高准确性。卡罗尔和波特(Carroll & Porter,1998)认为,教师应鼓励儿童多用非正统的方式进行计算,这些方式皆建立在自然方式的思维基础上。多数儿童会从左到右进行计算,正序相加而非逆序相加。还有一些儿童不能自然使用策略去处理较大数字。教师需要向这些儿童介绍计算策略,让他们不要过度依赖计算器。

下面是卡罗尔和其他一些教师收集到的常用解决策略:

1. 部分之和的加法。
2. 累加的减法。
3. 部分差异的减法。
4. 部分乘积的乘法。

下面举例说明这些策略(图7-3)。

1.	168 +318 400 70 16 486		2.	51 −25	我认为 25 + 25 +1 26
3.	854 −268 600 −10 −4 586	注释： 使用负数	4.	23 × 48 24 160 120 800 1104	

图 7-3　常用解决策略

除了商业改革数学方案，如《日常数学》(*Everyday Math*)(第 3 版)中提及的方式，这些方式也可供选择。三年级及以上儿童就可接触到这些方法，还能接触到心算。拉丁美洲背景或近期移民到欧洲的儿童应该记住：标准的美国演算法并不适用于其他文化。例如在减法运算中，很多人运用两栏加 10 的方法。更多信息请见罗恩(Ron，1998)的论述。

教具

专家在教具运用上意见不一

卡密和同事们更喜欢将问题写在黑板上后，仔细倾听儿童的讨论，而不愿意依靠学习辅助。他们认为，教具会影响以十为单位的心理表征的发展(Kamii，Lewis & Livingston，1993)。尽管如此，大多数教育者却认为教具以多种方式呈现出数字，这对儿童来说比仅聆听和讨论更为有用。

成人也很重视教具的多功能性。在一次对参与数学讲习会的小学教师进行的个案调研中发现，参与者反映基十积木确实有助于他们在新的平台(X mania)中进行运算(Schifter & Fosnot，1993)。

关键是教具应在儿童理解过程中起到作用，而不是在垫子上移动方块和小棍子，简单地使用教具。用教具教学与不使用教具教学所犯的错误大致等量齐观。

常用的教具种类

三种常用器材能帮助儿童理解数位值的概念。分类如下：

1. 成比例的(不连接的):①饮料吸管/橡皮圈,②棍子或咖啡的搅拌棒/橡皮圈,③接龙方块,④豌豆/杯子或碟子或花片。

2. 成比例的(连接的):①豆棒,②基十积木。

3. 不成比例的:①钱(1美分,10美分,1美元),②算盘。

成比例的器材通过大小显示出相互间的关系。每个豆棒里有10颗豌豆,是一颗豌豆的10倍。在基十器材中,整体为100的平面大小相当于100个分散的单位方块的大小。连接的器材是预制的,不能拆分为分散的单位。不连接的器材可粘在一起(接龙方块),也可人为用橡皮圈捆起来或用容器装起来。

不成比例的器材根据价值进行兑换,如钱。10美分大小并不是1美分的10倍。算盘利用算珠或塑料片,它们的符号价值取决于算盘各行的位置。

教师可围绕这三种教具开展的活动:

1. 交易游戏或计数分组——未连接成比例。
2. 使用豆棒/基十积木,垫子和黑板——连接成比例。
3. 创造数字和交换价值——不成比例。

◎ **交易游戏**

一些初级的数位值游戏涉及计数和编组。教师先确定一组特定数量,再用这个数量解决问题。在一篇评论积木角的文章中,作者让儿童收拾积木,每五块积木放成一组。几乎所有积木都放回架上后,她问道:"剩下的积木还能再放成一组吗?"儿童观察剩下的积木堆并作出判断。积木数量多于5吗?儿童需要判断积木是否太少以致无法再放成一组了。(Singer,1988)很多教师都会庆祝"入学一百天"。每个上学日,教师都会将一根吸管放入杯中,10根一捆。到入学第一百天(通常在二月某天)就会有很大一捆。儿童如果能处理一组10个的问题,那么日常的计数活动对他们来说将毫无困难。例如,罐子里放有未知数量的棉球。课堂上儿童轮流猜测数量,将猜测到的数字记录到数轴上。然后一名儿童数出一组10个,将10个小棉球揉成一个大棉球。所有儿童一起先以10的倍数进行计数,然后再按个计数。

儿童利用接龙方块等成比例而不连接的器材,可练习创建多基数单位(Baratta-Lorton,1976)。在"Zurkle游戏"中,基四就是利用4个连接的方块和分散的方块。基四单位和分散的方块被放置在双色垫子上面(图7-4)。

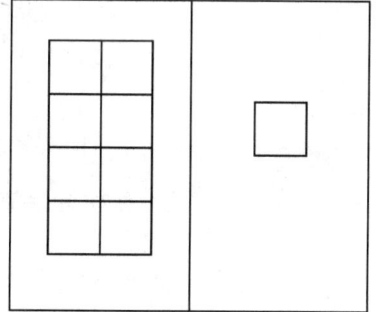

图7-4 两个Zurkle和1

◎ 用豆棒或基十积木教学

教师可以将豆棒和基十积木等预制的或连接且成比例的器材与数位值垫子共同使用,这样能方便讲授加、加和重组、减、减和重组以及乘法(单位数与两位数相乘)等知识。除法运算虽然很复杂,但运用这些器材,尤其是使用能表达9 999以内数字的基十积木可以诠释简单的除法。

在儿童用十和一的单位创造数字的初期,教师可利用豆棒辅助教学。豆棒制作成本低,教师可利用豆棒建立1至99的数字模型。需要格外关注数字11至19,因为在英语中,这些数字包含的十位和个位不易察觉。另外,这些数字与某些数字的发音极其相像,如"15"(fifteen)和"50"(fifty)。

教师发给每个儿童一张数位值垫,一组棍子和一杯散装的豆子。如果要进行减法运算,还需要准备一个装有两套0至9数字卡片的信封。

加　　　　教师或儿童在黑板上写下问题。棍子代表十位数,散装的豆子代表个位数,儿童创造数字。教师让儿童"联合"或"组合"集合,数出十位数和个位数以便得出总和。注意:儿童通常喜欢将十位数先相加,再加个位数。

减　　　　儿童用棍子和豆子表示出被减数,用两张数字卡片表示出减数的个、十两位(图7-5)。

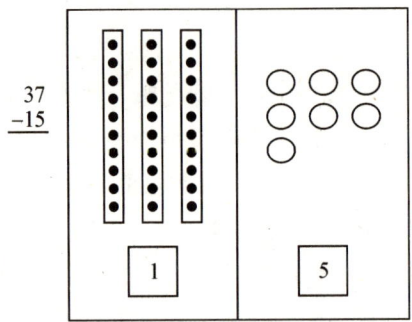

图7-5　用豆棒、卡片或数位值垫子进行减法运算

教师边比划边说出应用题。例如,"盒子里有37块糖。朋友和我共吃掉15块。那么盒子里还剩下多少块糖?"

教师强调儿童应理解"整体"为37,"一部分"为15,求另一部分的多少。

儿童将1根棍子和5颗豆子放在数字卡片上,然后将卡片从垫子上移走。答案就是剩下的棍子和豆子的数量。

加和重组	儿童把棍子和豆子放在一起会注意到有10颗以上分散的豆子，于是将10颗豆子换成1根棍子。
减和重组	儿童试着移走豆子时发现没有足够的豆子供他们移动，于是他们将1根棍子换成10颗分散的豆子。
乘	早期的乘法与反复相加很相似。例如，教师在黑板上写下"3组12"。 儿童数出三组棍子和豆子的组合，然后全部放在一起。如若必要将分散的豆子换成棍子。
将器材和纸笔运算相结合	教师将儿童分成两人一组，其中一人配给一块小黑板，另一人使用豆棒。

几轮问题后，他们互换器材。如图7-6所示，一名儿童利用黑板解答26+46这道题，而另一人则用豆棒解答同一道题目。

图7-6 二年级儿童使用豆棒和黑板

儿童运用基十积木的方式是相似的，通常与带有个十百位的垫子共同使用。一些教师会使用这样的词汇："方形代表百，棍子代表十，小圆块代表个"，这就避开了两次使用数词来描述某一特定位置的麻烦。例如，数字87的十位是8，个位是7，或者8根棍子和7个圆块。有些儿童听完一串数字后会感到困惑。他们问自己："老师说的是1个10还是10个1呢？"

一些教师会选择在学习初期运用基十积木而不是豆棒进行教学。如果学校能够承担各年级教学配套设施的费用，这种方法当然很好。但豆棒也有其自身优势，它廉价,儿童可自己制作和自我修理,而且大利马豆容易握持,所以这两种器材在课程中都占有一席之地。在用实物进行扩展练习后,儿童能够用方形、线条和点等图形表示基十关系(图7-7)。

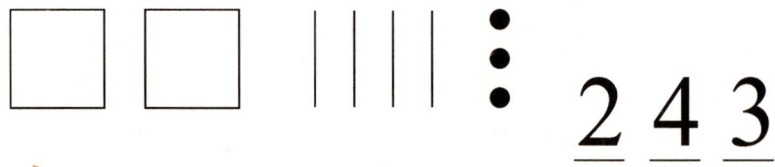

图7-7 基十纸笔运算

◎用算盘或钱币教学

算盘和钱币均使用不成比例的系统。算盘可以用来表示百万以内的数字,对阐释0的含义以及0作为占位符的价值也很有帮助。算盘是一个带有十根环线的方形木块。每根线上有九个拨片。一块塑料片将环线分成两边。比如数字13,孩子拨1个10和3个1。如果要加上24,可在十位数一栏再加2个拨片,在个位数一栏再加4个拨片。儿童可通过算盘再现在科学实验和社会调查中遇到的大数字。例如,三年级一个班的儿童研究西北山脉,他们发现位于阿拉斯加中南部的麦金利山脉海拔高度为20 320英尺,位于华盛顿州的名山雷尼尔山海拔高度为14 410英尺。儿童在作业本上画两个算盘表示出相应的海拔高度,希望通过这种方法能够阐述它们之间的差异。

玩具钞票有助于儿童理解基于价值的关系。《家庭数学》(Stenmark, Thompson & Cossey, 1986)等书中提到的美元数字的游戏使用1美分、10美分和1美元等道具钱币。这种钱币游戏来源于日常生活,所以儿童理解得很透彻。而且钱币游戏对小数的理解也很有帮助。

在另一项钱币游戏中,教师赋予月份的每一天以价值。例如,数字相当于日期号的百元倍。1月1号给100美元,1月2号再给200美元,1月3号再给300美元。到新年的第三天儿童就有600美元。2月1号这个系统重新开始,2月1号给100美元。儿童以百换千,以此类推,贯穿整年。他们通常将一定数额设定成目标,每天兑换面值以达到这个既定的目标。用100美元作为基数意味着全班儿童处理大额数字的能力得到大幅提高。这类优质"海绵式"活动每周可利用儿童的空闲时间开展一到两次。

估算和舍入：让近似足够接近

很多时候使用数字需要准确猜测或估算。"我认为学校烧烤活动中我们需要大概 300 个汉堡包。""为了重新装修，我要买 3 卷墙纸、2 加仑喷漆和 20 平方英尺的地毯。"儿童可能会说，"走到学校我大概得过 4 个街区"或者"我每天练习 30 分钟钢琴"。而有时我们不知道确切的数字。以野餐为例，组织者不知道确切的参加人数，也不知道参加者每人会吃多少个汉堡包。

在重新装修的方案中，主人无须考虑以平方英尺为单位测量，因为装修材料都以卷、加仑、平方码为单位进行买卖。主人只需考虑多购买一些材料，以供以后修补或他用。企业和政府使用的大部分数据是连续的信息流，数字也时常被更新。我们必须准确估算，将数学应用到统计学领域则更有用。这个数学领域有助于策划者做出最实际的决定。

通常教师要求儿童在数位值的基础上舍入数字。这个概念很重要，儿童需要了解：

1. 舍入与位置有关，即十位数可下舍至 10 而上入至 100。百位数则可上入至 1 000 而下舍至 100，最大限度接近 100，以此类推。

2. 当数字正好是一半或比一半大，我们上入。例如：

1—10　5 及以上

1—100　十的倍数中间的数字，15，25，35 等

1—1 000　百的倍数中间的数字，150，250，350 等

用不相连的数轴来诠释舍入是一种很好的方法。儿童练习在一根从 0 至 10 的数轴上为宠物（动物花片）选择"家园"。他们用清晰的塑料片盖住 5（图 7-8）。教师说出一个数字，儿童将花片（动物）放置在这个数字上，然后将"动物"移到最近的家园。他们运用 1—100 数字表（见附录 L）可将数轴线从 10 升级到 100。

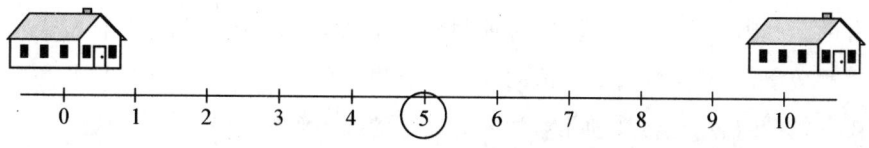

图 7-8　0—10 舍入板

儿童一经掌握了这个概念就可接着练习百位乃至千位的数字。儿童在空的数

轴线上填入基数数字,盖住中间并作出判断。

评估儿童对数位值的理解

为评估儿童对数位值的理解,常用方法之一就是让儿童完成下列任务(Ross,1989):

1."从一袋棍子中数出 25 根棍子。"
2."告诉我,有多少根棍子?"
3."写下数字。"
4.圈出数字 5 问道:"25 的这部分与你的棍子数量有关系吗?"圈出数字 2 再问同样的问题。

还可用另一种方法评估儿童对单位十的理解:教师给出一道应用题,如果儿童理解了基十的概念将有效地解答此题。两种问题如下:

我有 36 盒牛奶,每 10 盒放一个托盘。请问能放满几个托盘?

爱丽斯有 5 袋珠子,每袋有 10 颗,另外还多出 6 颗。请问爱丽斯共有多少颗珠子?

一些儿童画出托盘,再画上圆点代表牛奶盒,或者画出袋子,在袋子上画出圆圈代表珠子。他们对个位掌握很好,却没有善用十位。另一些儿童则会说:"10,20,30……我已经填满了 3 个托盘,还有 6 盒多余的牛奶,因此答案是 3。"在计算珠子数量的应用题中,他们会说:"5 乘以 10 等于 50,50 加 6 等于 56。"

综 述

一二年级的儿童能自然运用多种策略,对多位数的数字进行加减运算(Kamii & Joseph,1988)。儿童数数从一个一个数发展到一个单位一个单位数,如十和个。使用数位值器材需要将儿童现有思维和视觉辅助方法相结合,认真制订具有指导意义的教学计划。课堂环境要能够挑战儿童思维。教师了解儿童对数位值概念的掌握情况有助于教师作出合理的评估,合理判断儿童所处的层次。儿童在日常生活中多接触大额数字,也能加深对数位值的理解。反思型的教师应抽时间指导儿童学习这一重要主题,并利用机会鼓励儿童学习高效率的数学解题方法。

设定的数学游戏

比 5 多

适合年龄:3—4 岁

所需物品:各种小花片或物品如光滑的石头,一只碗,一张显示多/少的图表。

教师将一组物品放进碗里,数量多于或少于 5。教师提问:"碗里的物品是多于 5 还是少于 5?"如果儿童答对,就在图表的相应栏贴上一颗星。

NCTM 焦点:幼儿园学前班,第一焦点

NCTM 过程标准:解题、沟通

NCTM 内容标准:数字和运算

设定的数学游戏

到 100

适合年龄:6—7 岁

所需物品:豆棒,1 张十位数/个位数记录纸和 1 支笔,散装豆子,1 个计算器,2 个骰子。

2 到 4 个玩家轮流掷骰子,然后每人将各自的点数相加,用十位和个位来表示总和。如必要,他们可用 10 颗分散的豆子换算成一根棍子。他们在记录纸上记下每个步骤。第一个达到 100 的人就是赢家。为检验结果,他们可用计算器把掷出的点数相加。

变化:从 100 开始(10 根棍子),然后减去每次骰子的点数,先得到零的人为赢家。

NCTM 焦点:一年级,第二焦点

NCTM 过程标准:解题

NCTM 内容标准:数字及运算

设定的数学游戏

发明一种棋盘游戏

适合年龄:7—9岁

所需物品:旋转球或骰子,马克笔/蜡笔,硬纸板道具钱币(1美分和10美分)。

各组儿童可自行决定游戏主题和玩法。玩家用1美分和10美分开展游戏,游戏设置一个开始和一个结束。玩家收集1美分,然后游戏过程中兑换成10美分。但是,游戏发明者对游戏规则有最终发言权,其他儿童参照该游戏自由进行。

NCTM焦点:一年级,第二焦点

NCTM过程标准:解题、沟通、联系

NCTM内容标准:数字及运算

设定的数学游戏

报纸广告游戏

适合年龄:7—9岁

所需物品:廉价物品的报纸广告,用来记录购物清单的纸和笔。

教师决定要花费的钱数:1美元,5美元或10美元。儿童分组寻找要购买的物品,购买3件物品的费用应尽可能接近分配到的钱数。他们在"购物清单"上写下商店名、物品名及钱数。

NCTM焦点:二年级,第二焦点

NCTM过程标准:解题、沟通、联系

NCTM内容标准:数字及运算

实地调查:临床日志或数学日记

面试、评估以及记录:儿童对数位值的理解

面试一个一年级末或二年级初的儿童。

所需物品:

一套花片或棍子,豆棒或数位值积木的组合,从128页找一个数位值问题,在120页找到5个方法,儿童用的纸笔,教师用的记录纸。

从128页的问题中选择一个问题。为儿童准备好教具和纸笔。根据120页上的5个方法评估儿童的解题方法。就你的发现写一份简要说明。

更多活动和研究问题

1. 到图书馆并找出另一种文化使用的计算系统。准备用一个图表来诠释方法，并描述这套计算系统在日常生活中的使用情况。

2. 准备一节示范课来展示一种常用的数位值器材的使用情况：建筑棒或吸管，豆棒或基十积木，接龙方块或算盘。准备好与全体儿童分享你的想法。

3. 准备一副扑克牌，拿走所有的人头牌和点数为十的牌。随意抽出四张牌，用这四张牌组成一个四位数（ACE代表1）。用这个数字编一个故事，以段落或日志的形式记下来。故事并不一定要是应用题，但数字的使用必须切合实际。

4. 非正式评估儿童对数位值的理解。判断儿童的理解更符合本章描述的五个层次中的哪一层。以段落或日志的形式记下你的体会。

5. 利用儿童文学的一个主题编写一道应用题，题目涉及将十和一的物品放入袋中或盒里。准备与同伴一起分享你的题目。

相关的儿童文学

Anno, M., & Anno, M. (1983), *Anno's mysterious multiplying jar*. New York: Philomel Books.

Dee, R. (1988). *Two ways to count to ten*. New York: Henry Holt. Froojan, R. (1972). *Less than nothing is really something*. New York: Thomas Y. Crowell.

Kasza, K. (1987). *The wolf's chicken stew*. New York: G. P. Putnam and Sons.

Leedy, L. (1999). *Mission addition*. New York: Holiday House.

McKissak, P. C. (1992). *A million fish... more or less*. New York: Orchard.

Pinczes, E. (1993). *One hundred hungry ants*. New York: Houghton.

Schwartz, D. (1985). *How much is a million?* New York: Lothrop, Lee and Shepard.

Schwartz, D. (1989). *If you made a million?* New York: Lothrop, Lee and Spepard.

与科技的联系

教师用网页:信息和课程、主题以及有用提示

1. www.uponreflection.co.uk

收录了象形文字和其他一些古老的符号系统,如中文、凯尔特语和斯堪的纳维亚语。

2. www.theteacherscorner.net

基于主题和单位的网页,以数学和很多其他学科领域为特色。其中包括教师资源和教学提示。

儿童用软件

Treasure Mathstrom.(1999). The Learning Company,San Francisco,CA.

推荐给5到9岁儿童运用。这个软件能开发儿童数学多方面的解题技能,其中包括到水晶洞穴里(Crystal Cave)的学习数位值概念和培养数字意识。

参考文献

Baratta-Lorton, M. (1976). *Math their way*. Menlo Park, CA:Addison - Wesley.

Carroll, W. M., & Porter, D. (1998). Alternative algorithms for whole-number operations. In L. J. Morrow, & M. J. Kenney (Eds.), *The teaching and learning of algorithms in school mathematics*. Reston, VA:NCTM.

Closs, M. P. (1986). *Native American mathematics*. Austin:University of Texas Press.

Everyday Mathematics Textbook Series K - 6 (3rd ed.). (2007). Desoto, TX:McGrawHill/The Wright Group.

Fuson, K. C., Wearne, D., Hiebert, J. C., Murray, H. G., Human, P. G., Olivier, A. I., Carpenter, T. P., & Fennema E. (1997). Children's conceptual structures for multidigit numbers and methods of multidigit addition and subtraction. *Journal for Research in Mathematics Education*, 28, 131 - 162.

Kamii, C., & Dominick, A. (1998). The harmful effects of algorithms in grades 1 - 4. In L. J. Morrow & M. J. Kenney, (Eds.), *The teaching and learning of algorithms in school mathematics* (pp. 130 - 140). Reston, VA:NCTM.

Kamii, C., & Joseph, L. (1988). Teaching place value and double-column addition. *Arithmetic Teacher*, 35, 48–52.

Kamii, C., Lewis, B. A., & Livingston, S. J. (1993). Primary arithmetic: Children inventing their own procedures. *Arithmetic Teacher*, 40, 200–203.

Madell, R. (1985). Children's natural processes. *Arithmetic Teacher*, 32, 20–22.

National Council of Teachers of Mathematics (NCTM). (2006). *Curriculum focal points for prekindergarten through grade 8 mathematics: A quest for coherence*. Reston, VA: Author.

Ron, P. (1998). My family taught me this way. In L. J. Morrow & M. J. Kenney (Eds.), *The teaching and learning of algorithms in school mathematics* (pp. 115–119). Reston, VA: NCTM.

Ross, S. H. (1989). Parts, wholes, and place value: A development view. *Arithmetic Teacher*, 36, 47–51.

Schiffer, D., & Fosnot, C. T. (1993). *Reconstructing mathematics education: Stories of teachers meeting the challenge of reform*. New York: Teachers College Press.

Scott, J., & Scott, L. (1968). *Egyptian hieroglyphics for everyone*. New York: Funk & Wagnalls.

Singer, R. (1988). Estimation and counting in the block corner. *Arithmetic Teacher*, 36, 10–14.

Smith, D. E. (1953). *History of mathematics*. Boston: Ginn.

Stenmark, J. K., Thompson, V., & Cossey, R. (1986). *Family math*. Berkeley: University of California Press.

Wearne, D., & Hiebert, J. (1994). Research into practice: Place value and addition and subtraction. *Arithmetic Teacher*, 41, 272–274.

第八章

数据分析
——制图和概率

学步儿能够辨认出事物之间的差异,例如不同的颜色、不同的水果种类。他们根据事物的用途辨别差异,例如用牙刷刷牙或者用毛巾擦脸。他们观察、比较,将有联系的事物归为一类并剔除不符合此类的事物。

教室里教师问道:"今天教室里的男孩比女孩多吗?"让我们来看看托比是如何开展课堂活动的:

托比先生的班级里有15名幼儿。每天早上他们会将自己的头像贴到签到表上,这些头像用磁化橘汁盖粘连而成。儿童计数并判断今天来上学的有多少人,有多少人缺席。他们判断班里的男孩是比女孩多还是比女孩少,并计算出差额。他们制作天气晴雨表,将磁化的花片放在选定的内容下方:晴天、多云、雨、雪。他们知道只能在早晨某一时间选择一种天气。(Smith, 1999:87)

儿童用简单的条形图组织数据并讨论其发现(图8-1)。

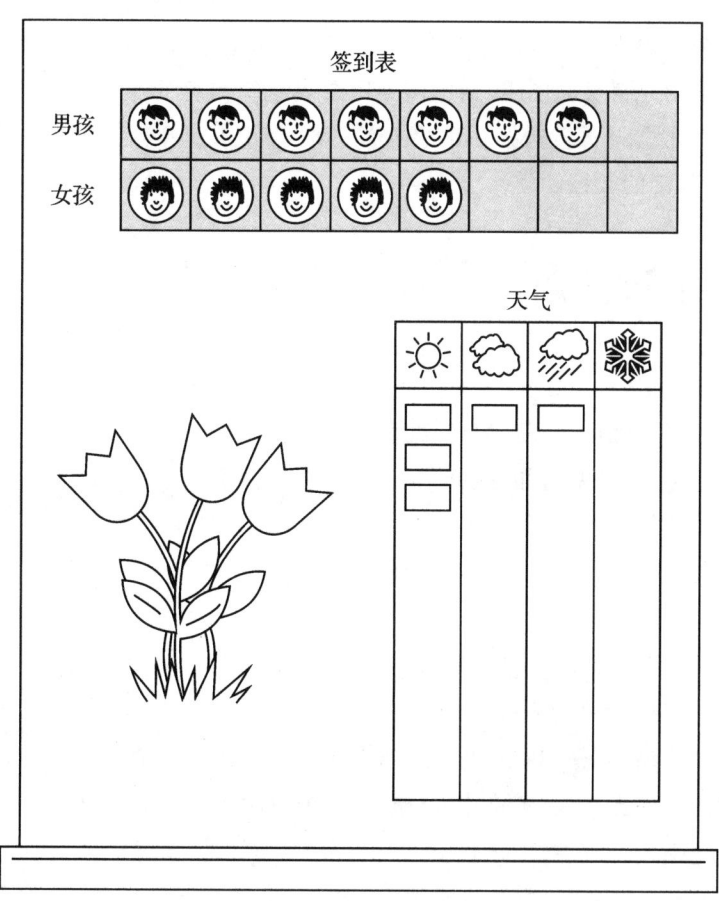

图 8-1 日常的制图活动

NCTM 标准(2000:48)描述了数据分析和概率标准下的制图主题。

幼儿园学龄前阶段到十二年级的教学计划应该使所有儿童学会：
- 确定阐述用数据提交的问题，收集、整理和陈列相关数据以回答问题；
- 选择和运用适当的统计方法来分析数据；
- 促进和评估以数据为基础的推理和预测能力的发展；
- 理解并应用概率的基本概念。[1]

图表用直观的方式描述数字信息。它有很多表现形式：实物、图片、条状、圆形以及线条。图表的每一部分都有标题和名称(标签)。儿童通过图表可以观察并比较共同点，记录不同点，做出判断，讨论喜好，计算和交流结果。他们分类或整理数

---

[1] 引自全美数学教师协会《学校数学的原则和标准(2000)》。

据，测量并用图表标示出来。阐释图表需要运用各种不同的能力，而不只是建立图表所需的能力。建立图表有助于儿童阅读图表。儿童以教室收集品、个人特征或日常活动为主题创建自己的图表，从中体会用图表组织信息的方式。在面对各种信息展示的方式时儿童应学会选择一种最有效的展示方式。各种图表都有其优点和缺点，这取决于收集的数据种类。

制图经历的主题

◎ 儿童自身

头发颜色——棕色、金色、黑色、红色

鞋子——系带、尼龙搭扣、拖鞋

兄弟——姐妹

最喜欢的宠物

最喜欢的食物

三明治——花生黄油、烤奶酪、腊肠、火腿、火鸡、烧烤、热狗、汉堡包

水果——苹果、橘子、香蕉

比萨——奶酪、蘑菇、香肠、意大利腊香肠

冰淇淋——巧克力味、香草味、草莓味、其他口味

掉牙过程图表——一、二年级

上学的交通工具——步行、汽车、公交车

◎ 在学校

最喜欢的课程——数学、阅读、艺术、科学、音乐、体育

出勤的儿童数量

每个年级的儿童数量

每层楼的教室数量

每间教室公告牌的数量，根据年级水平

上交的请假条的数量，根据星期数

◎ 收集和图表

硬币——1美分、5美分、10美分

贝壳——圆形、长形、长条形

纽扣——颜色、2孔/4孔/无孔

钥匙——金色的、银色的

瓶盖——尺寸、颜色

◎ **科学**

天气——晴天、多云、有风、下雨、下雪

气温

种子数量——苹果、橘子、柚子、南瓜

邻区调研——例如根据某一特征或落叶调查树的种类（橡树、桦树或皂荚树）

浮起来或者沉下去的物体

在教室里喂养的新生宠物的年龄，以天/周计算

◎ **社会研究**

邻区调研——一层的房子/两层的房子，公寓大楼、分户出售的公寓，车库——附属车库、独立车库、没有车库，商店的类型，城市、州、国家的人口数量（三年级）

读图的挑战

图表是一种输出信息的方式，广泛运用于报纸、电视和教科书。但图表也会扭曲信息，空间的恒久性和所选择的测量种类都可能夸大差异。

图表给幼儿提出了很多挑战。首先，一一对应是一种重要关系。签到表上一张儿童头像就代表一个上学的儿童。其次，数量守恒也发挥作用。例如，教师将5人分散排列成一排，队伍长度比11人一排的队伍还长。教师不应"愚弄"儿童，让他们以为5人一排的人数比11人一排要多（见第六章数字守恒）。再次，儿童应了解垂直轴和水平轴是稳定的参考点。

根据皮亚杰的理论，儿童在5到7岁之间能理解数字守恒，最晚在6岁半到12岁之间能理解水平和垂直的连续参考系统（Copeland，1984）。因此，早期制图依赖于简单的呈现，比较和数数将有助于儿童获得成功。教师制作或购买图垫，图垫上易于填充的方格能帮助儿童一一对应保存物品。经过几年学习儿童掌握了简单的圆形图，接着挑战线形图。

关于制图的问题

创建图表之后，教师拟一些问题让儿童运用图表进行回答。儿童对这些活动熟悉后，教师可再模拟其他问题让其回答。读图早期常涉及两类问题：比较问题及计数问题。高年级儿童学会观察数据之间的复杂关系，推断发展趋势并预测未来事件。比较问题包括：

哪组更多？
哪组更少？

哪组数字更大？
哪组数字更小？

哪组更高？哪组更低？
哪组更长？哪组更短？

哪组最大？哪组最小？
有没有同样的组？

数字问题包括：
有多少____？
比____多多少？
比____少多少？
如果把____和____加起来，共有多少？

"组"这个词语代表在讨论中范畴的名称。替换成实物——例如，提问到场人数："哪一队的人数更多？男生队还是女生队？"

一项成功的制图活动是与视觉成像相辅相成的。一些教师将这些问题写在分层卡片上以便他们能随时查阅。

关于制图的早期经历

3 到 5 岁的儿童花时间进行比较、分类或把日常物体归类。福克森和克西欧（Curcio & Folkson，1996）建议学龄前和幼儿园年龄段的儿童运用自己的方式组织信息，体验众多探索性的数据收集活动。如全班同学比较"我"这个字在他们最喜爱的两本书中出现的次数。有些儿童每遇到一次就写下一次"我"，而有些儿童则运用数词或标记来记录数据。这两位作者认为对幼儿来说迅速掌握直角坐标（如图垫）是不现实的。儿童可以通过十条从前制图阶段向早期制图阶段过渡（Leutzinger，1990）。拿出一张 10 英寸见方的浅色硬纸板，用黑色马克笔将它分成十个部分，就制成了一个十条。使用一种明显有别于白色背景（如课桌）的颜色，而且这种颜色不会减损其他颜色的呈现效果。首先，儿童掏出一把花片或木制积木，"猜测"它们的数量比填满整个十条所需的多还是少。儿童逐渐学会填满两个十条并比较结果（图 8-2）。

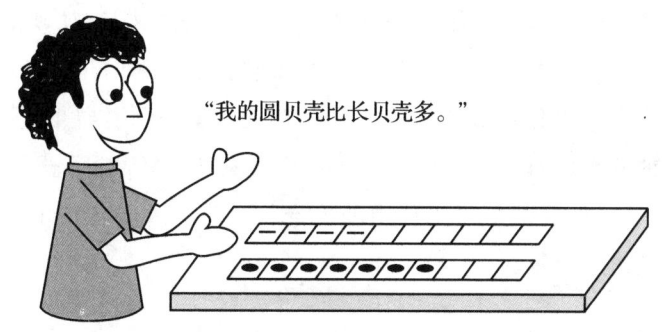

图 8－2　儿童运用十条来计数并比较贝壳

十条上用词语和图片标记为"圆形贝壳"、"长形贝壳"和"贝壳数量"。教师问儿童一些有关图表的问题,例如,"你有多少个圆形贝壳？长形贝壳比圆形贝壳多吗?"教师可以水平或垂直比较十条,这样能够鼓励儿童进行两个方向的比较。十条见附录 F。

运用实物的地垫

很多幼儿园教师制作或购买制图地垫。他们用旧百叶窗、浴帘和彩色的聚氯乙烯绝缘带自制一张垫子。他们提前测量并标记以便能画出相等的格子。首先,只画需要的两排方格。然后增加到四排或更多。

教师在垫子的一边制作一张简单的两排图表(购买的垫子通常印有两到四排方格)。地垫按下列顺序使用(Baratta,1976):

两个实物
两张图片图表

三个实物
三张图片图表

教师将一排贴上标签,然后让儿童站出来放置物品。

收集并制作物品图表

儿童利用实物和课桌大小的制图垫来制作桌子大小的图表。(可供收集并制图的材料见 136 页)教师准备一张带有圆柱和方格的可再利用的垫子,并留有空间以供粘贴图表的各部分之用。再准备一些勺子、汤匙、洗衣粉勺子或者 $\frac{1}{4}$ 杯的量杯,都可充当勺子。教师将准备好的物品放在一个浅碗里。

儿童单独或团队进行。例如，一名儿童"舀出"少量的物品，如硬币（1 美分、5 美分和 10 美分）。在垫子上将硬币分类、计数并整理。教师帮助儿童标示图表，硬币在下数字在上。大家一起分享结果，在讨论中教师用制图问题引导儿童开展活动。

年龄稍大的儿童（一至三年级）将自己的发现编成故事，或用垫子上硬币的数量编一道数学题，以此拓展他们有关硬币的思维。一些儿童能将硬币面值相加，并将结果与其他儿童进行比较。

图片图表

图片图表使用物品的图片，而不是实物本身。图片图表是实物图表向符号图表的过渡。在对三种水果（苹果、橘子和梨子）口味的测试中，儿童能够运用真实的水果制作一个图表。年龄小的儿童（4 到 5 岁）需要在真实世界里获得这些具体的体验。在幼儿园大班到小学一年级，儿童会将他们最喜欢的水果图片上色、裁剪，并投票选出他们最喜爱的图片。有时候，他们将自己的照片放在标有他们最喜欢的水果的一栏图表里。

有些实物不能用于制图，就可用图片来代替。比如：最喜欢的宠物，最喜欢的电视节目或者上学的方式（走路、坐公交车、坐汽车）。在制图过程中，教师可在实物图表和图片图表之间来回移动，不必过早地放弃实物图表。一、二、三年级儿童喜欢摆弄日常物品，这些多种多样的物品为他们的学校生活添加了乐趣。

将儿童图画书中的图片复制并制成图表是一种很自然的方式。比如可利用《安吉丽娜在集市》（*Angelina at the Fair*）（Holabird，1985）和《贝贝熊和凌乱的房间》（*Berenstain Bears and the Messy Room*）（Berenstain & Berenstain，1983）等图书。

安吉丽娜（Angelina）是一只老鼠，它想和朋友一起去集市。但是它的堂弟亨利（Henry）来访。安吉丽娜的父母要求它必须带着亨利一起去，更糟的是，它是个"男孩子"！在集市的入口竖立着一座看台，看台上有很多颜色鲜艳的气球。故事继续发展，最终这些气球起到作用。

气球有单色和彩色。教师制作一张与故事情节相符的法兰绒板和图画纸复制品。儿童将这些复制品分为单色和多色两组。在法兰绒板上制作一张两栏的图片图表。儿童运用制图问题来讨论结果。

在《贝贝熊和凌乱的房间》故事里，熊哥哥和熊妹妹的玩具散落一地，全家帮忙整理这种凌乱的场面。最后玩具被一排排挂回挂板，放回长椅或放回架子。书中有很多大家熟悉的物品，例如拼图、恐龙模型或填充玩具。这些图书中提到的玩具超过了四种，所以这种计数和制图活动适合于更大年龄的儿童（一至二年级）。这些玩具的图片经过上色、裁剪然后制成图表。再次强调讨论是关键。另外，儿童还可以讨论保存这些玩具的不同方式。总之，很多儿童图画书为图片图表活动提供了有趣的开端。

条形图

符号图表运用方块、标记、字母 x 或其他抽象方式来表示事物。例如，全体儿童研究农场套装玩具中的动物。农场里有一些动物。儿童数出农场里玩具小鸡的数量，然后给农场里数量相等的小鸡图片涂上颜色，或者剪出与小鸡数量相等的方形纸片。将这些纸片相连形成一个条形图（图 8-3）。

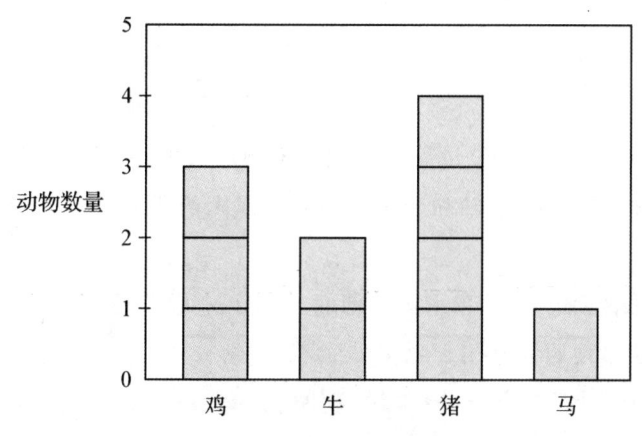

图 8-3 农场里的动物

教师用一种形式替代另一种形式，提出同样的制图问题，逐步将实物图表过渡到图片图表，再过渡到符号图表。过渡到符号图表（如标记图表）不需要太过匆忙。大多数儿童到一年级就可以很容易以 5 为单位计数，到那时开始运用这些常用符号也不迟。到达高年级（三至五年级）儿童还可学到其他符号图表，包括线形图和圆形图。

可买到的器材，诸如接龙方块和学习链式玩具（形成一条链条）能帮助儿童用符号的方式记录数据。一位幼儿园教师每年春天养一只兔子。当一只或多只兔宝宝出生后，一个图表可以容纳七个（一周七天）连在一起的接龙方块。当这些图表填满了，全班同学以周和日为单位计算兔子的年龄。

或者教师从当地农民手里买来鸭蛋，并将鸭蛋放进孵蛋器里。鸭宝宝孵出后，以相同的方式记录它们的年龄。将鸭子的年龄与兔子的年龄相比较。接龙方块是一种实用的制作符号图表的方式。

另一种方式是运用学习链式玩具测量日常物体。在科学中心，儿童测量如胡萝卜、韭葱、防风草、芹菜等蔬菜的长度。用大头针将链式方块钉在布告板上，制成一目了然的图表。图表问题包括：

哪种蔬菜最长？

哪种蔬菜最短？

防风草有几节方块那么长？

这些蔬菜有些可以生吃，教师可以根据口味测试儿童对它们的喜好并将其制成图表。一堂生动的语言课程可以围绕这些蔬菜的生长方式和烹饪方法来展开。当教师花费时间计划制图活动（活动涉及动物宝宝的出生和日常食物）时，符号图表就成为了记录这些重要想法的有意义的方式。

圆形图

圆形图鼓励儿童进行360度思维。先确定圆形的中心，然后再创建扇形面。这些参考点不同于条形图的横轴和竖轴。因此圆形图的研究更适合于成熟的三年级儿童。

儿童很熟悉钟面的12个扇形区。他们通过分割从午夜到中午度过的12个小时来开始探索之旅。他们计算用于睡觉、吃饭和在学校学习的小时数，然后将扇形相应部分上色并贴上标签。全班同学讨论如何处理总时间多于或少于一个整时的问题。

圆形图的其他用法包括在圆周的周围裹住一个环形并将环形分成相同的部分。可以用"花费1美元"制成一个图表。首先，外圈的环形被分成100美分。将花费掉的美分数涂上颜色，画出形成扇形的直线（图8-4）。

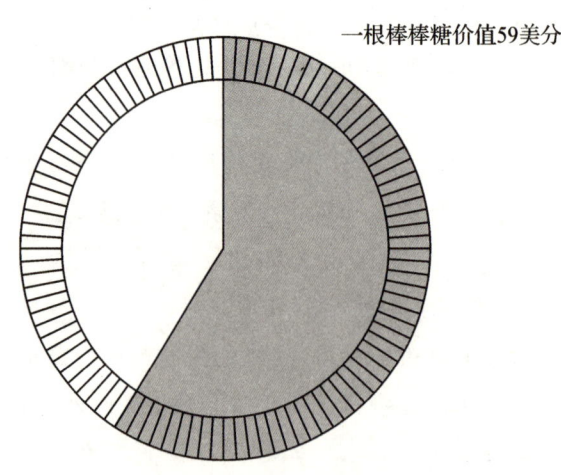

图8-4　1美元的消费圆形图

其他圆形图可以使用带方格的外环,这些方格内可以写下儿童的名字,每个名字在环道中占有相等的空间。如果有 30 名儿童,环道就分为 30 个相等的部分。例如,在冰淇淋图表里,儿童投票选出喜爱的口味:香草、巧克力或草莓。他们将卷起的姓名卡贴在外环方格内,同一选择的姓名卡依次相邻放在一起。然后,画出扇形直线并将扇形上色。这样,小学段的儿童通过日常经历创建圆形图,以后他们将遇到更为复杂的圆形图。

线形图

线形图的横轴和竖轴上都有数字。标上点制成线形图需要理解交叉点的含义或找到坐标系上的一对点。这种能力涉及第十二章中将要讨论的空间技能和几何概念。在掌握线形图含义之前,儿童需要很多前面所描述的绘图和跟踪路线方面的知识作辅垫。线形图使用的数据通常需要时间来收集。下面是一些常见的连续事件的例子:

按天或月计算出勤率

按小时/天/月测量温度

按蜡烛燃烧的分钟数计算蜡烛的长度

按天/周计算幼苗的高度

制图涉及选择恰当的计量单位、切分大小相等的空间和贴上完整的标签,所以需要较多的时间较多,教师应重视制图各个步骤。取材于日常生活的图表容易被儿童所理解,能帮助儿童分析媒体和小学教科书中出现的复杂的线形图。这些复杂的线形图不光对儿童是挑战,对很多在数据收集和数据展示方面欠缺经验的成人同样也是挑战。

计算机和制图

计算机能很好地表现图表内容,同一组数据可用很多不同类型的图表来表示。在大众方案《制图者》(*Graphers*)(1996;来自 Sunburst Communications)中,儿童选择范畴名称,如最爱的饼干。奥利奥饼干(Oreo)为一种选择,花生酱饼干为另一种选择。这个方案将在一页上制作并显示出多达四种不同类型的图表。全体儿童可打印出图表,然后讨论哪种图表更清楚地显示了数据。更多信息请见本章末与科技的联系部分。如果可以上网,还能对遥远的州或国家的一组儿童进行调研。

避免选择会伤害儿童感情或引起争强好胜心理的类型

幼儿园教师曾经反映参与地垫制图的儿童在选择喜好时会迟疑,或者见到普遍的选择后会改变自己的选择。虽然并不是所有儿童都这样,但如果出现问题,就要有相应的处理方式。

另外还有一些是敏感话题。大多数儿童都希望自己长得高一点。在制图时以高度为话题会让组里个子矮的儿童感到尴尬。同样,如果只有家境富裕的儿童才能买得起流行的网球鞋,教师就不能以网球鞋和其他鞋的对立为图表话题。教师应了解儿童的背景。如果公交车是身有残疾的儿童每天上学所用的唯一交通工具,那么"如何去学校:走路,骑车,坐公交车"的制图话题可能会伤害残疾的感情。

大多数教师都认可在自尊中成长意味着应褒扬每个儿童的独特性。这是整个课程价值目标之所在。但是,儿童却渴望"普通",希望成为小组中普通的一员。他们不会将自己视为等待变成天鹅的"丑小鸭"。有很多制图活动可以增加每个儿童的参与度,这些活动不涉及可能会使他们感到尴尬的性格、所有物和日常习惯。

对儿童来说,想成为胜利方是很自然的事情。而我们的社会信奉"多即是好"。儿童喜欢与他们的朋友或受欢迎的儿童选择同样的东西。如果出现此情况,教师可以悄悄地提前收集儿童的选择。例如,让每个儿童为一张圆锥体冰淇淋的图片上色:白色、粉色、棕色。教师拿着纸袋在教室里走来走去,收集儿童的作品。然后全体儿童将圆锥体分类并在地垫上用图表显示出结果。

教师还可以根据坚果外壳制成图表,胡桃、杏仁、榛子。将这些坚果混在一起,放入棕色的袋子里。每个儿童将手伸进袋中拿出一颗坚果。这种"神奇的袋子"在选择中增添了运气的成分。另外,本章前面所描述的"收集和图表"活动都是与个人喜好无关的活动。教师也可将个人喜好加入到这种制图活动中,活动的目的是让儿童明白,在选择苹果图表中,即便他们是唯一喜欢苹果酱的人,他们也是很重要的,对社会有价值的人(见本章末的"设定的数学游戏")。

概率

在儿童早教课程中,学习概率的目标是帮助儿童直觉感知概率,而不是他们先前所认为的结果是纯偶然产生或是胡编乱造出来的。学龄前儿童接触到很多神奇的卡通和故事,导致他们认为现实生活中,也会发生这类事情。如果儿童具备了批判意识,就可以通过经验和试验做出合理的判断。概率从确定或者"无疑",到可能、

大概、不太可能,到不可能或者说"决不"发展而来,是一个连续体。用于非正式的日常讨论,可选择下列主题:

天气,一天的某部分,假期	今天会下雨吗?晚上就要来了吗?或者二月快到了吗?情人节是不是在二月份?
神奇主题	斑马今天会不会拜访我们班?大象能不能挤开我们教室的门?
家庭生活	我们晚饭吃不吃比萨?

概率的实验对象以事项来表示,如一枚硬币(一个事项),红色花片和白色花片(两个事项),三色旋转球(三个事项)。计算"实验"次数是整个儿童工作的重点。儿童要记录下每弹一次或每转一次的结果。实验次数越多,得出的结果与真实的数学概率越接近。而且,物体没有任何记忆,出现四次"人头"并不意味着接下来就会出现"字"。每一次新实验都意味着人头"同样可能"再出现。一些年龄稍大的儿童将这种情况视为"概率50对50"。随着儿童慢慢升入高年级,他们会了解样本大小以及如何用公式计算概率。

还有一些其他活动。如在纸袋中放入各种颜色的球,其中一种颜色占主导。概率活动的例子请参见第十四章主题单元的"彼得兔"。

综　述

本章开头提到在托比先生的班级里,儿童将出勤情况和天气变化情况制成图表。教师通过评估儿童的图表可以了解到他们在数据收集和表达方面的能力的发展阶段。然后,举例说明儿童利用计算机制作条形图、线形图和圆形图的情况。这说明儿童具备能力去开展更为复杂的制图活动。制图活动让儿童有机会运用生活中的真实数据进行艺术探索。他们学习用多种方式表现数据。热烈讨论全班同学的发现能使儿童用他们理解的方式来表达自己的观点。这种天性的活动丰富了儿童和教师的生活。

设定的数学游戏

石头种类

适合年龄:学步儿至学前班儿童

所需物品:各种颜色的光滑的石块和抛光的石头,两只碗,一夸脱大小的玻璃容器。

看护者预先将光滑的石块和抛光的石头放入一夸脱大小的玻璃容器里。儿童站在地板上摇晃石头,手边有碗可方便他们取放东西。学步儿要辨认出石头的不同种类。一项选择性活动是划出两条直线,讨论哪一条直线更长。然后,将瓶盖类的第三种物品倒入混合物中。

NCTM 焦点:幼儿园学龄前,第三焦点

NCTM 过程标准:解题

NCTM 内容标准:几何和测量

设定的数学游戏

苹果烹饪

适合年龄:5—6 岁

所需物品:24 个苹果,烤苹果和苹果酱的配料,烤箱或者微波炉,纸盘,碗,勺子,菜刀,沙拉碗(多用途碗),带图片的活页纸,图片上画有一个烤苹果、一碗苹果酱和苹果块,厨房定时器,制图垫。

教师提前准备好活动中需要的苹果。$\frac{1}{3}$ 的苹果(8 份)不加工,$\frac{1}{3}$ 的苹果(8 份)去核烤着吃。剩下的 8 份苹果削皮去核,将苹果浸在水中,水里放一汤匙的柠檬汁以防止苹果变色。

几天或者一段时间以后,全班儿童将苹果酱和烤苹果制作完毕。他们将不加工的苹果和其他两种做法的苹果比对,做一个味觉测试。儿童选择自己最喜欢的口味,并在相应的图片上涂颜色,然后将图片放在地垫上并回答图表问题。

变化:用厨房定时器来观测流逝的烹饪时间。定时器倒着计时,而教学时钟上的指针向前进,正着计时。

NCTM 焦点:幼儿园,第一焦点

NCTM 过程标准:解题;连接,沟通和表达

NCTM 内容标准:数据分析和概率

设定的数学游戏

名称分类

适合年龄:5—7岁

所需物品:每个儿童一张1英寸大小的6×10的格子纸,一张三栏的图表（少、相等、多）胶棒。

每个儿童拿到一张格子纸,将自己的名字写在格子里,一个字母一个格子,共使用六个独立的格子。儿童认真地裁剪出构成名字的长方形,将自己的名字贴在自己的图表上。然后,儿童裁剪出其他5个名字。教师示范如何用一个名字交换另一个人的名字。完成5次交换后,将这5个名字逐一与自己的名字比对,比较名字长度并将其粘在适当的栏内。这个名字中包含的字母比自己的名字更多、相等还是更少呢?（图8-5）这项活动很适合幼儿园中班以上或刚上一年级的儿童。儿童互换名字能增进彼此了解。

NCTM焦点:幼儿园,第一焦点

NCTM过程标准:解题;沟通,连接

NCTM内容标准:数据分析和概率

更少	相等 MARCUS	更多
AMY JOE JASON	ANDREW DARIAN	MICHAEL

图8-5　名字分类图表

实地调查:临床日志或数学日记

制作一个象形文字小丑

面试一个6到7岁的儿童。

所需物品:附录E中象形文字,剪刀、胶棒、用以勾勒小丑特点所需的纸和笔。

象形文字形象地呈现了人物或物体的信息。儿童必须对图画作出判断并证明自己的选择。这些符号在传奇里可以找到。复习传奇中的人物特点,如女小丑的脸是椭圆形,男小丑的脸是方形的。解释图8-6。

全美数学教师协会(NCTM)过程标准:解题,推理并论证,沟通,表达。

图 8-6　两个小丑象形文字

更多活动和研究问题

1. 收集同学们加入社团的年份和月份。从下列图表中选择一个来展示结果:图片图表,条形图、线形图和圆形图。务必标示图表,与全班同学一起更进一步讨论你的图表。

2. 访问图书馆,选择一本跨文化文学选集作为制图活动的基础。用一个段落或一篇日志记下你的选择。

3. 观察一个儿童(3 到 4 岁)如何用两个十条将小物体分类。描述你的观察结果,并准备好与全班儿童分享你的发现。

4. 计划并进行一项软饮料的"味觉挑战"。决定调查的地点和方式。描述研究存在的局限性,以及今后的改进方式。将你的结果制成图表并准备好向小组或全班儿童解释这些图表。

相关的儿童文学

Baylor, B. (1985). *Everybody needs a rock*. P. Paranall, Illus. New York: Alladin.

Baylor, B. (1992). *Guess who my favorite person is*. R. A. Parker, Illus. New York: Simon & Schuster.

Heller, R. (1999). *Chickens aren't the only ones*. New York: Putnam.

Hirst, R., Hirst, S. Harvey, R., & Levine, J. (Illustrators). (1992). *My place in space*. New York: Scholastic.

Nagda, W. W., & Bickel, C. (2000). *Tiger math: Learning to graph from a baby tiger*. New York: Henry Holt.

与科技的联系

教师用网页：课程计划，活动，数学剪贴画

www.school.discovery.com

这是一个综合性的课程计划网页，根据年级水平，从幼儿园到五年级进行分类。它涵盖了很多主题领域，数学也在其中。该网页还包含众多优秀的数学剪贴画图案，如为课程计划奠定基础的剪贴画。

儿童用软件

1. Graphers. (1996). Sunburst Communications, Hazleton, PA.

推荐给幼儿园到四年级的儿童使用。这个高度灵活的程序可以让儿童自行进入数据库选择适合自己的词汇量。程序包含一个频率桌面和6种图表：图片图表，条形图，圆形图，圈形图（维恩图），网格划分方法以及线形图。另外还有一份教师的课程指南。

2. Thinkin' Things 3 Collection. (2005). Edmark Corporation Redmond, WA.

推荐给3到6岁的儿童使用。这个富有想象力的程序能够增强儿童的能力，使他们通过一系列线索分析并判断出每个"Fripple"住的空房子，预测出华尔街的交易，创作出足球赛的半场秀。儿童结合物理、几何和数据分析，学会预测系列结果。

参考文献

Baratta-Lorton, M. (1976). *Mathematics Their way*. Menlo Park, CA: Addison Wesley.

Berenstain, S., & Berenstain, J. (1983). *The Berenstain bears and the messy room*. New York: Random House.

Copeland, R. (1984). *How children learn mathematics: Implication for Piaget's research* (4th ed.). New York: Macmillan.

Curcio, F. R., & Folkson, S. (1996). Exploring data: Kindergarten children do it their way. *Teaching Children Mathematics*, 2, 382–385.

Holabird, K. (1985). *Angelina at the fair*. New York: Clarkson N. Potter.

Leutzinger, L. (1990). Graphical representation and probability. In J. N. Payne (Ed.), *Mathematics for the young child*. Reston, VA: NCTM.

National Council of Teachers of Mathematics (NCTM). (2000). *Principles and standards for school mathematics*. Reston, VA: Author.

Smith, S. S. (1999). Early childhood mathematics. In *Dialogues in early childhood, science, mathematics, and technology education* (pp. 84 - 92). Washington, DC: Project 2061, AAAS.

第九章

早期代数
——模式和函数

许多幼儿教师感到很惊讶,模式居然是早期代数课程的重要课题之一。因为他们自身最早接触到的模式可能也只局限于在标准化测试中解决诸如序列 1,3,7,15……这样的数字问题。尽管大多幼儿园教室里都会备有一套珠子模式卡和一桶用以练习串珠的彩珠,但是模式研究远不止红珠子、蓝珠子、红珠子、蓝珠子……

模式

模式的重要性

首先,数字系统自产生之日起就具有了模式。常见的序列包括奇偶数和完全平方(1,4,9,16,…)。高年级儿童会发现在帕斯卡三角形(Pascal's triangle)和斐波那契序列(Fibonacci sequence)(1,1,2,3,5,8,…)中蕴含数字模式。斐波那契序列指第一、二两项为1,之后的每一项是前两项之和。自然界也存在类似的模式,例如向日葵花的花序为圆锥花序(Sutton, 1992)。人们使用单号或双号的模式标注马路一侧的街道地址,以此来确定家庭住址。

其次,寻找模式是解决问题的一种逻辑形式。在一个数字序列或一张数据表中寻找模式,继而归纳出规则,并用以推测出一般解决方案。规则可变为一个公式,适用于任何类似的情况。

假设一年中每个公历日期给你 100 元的生日礼物。6 月 1 日你收到了 100 元,6 月 2 日收到 200 元,共 300 元。另一个月又开始这种周期:7 月 1 日收到 100 元。一年你的礼物价值是多少?估算出答案。解决这个问题是否有规则或公式可循呢?

根据新的 NCTM(2000:91)标准,模式在数学课程中起着重要作用:

小学儿童通过模式识别秩序,协调世界。模式在数学各个分支都很重要。儿童通过在学校习得的知识,认识自身环境中的模式,更加熟练地观察物体,形状和数字的排列,利用模式推理下一个排列。①

儿童喜欢辨别模式,且似乎表现不俗。他们很轻松地就能识别出公告板和衣服上的模式,即使用 ABC 代码标注模式似乎也难不倒他们。教师如果能不厌其烦,迎难而上,只需花上几个月的时间就可以把一个模式单元融入到所教授的课程中。模式是一种解决问题的方式,幼儿通过音乐、艺术和运动多种渠道来掌握它。从儿童园到小学,模式活动逐步变得复杂。教师如果了解模式活动的发展顺序,就能够为儿童创造多重体验,激发所有儿童的好奇心。

模式原则

1. 模式既可以是数字(涉及数字),也可以是非数字(涉及形状,声音或其他属性,如颜色或位置)。

2. 模式主要有三种类型:重复模式、增长模式和关系模式。

重复模式中,核心元素重复:246,246,246。

增长模式中,核心元素作为基础部分,以创建更大的元素:XY,XYY,XYYY。增长模式包括几何形状以及数字。见图 9-1 中的一些例子。

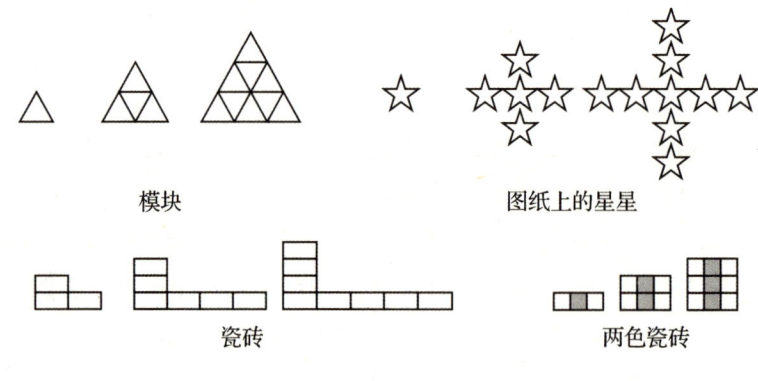

图 9-1 增长模式

---

① 得到全美数学教师协会允许,摘自《学校数学的原则和标准》。

关系模式中,两组之间建立联系:蜡笔盒里有 8 支蜡笔。用数据制成一张图表:1—8,2—16,3—24,依此类推。

创建一个规则可能更为抽象:选择任一数字,答案是该数字乘 2 加 1。例如,3—7,8—17,24—49。思考问题的方法之一是使用函数概念。一个值"输入",另一个值"输出"。8 输入,17 输出。

3. 儿童探索模式分四个层次:识别模式、描述模式、扩展模式和创建模式。普遍而言,幼儿接触模式从"AB"核心的模式开始,通过颜色或位置(红方块—蓝方块,坐—站)变化。本章将用举例的形式贯穿说明数字和非数字模式的四个层次。

4. 核心元素随着两个或两个以上的属性(如颜色和数量)而变化,重复模式就变得复杂。较易模式包括 AB,AABB,ABC。较难模式包括 ABB,AAB,ABCC 和其他更复杂的变化。

物品可用于创建模式,如水果(苹果、梨,苹果、梨……)。水果模式可转变为接龙方块(Unifix Cube)长列(红、黄,红、黄……),字母代码(AB AB),或乐器音符(教师演奏木琴 C—E—C—E)(图 9-2)。

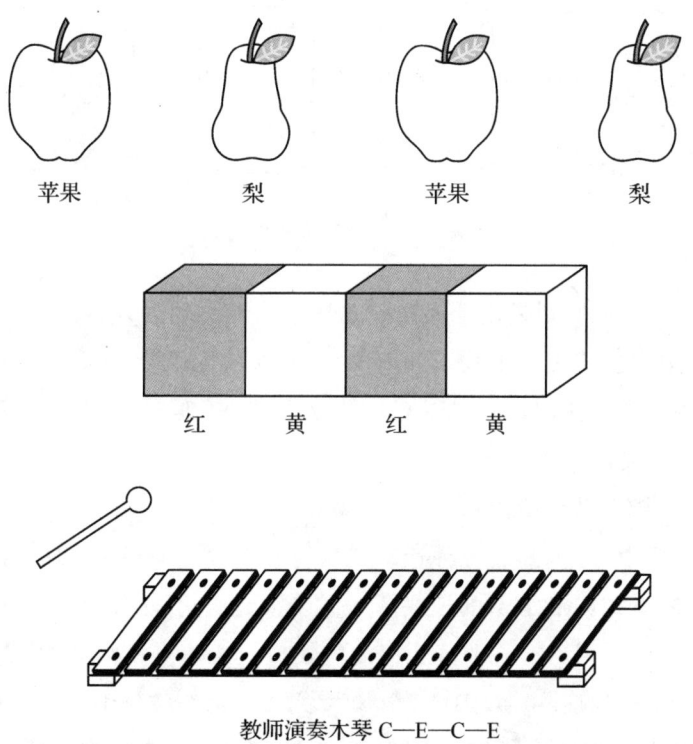

图 9-2 AB 重复模式示例

识别、标注和转变模式在早期儿童数学中是极具挑战性的。

提出问题：模式活动

幼儿园和小学一年级儿童完成模式，可利用：①真实物体，②自身，③模式卡。儿童可以创建自己的模式并与全班分享。二、三年级会接触更复杂的"数字"模式：奇偶数、倍数和数字图表。将数字和几何的模式相结合包括让儿童识别完全平方和镶嵌图形（Young，1994）。本章就每一种模式活动进行介绍。

◎ 真实物体（幼儿园阶段）

日常物体（如水果、坚果、饼干、果汁罐/箱、方块或简单玩具）可以用来创建模式。序列从左开始，在一群儿童面前摆一排物品。早期的模式使用两个物体，例如，苹果和橘子——数量保持不变：苹果、苹果、橘子、橘子（AA BB）。较难模式改变数量，包含两个苹果和一个橘子（苹果、苹果、橘子、苹果、苹果、橘子）或 AAB AAB。增加第三项物体如柠檬使得任务更加困难（苹果、橘子、柠檬，苹果、橘子、柠檬）。位置也能导致差异，这类模式包括：苹果汁正面朝上，苹果汁反面朝上，橘子汁正面朝上；苹果汁正面朝上，苹果汁反面朝上，橘子汁正面朝上（ABC ABC），如图 9-3 所示。

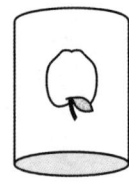

图 9-3　位置重复模式

模式编码的一般原则适用于人物模式和模式卡。从远处容易观察真实物体的特点，所以其中的模式更易遵循。儿童大声说出一组模式，并重复模式以示节奏。特点分明的物体皆可使用，如鞋子（有鞋带，无鞋带）。但某只鞋是否属于"鞋带"集合的不确定性会使模式活动混乱。

◎ 人物模式（幼儿园阶段）

在人物模式中，儿童开展各种运动或自身排列整齐成为模式的自然部分。男孩、女孩，男孩、女孩（AB AB）的模式队列可以每天变化，例如，女孩、女孩、男孩，女孩、女孩、男孩（AAB AAB）。常见的运动模式包括快速变换活动或"头，肩，膝和脚趾"活动，还包括单脚跳、走、双脚跳的运动模式。在每个实例中，如果教师以乐器如木琴伴奏来提示模式序列，会有很大帮助。聆听模式的重复节奏能反复强化出现的"整体模式"。这是因为儿童忙于身体力行的活动时，往往会偏离活动的本意。与排列桌上的物体的模式不同，儿童本身就是"模式"的一部分，他们可能会错过创建模式以解决问题的关键环节，或"下一步"的环节。

模式卡片(幼儿园到一年级阶段)

幼儿园和小学一年级儿童能遵照模式卡片上面的说明进行使用。这些卡片一般用复合标签纸制成,大小约为纸的一半。一套模式卡片可用各种日常物品制成,例如瓶盖,并可保存多年。

教师一般自制模式卡片。遵循下列制卡准则,可成功制作出供儿童独立使用的卡片。

1. 选择简单物品(图 9-4)。许多石头和贝壳的特征如果过于模糊会导致儿童难以分辨。例:这个石头是褐色还是灰色的?

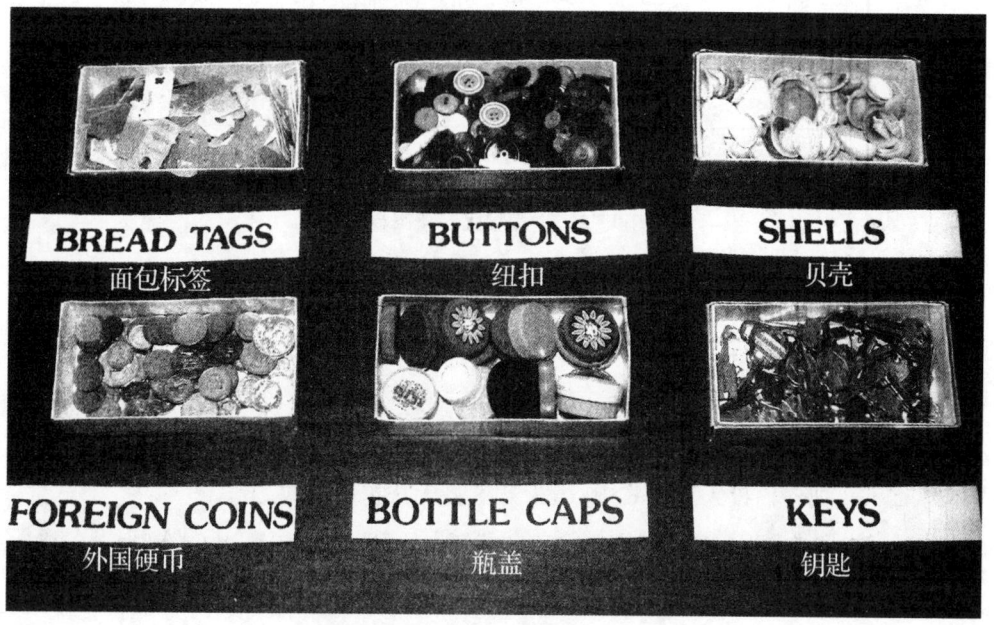

图 9-4 模式材料

2. 准确。尽可能找到或剪下物品。如果颜色在模式中起区分作用,那么给卡片上色。选择的色调尽可能接近原始对象,因为儿童喜欢精确。不要把粉色纽扣当成你所谓的红色纽扣,或将面包标签的森林绿当成浅绿(图 9-5)。

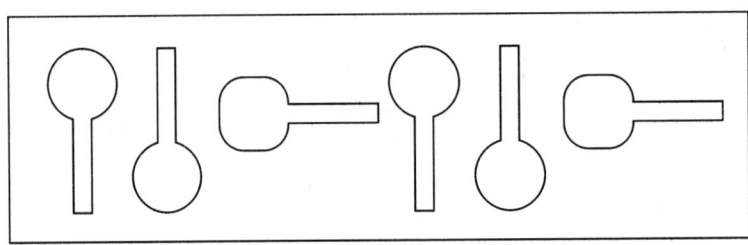

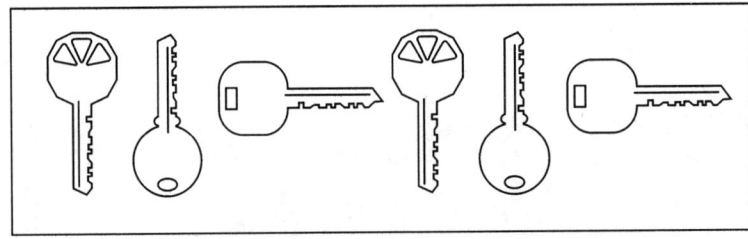

图 9-5　模糊模式和清晰模式

如果收藏品只有一种颜色,例如,所有钥匙是银色而非金色,就可以不用考虑颜色。如果物品上有印花(如面包标签),也需要在卡片上显示出来,因为这是一个与众不同的部分。

3. 用于创建模式的物品必须数量充足。如果你的收藏中只有三个红色面包标签,那么不要把它们投入到模式中,因为儿童将无法扩展模式。

4. 变换模式卡片的难度级别。简单序列(AB AB),(ABC ABC),(AA BB AA BB),(AA BB CC AA BB CC)和较难卡片模式(AAB AAB),(ABB ABB),(ABBC ABBC)。

◎ 扩展模式

幼儿园儿童能够认识和描述模式。但利用某类物品延续已知序列从而扩展模式,直到用光这类物品才结束序列,对他们而言是一个艰巨的挑战。可提供大空间,如桌子或地板,让儿童进行扩展练习(图 9-6)。

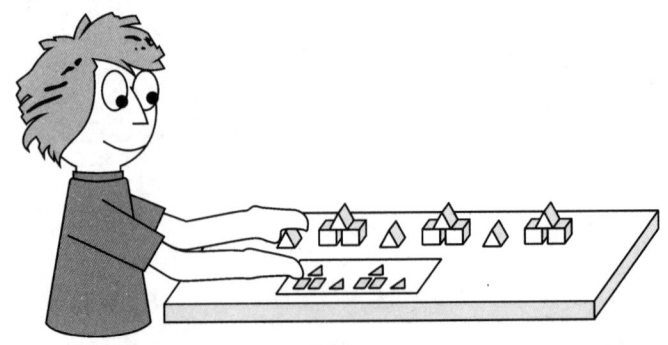

图 9-6　一个儿童对围墙模式的拓展

◎ 自身

一旦儿童掌握重复序列这样的模式概念,他们就可以创建模式了。4 到 5 岁儿童喜欢编写自己的人物模式和拍手模式,幼儿园和一年级儿童可以创建模式,并记录在卡片上。有时儿童需要教师帮助才能发现模式并绘制模式。教师可以自制或通过目录购买各种模式块(pattern block)的彩色纸片。将这些五颜六色的纸片贴在黑色图画纸上就成为了艺术作品。虽然大多数模式卡片可安静独立地使用,但重要的是,作为学习经验的一部分,教师应要求儿童"大声读出模式"。例如,德文刚刚用彩色积木创建了一个模式。他读道:"红积木、红积木、黄积木、红积木、红积木、黄积木。"教师评价德文创建的是一个复杂的重复模式。

◎ 小学低年级的数字模式

较大儿童在经过前几年的综合模式课程的学习后,已经准备向更有挑战的问题进发。数字模式书籍和连续平方是普及于二年级的两个单元。数字模式书籍的每一页都专门介绍一种特定的数列图。例如,通过把每个数字与眼睛/眼镜的图片搭配来解释数列 2,4,6,8,10,…。

示例:我的两倍数页面	
眼镜的图片	#
O–O	2
O–O, O–O	4
O–O, O–O, O–O	6

儿童从杂志上剪下或绘画眼镜的图片。其他页面中的图片可能包括以下内容:

倍数	可能的图片
3	三角,三叶草
4	四角形,小汽车轮胎
5	手,星星
6	六爪塑料戒指座
7	日历的周
8	盒装蜡笔,卡车轮胎
9	棒球场上的球员数

数字书籍是早期乘法表的入门。模式数字书籍的例子请参考《数学之路》(*Mathematics Their way*)(Baratta-Lorton,1976:chapter 12)。

平方增长问题是利用积木搭建可能的正方形,1 块就是 1 个正方形,4 块组成的正方形(2×2),9 块组成的正方形(3×3)等。将这些积木的设计画在 1 英寸的方格纸上并涂上颜色,每种设计附有一个简要说明(Van de Walle & Holbrook,1987)。早期学习的数字模式为学习平方数和平方根的概念奠定了基础,还为"矩阵"概念或有关行和列的乘法学习提供知识背景。

三年级儿童用 1—100 的数字图(见附录 L)研究倍数。例如,用荧光笔或蜡笔标出 4 的倍数(4,8,12,16,…)。然后,儿童记录下观察到的模式,如斜线—向右两格,再向下一格,就可以找到下一个数字。因此,数字与整个数字表的关系显而易见。这项活动的例子请参考《运用各种方法学数学》(*Math By All Means*)(Burns,1991)。

音乐和艺术中的模式

小时候儿童就早已创作出了很多"冰箱艺术"。绘画和印花活动让他们接触到模式表达。可以从《涂鸦艺术和儿童其他独立的创意艺术体验》(*Scribble Cookies and Other Independent Creative Art Experiences for Children*)(Kohl,1985)等书籍中找到这些活动的步骤说明。一种艺术表达包含着模式,它用重复艺术图案的形式帮助儿童认知。

在"剪影画"中,儿童用黑色涂料填满整个模板,而不是只画出一个轮廓。活动成功与否关键是要选择独特的形状,如帆船和锚或心和鲜花。这些模式可以装饰餐具垫、席次卡、包装纸、纸袋、公告栏边框、纸盘的边缘。

童谣和幼儿歌曲不断重复歌词或节奏,我们可以在其中找到早期模式的踪迹。《一闪一闪小星星》、《玛丽有只小羊羔》、《老麦克唐纳有一个农场》是三个很好的例子。打击乐器,如鼓、金属沙铃和击板强调节拍或叠句。教师可将干豆密封在各种容器中自制乐器。

创意运动加强了模式表现,如"鸭子、鸭子、鹅","头、肩膀、膝盖和脚趾"和"如果你感到快乐,并且你了解它,拍拍你的手"。幼儿喜欢表演《公交之歌》(*Bus Song*):"乘客上车、下车……"音乐以一种自然而热情的方式让幼儿参与到数学之中。这些愉快的活动可以作为每个学前班日常计划的一部分。

年龄较大的儿童将布画艺术(在布上作画)应用到 T 恤衫,布带或袜子的图案模板上。印刷之前需要先用蜡笔在纸张上设计出图案。否则,设计的模式可能会不完整或空间分配不均。

印花材料有许多形式。海绵印花使用的材料是商用厨房海绵或美容化妆海绵。将海绵切成简单的圆形和方形或树木花草的形状。海绵易吸收水彩或蛋彩颜料。

以类似的方式,将土豆、胡萝卜或牛蒡一切为二,或在蔬菜上进行刮擦、削切或戳刺,把图案刻入蔬菜,然后上色。可以使用任何颜料,当然混合颜料效果更好。

印泥有各种颜色。商业图章,卷筒、瓶盖、跳棋等废弃物品都可以充当图章,与印泥一起使用。图章有各种大小和主题,如喜爱的节日或动物。

年龄较大的儿童将指尖按到印台上,然后再按到纸上,利用指纹绘制动物或人。最后用毡笔画上眼睛、耳朵和头发。绘制兔子是先按两个指纹(头、身体),再用毡笔画上脸、耳朵、胡须和尾巴。一种模式可能是"兔子、胡萝卜,兔子、胡萝卜……"

年龄较大的儿童也可做纸编。教师提前用裁纸刀把图画纸裁成带状,也可用重量较重的丝带。折叠一个四方形,每个儿童利用图画纸或丝带的对比颜色,在缝与缝之间穿梭,进行"编织"。这些五颜六色的餐具垫可以用接触印相纸作夹层或作正面。艺术活动会自然而然地用到我们日常生活中的模式。

小学课程中的函数

函数概念是从增长模式延伸而来。例如,1 辆车有 4 个轮子,2 辆车有 8 个轮子,3 辆车就有 12 个轮子,依此类推。教师制作水平或垂直的数据图表。图表显示,每次输入(汽车)会有一个确切的对应输出(车轮)。图 9-7 是一个汽车和轮子的图表函数的示例。

规则
×4

1	4
2	8
3	12
4	16
5	20

图 9-7 函数图

根据这个例子,全体儿童创建一组有序的配对,每次输入总会有一个明确的答案。儿童想了解这种关系"究竟有什么规则"。

幼儿园和一年级儿童的函数活动主要是使用教师自制的函数盒(图 9-8)。盒顶上有一条缝和一个供输出的开口。一名儿童坐在盒子的后面,另一名儿童站在盒子的前面。前面的儿童将若干数量的物品通过盒顶的缝隙放入盒中。例如,放入 3 把塑料勺子。在教师的帮助下,盒子"里面"的儿童通过开口从盒子里送出 4 把塑料勺子。放入 6 把,送出 7 把。最后,全班归纳盒子的规则是输入值"加 1"。适合幼儿归纳的常见规则包括:+1,+2,+3 或 -1,-2,-3。此外,如果儿童知道以 5 或 10 的倍数进行数数,那么他们就能识别乘 5 或乘 10 的规律。

解释输入问题的另一种方法是使用 2 到 10 英寸的标签纸带,上面有各种各样的动物贴纸。例如,一套卡片可以包含:2 只青蛙,3 只青蛙,4 只青蛙,5 只青蛙,6 只青蛙,7 只青蛙,8 只青蛙。另一套可能是海豚或其他流行的贴纸。然后把纸带送入机器:放入 2 只青蛙,出来 4 只青蛙;放入 2 只海豚,出来 4 只海豚。放入 3 只青蛙,出来 6 只青蛙;放入 3 只海豚,出来 6 只海豚。规则就是乘 2。这些纸条添加了活动的多样性。

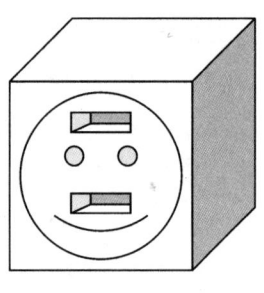

图 9-8 函数盒

三年级儿童使用乘除法和较大数字。他们自己创建图表,过程可以反向进行。如果给出输出值图表,他们可以计算出输入值并生成规则。图 9-9 展示了一个更高级的图表示例。

规则		21
	0	
	10	
#?		28
		49

图 9-9 高级函数图

一位作者(Willoughby,1997)建议教师向三年级儿童导入复合函数概念。一个函数的输出值被用于第二个函数。也就是说,3×4 的输出值与 +5 相结合等于 17。这个函数可以用圆圈和箭头来表示(图 9-10)。

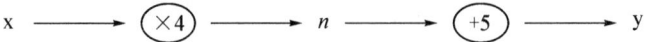

图 9-10 函数示意图

市场发行的众多幼儿园到五年级的课程如《日常数学》(Bell,1998)都广泛使用箭头算术。理解函数和使用变量来表达常数,能帮助儿童更好地掌握初等代数和高年级代数,达到用数学符号表达世界的目的。所以这点对儿童而言意义重大。

早期代数

早年,"代数标准强调数量之间的关系和数量之间变化的方式"(Greenes et al.,2001:2)。模式和函数采用归纳法,鼓励使用任何大小、任何组合的代数。早期的代数数学课程采用三种方法(Femiano,2003)。这些解决问题的方法包括:

1. 把算式或方程式转化成儿童易于接受的故事。例如:"妹妹和我能得到相同数量的零用钱,而弟弟只得到 1 美元。妈妈怎样把 21 美元分给三个儿童?"代数式: $2d+1=\$21$。

2. 利用游戏寻找加数。以下是三种很简单的游戏:碗碟游戏、扑克牌游戏和"Salute"游戏(Kamii,1988)。在碗碟游戏中,将一定数目的花片放在碗的下面。然后拿走一些花片,接着发问:"碗下面还剩多少花片?"扑克牌游戏的玩法与此类似。拿走人头牌,A 代表 1。教师翻开第一张牌,接着偷偷瞄一眼第二张牌,然后把它面朝下盖住。教师说出两张牌之和。玩家轮流猜测面朝下的那张牌面的数字(Femiano,2003)。

"Salute"游戏(Kamii,1988)中,"庄家"分别给两个儿童每人发一张牌。儿童把牌举到前额,所以他们只能够看到对方的牌。庄家说出两张牌的和,每个儿童要猜测自己所举牌面的数字。

3. 利用天平秤或体重秤表达相等概念。教科书《学前班到二年级代数导学》(*Navigating through Algebra in Prekindergarten-Grade 2*)(Greenes et al.,2001)中介绍,利用天平称出物体的重量,帮助儿童计算物体的数量,这样的问题有发展阶段可循。该类问题最简单的形式如图 9-11 所示:给出一块积木的重量。接下来一阶段,根据两块积木的总重量,算出另一块积木的重量。然后难度可以增加,必须使用一块积木的重量来确定其他所有积木的重量。最后阶段是,不直接给出任何积木的重量。儿童依靠逻辑思维和解决问题的能力对积木称重。图 9-11 中的立方体为 5 磅重。

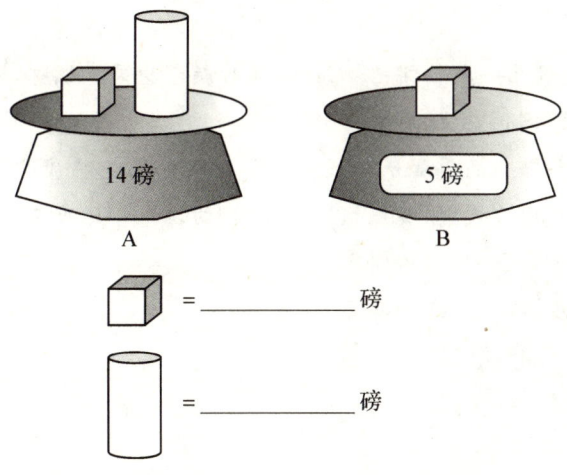

图 9-11 使用天平秤解决平衡问题

使用数轴

卡雷赫（Carraher）和同事（2006）花费两年半时间针对二到四年级学生的代数思维模式进行广泛研究。例如，儿童学习包含负数的数轴。他们利用年龄增长，气温变暖或变冷，花钱等主题，上移和下移数轴线。通过练习，儿童理解了"＋7－10"表示"－3"。数字代表着间隔，而不是直线上的某点。字母"n"添加到数轴，从 $n-3$ 到 n 再到 $n-5$。儿童尝试解决存钱罐的问题，每个儿童从"n"开始，按顺序记录花出去和得到的钱数。最后，一些儿童可以解释为什么 $n+3-3+4=n+4$。作者得出结论，许多传统算术可以抽象表现，并扩展到早期代数思维中。

综　述

早期代数的原则为那些渴望开展愉快的课堂教学活动的教师提供指导方针。儿童对模式活动乐此不疲，而这些活动经历以独特的方式促进了儿童批判性思维的发展和解题能力的提高。早期的模式活动易于开展，一些活动利用颜色和位置的变换进行。随着学习的不断深入，儿童将注意力集中到函数，几何思想与数量的关系层面。本章为广大教师提供丰富的课外活动思路，以帮助其着手制订推动代数思维的计划。

> **设定的数学游戏**
>
> #### 松饼模式
>
> 适合年龄：3—4 岁
>
> 所需物品：能烤出一打松饼的松饼锅，各种颜色的蛋糕纸杯，不同颜色的小物件如熊形花片，松饼锅。
>
> 教师使用两种颜色的蛋糕纸杯开始布局模式。儿童继续这种模式。另一个做法是：在松饼锅中以"蓝熊、黄熊，蓝熊、黄熊"的模式开始布局，儿童继续该模式并大声说出来。伴奏歌曲是《松饼人》。
>
> NCTM 焦点：幼儿园，第一焦点
>
> NCTM 过程标准：解题
>
> NCTM 内容标准：代数

设定的数学游戏

数轴模式

适合年龄:6—8 岁

所需物品:确保儿童每人一根 1 到 30 的数字数轴,每人两套彩色花片。

每个儿童得到一根数轴和一套彩色花片(如蓝色)。教师做示范,每逢第三个数字就用花片盖住,3—6—9,依此类推。儿童在自己的数轴上练习这个技能。教师提问 3 的倍数:"数字 18 上有花片吗?为什么?""数字 5 上有花片吗?为什么没有?""如果我们的数轴延长到 100,33 上有花片吗?"然后儿童撤掉蓝色花片。

接着教师用另一套彩色花片(如黄色)做示范,每逢第四个数字就用花片盖住,4—8—12,依此类推。教师提问:"数字 8 上有花片吗?为什么?""数字 15 上有花片吗?为什么没有?""如果我们把数轴延长到 100,34 上有花片吗?为什么没有?"

教学变式:同时盖住两个数字的倍数,然后提问:"16 上有花片吗?为什么?花片是什么颜色的?""40 上有花片吗?是什么颜色?为什么?"

NCTM 焦点:幼儿园,第一焦点

NCTM 过程标准:解题,推理和证明,沟通

NCTM 内容标准:代数

实地调查:临床日志或数学日记

访谈、评估和记录:有多少件礼物?

采访一名 6 岁或 7 岁的儿童。

所需物品:附录 D 中的图,纸和笔。

给儿童介绍一下附录 D 中图片的含义。

我收到了很多生日礼物。妈妈端出两张桌子,她在每张桌子上放了两个袋子。你看到桌子了吗?你看到袋子了吗?一共有多少袋子?一张桌子上有 8 件礼物。她拿走 8 件礼物,在每个袋子里放入相同数目的礼物。另一张桌上也有 8 件礼物。她把 5 件礼物放入一个袋子。另一个袋子里她放入了多少件礼物?她一共收纳了多少件礼物?

怎样才能为每张桌子的礼品数写一个算式?(注:教师需要示范并解释算式)

桌子一的礼品数对应的方程式:

$a+a=8$

$2a=8$

桌子二的礼品数对应的方程式:

$5 + ? = 8$

$5 + ? = 2a$

更多活动和研究问题

1. 设想一个与你的生活密切相关的模式,两个变量之间有关联,如保险费随着年龄的增长而变化。用日记或短文描述这种模式。

2. 调查著名的数值模式的历史,如帕斯卡三角形和斐波那契序列。在日常生活中模式有哪些应用?写一篇短文描述你的发现。

3. 评估一个4岁儿童的模式知识。她能重复ABAB模式吗?如果多给她几个积木(其中包含一些与模式不相关的积木),她可以延长模式吗?写一个简短的报告,并进行课堂讨论。

4. 观察一个幼儿用日常物品创建一个模式。儿童如何处理这个问题?如何标注模式?写一段话或一篇日记描述你的观察发现。

相关的儿童文学

Carle, E. (1987). *Rooster's off to see the world*. New York: Simon & Schuster.

Carle, E. (1989). *The very hungry caterpillar*. New York: Putnam.

Carle, E. (1990). *The very quiet cricket*. New York: Philomel Books.

Carle, E. (1997). *The grouchy ladybug*. Hong Kong: Harper Trophy.

Cooney, B. (1982). *Miss Rumphius*. New York: Penguin USA.

Friedman, A. (1994). *A cloak for the dreamer*. New York: Scholastic Books.

Martin, B. E. Carle, Illus. (1996). *Brown bear, brown bear what do you see?* New York: Henry Holt & Co.

与科技的联系

教师用网页:课程计划,活动,主题和有用提示

1. www.littlegiraffes.com.

该网站包含很多数学模式的彩色照片。

2. http://mathforum.org.

该网站包含很多按照年级分段的数学主题。见瓦奈尔小学新数字单元之模式和代数教学计划(Varnelle's New Primary Math Units for pattern and algebra lesson plans)。

儿童用软件

1. Madeline 1st and 2nd Grade Math. (1999). Everyday Learning Company, San Francisco, CA. Recommended for ages 5 – 8, especially for girls.

推荐给5到8岁儿童,尤其是女孩使用。18个活动之一的玛德琳程序能够开发模式技巧。

2. The Pond. (1995). Sunburst Communications, New York, NY. Recommended for grades 2 – 6.

一只青蛙跳过睡莲叶建成的一座迷宫。儿童要识别出其中的规律才能到达那片神奇的莲叶。使用2步模式、3步模式和4步模式。音效和颜色加固选择。

3. Introduction to Patterns. (1998). Sunburst Communications, New York, NY. Recommended for grades PreK – 1.

移动、自然材料和音乐使模式变"活"。儿童寻找身边的模式并用日记记录下来。

参考文献

Baratta-Lorton, M. (1976). *Mathematics Their way*. Menlo Park, CA: Addison-Wesley.

Burns, M. (1991). *Math by all means: Multiplication grade 3*. New Rochelle, NY: Cuisenaire Company.

Bell, M. (Director). (1998). *Everyday mathematics* (2nd ed.). Chicago: Everyday Learning Corporation.

Carraher, D. W., Schlieman, A. D., Brizuela, B. M., Earnest, D. (2006). *Arithmetic and algebra in early mathematic education*. Journal for Research in Mathematics Education, 2, 87 – 115.

Femiano, R. B. (2003). Algebraic problem solving in the primary grades. *Teaching Children Mathematics*, 9, 444 – 449.

Greenes, C., Cavanagh, M., Dacey, L., Findell, C., & Small, M. (2001). *Navigating through algebra I prekindergartengrade 2*. Reston, VA: NCTM.

Kamii, C. (1988). *Young children reinvent arithmetic: Implications of Piaget's theory*. New York: Teacher's College Press.

Kohl, M. (1985). *Scribble cookies and other independent creative art experi-*

ences for children. Bellingham, MA: Bright Ring Publishing.

National Council of Teachers of Mathematics (NCTM). (2000). *Principles and standards for school mathematics*. Reston, VA: Author.

Sutton, C. (1992). Sunflower spirals obey laws of mathematics. *New Scientist*, *134*, 16.

Van de Walle, J. A., & Holbrook, H. (1987). Patterns, thinking, and problem solving. *Arithmetic Teacher*, *34*, 6–12.

Willoughby, S. S. (1997). Functions from kindergarten through sixth grade. *Teaching Children Mathematics*, *3*, 314–318.

Young, S. (1994). Tiling, tessellating, and quilting. *Teaching Pre K – 8*, *24*, 72–74.

第十章

解题
——加法和减法

在库珀小姐的二年级教室里,儿童正在试图重建一只暴龙的脚。他们测量,绘图,然后制出一个实物大小的模型。他们迫不及待地想着下周要去实地考察当地的历史博物馆,参观恐龙展。届时库珀小姐会领着孩子们将他们制作的纸模型与博物馆的收藏进行比较。

二年级的儿童正思考着旧教科书上的应用题。教师坎贝尔督促他们快速找出所有答案,不然就会将未完成的部分作为家庭作业布置下去。问题之一是以米为单位比较人的身高和骆驼的高度。有些儿童乱猜道:"我把数字相加怎么样?""相减呢?"似乎没人对骆驼究竟比成人高多少感兴趣。儿童的主要动机是为了完成作业。

这两个教室里的儿童都在参与数学上常见的"解题"活动,即做应用题。听课教师认为这两节课都很有价值。那么我们如何判断儿童这些经历的价值呢?教师会就相关过程提以下问题:

1. 什么是解题?
2. 我怎样才能培养数学思维?

3. 我怎么证明抽时间立即实施计划是对的？
4. 应用题训练应该在儿童记住确切数字之前还是之后？为什么？
5. 挑战性问题只适合资优儿童吗？
6. 何种水平的儿童可以接受挑战性问题？为什么？

本章将讨论这些问题及加减法运算。积极的课堂环境促进问题的解决。

数学是解决问题

从某种意义上说，解题并不需要用独立的一章进行阐述。数学鼓励儿童进行创造性、持续性的思维。解题包括配对、分类、排序、模型及数字思维等。为什么要深入探讨这个主题呢？多年来，数学课程已导致数学符号和实际应用相背而驰。数学已成为一种通过考试的机械手段，而儿童也已忽略了数学与日常生活的联系。许多青少年，尤其是女性和未成年人，不愿意更多地学习文凭要求以外的数学知识。总之，数学对以数学家以外的常人毫无意义。在《行动议程》(*An Agenda for Action*)(Edwards, 1980)中，美国数学教师协会(2000:52)提出解题这一能力应是学校数学教学的核心。这种改革呼声已历经二十年之久。

解题是理解数学的一部分，数学教学方案应着重于此，使所有儿童：

通过建立新的数学知识解决问题；

解决数学中或其他情况下出现的问题；

采取多个适当的策略以解决各种问题；

监督和反思数学问题解决的实施过程。[①]

大多数家长和教育者认为解题是学校课程中一项有价值的目标。自然科学和社会科学的所有课程均强调逻辑灵活的思维。数学是一个让儿童能探索多元化认知的主题。他们观察、倾听、交谈、感受，并渐渐感知用数学解释现实世界的神奇。他们记录下自己的想法，并在遭受质疑时勇敢加以捍卫。数学不仅是人类处理日常工作的一种方法，也是一种思维方式。

成功有效地解题须具备两个基本要素：有趣且具有挑战性的问题和积极的氛围。

实际问题

波利亚(Polya, 1962:117)被公认为"现代问题解决之父"。1962年他对直接运

---

① 获得美国数学教师协会的允许摘自2000年的《数学教学专业标准》。

用已知材料和解决实际问题进行了区分。他写道：

有问题意味着：有意识地采取一些恰当的举措以实现一个明确却不能轻易完成的目标。

另一位作者对定义中"寻求问题解决方案"做了更详细的阐释。问题应：①能被学习者发现并感知；②能引起他解决的兴趣；③在他看来是可解的。儿童需要解题方面的实践，而不是记住教师教授的解题方法。最好的问题应来源于儿童的天性而设立，如恐龙或是日常生活中的问题，如在商店买东西。以儿童文学与音乐为主题能够增强问题的趣味性。

问题的选择

应用题分为闭合式（一题单解）和开放式（一题多解）。例如：

闭合式　胡安妮塔每周收到 2 美元津贴。她能得到的最少硬币数目是多少？

开放式　胡安妮塔每周收到 2 美元津贴。她有几种方法能得到 2 美元？用硬币和纸票表示。

闭合式问题用一个算式表示，如 $8 \times 0.25 = 2.25$（美分）硬币对儿童似乎是最符合逻辑的答案，而 50 美分硬币流通不太广泛。开放式问题借图表和表格来展示不同的解决方案。这两种问题都给儿童提供了宝贵的学习机会。

教师提出问题的答案既可以是一个大致的答案，也可以是一个确切的答案。

大致的答案　你和哥哥去看电影，票价为 5 美元。你想买一些爆米花、糖果和苏打水。每份食物约 2 美元。在柜台购买完你想买的东西，然后计算这次看电影的成本。

确切的答案　约拿养了 3 只猫，又养了 2 只狗。他共饲养了多少只动物？

有些出题者设计的应用题条理清晰，儿童解题时可遵循其自然的叙述顺序。而另一些问题则叙述混乱，杂乱无序。

有序　玛丽亚在海滩上发现 6 枚贝壳，送给弟弟彼得 2 枚。玛丽亚还剩几枚？

无序　玛丽亚送给弟弟彼得 2 枚贝壳。如果她在沙滩上发现 6 枚，在送出 2 枚后还剩几枚？

有序　曼努埃尔有 1 个大盒子，里面装有 6 辆模型车。有 4 个小盒子，每个小盒子装 2 辆模型车。曼努埃尔共有多少辆模型车？

无序　1 个大盒子可装 6 辆模型车，一个小盒子可装 2 辆模型车。曼努埃尔有 1 个大盒子和 4 个小盒子。曼努埃尔共有多少辆模型车？

教师为儿童选择具有挑战性的问题。在一个结构不够紧凑的故事里增添额外的要素,或叙述时杂乱无章,会对儿童造成不必要的负担。儿童都希望能一直坚持,成功解题,并分享自己的答案,但造成困惑的元素会分散解决问题带来的乐趣。

亨布里(Hembree, 1992)发现很多研究结果都支持用图片来充分阐释问题(图10-1)。

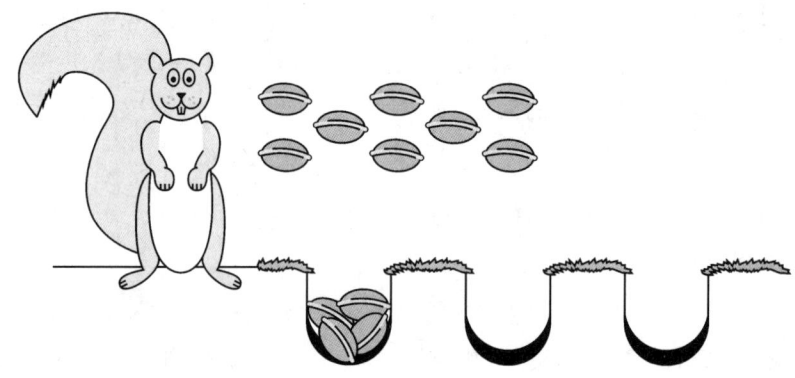

图10-1 一只松鼠挖了3个洞。它在每个洞里埋了4颗松子,它一共埋了多少颗松子?

要选择那些可以用各种方法解决的问题:用脑运算(心算),纸笔算或计算器算。二年级学生用脑进行5美分和10美分的加法运算。但要想算出总的杂货清单,他们须求助计算器。过度使用纸笔算会削弱数学逻辑思维能。"我知道了!我用脑子算出来了。"纸笔算也限制了运算数目的大小和运算的复杂程度。使用计算器能让儿童统观整道应用题,而不是只记得确切数字。现代会计师依赖电脑、计算器和大脑来完成审计工作。如果成人能把现有电子工具与逻辑思维相结合,那么儿童同样能受益于这些资源。(记住:不用脑,计算机也无法运行)

当然,教师选择有趣的问题时也不是一成不变。就像女人并不只负责采购而男人只负责换煤气和割草。对家庭文化习俗的敏锐把握能帮助教师作出明智的选择。比如对于那些节日大餐吃香芋派或者根本不吃节日晚餐的儿童来说,关于感恩节吃南瓜派的应用题就很陌生。

提出问题:认知性指导教学

最后,教师应决定如何提出问题。应该大声读出问题吗?儿童应该读出问题吗?用图片和脚本有帮助吗?故事应该如何陈述清楚呢?

认知性指导教学理论(CGI)(Carpenter, Fennema, Franke, Levi & Empson, 1999; Peterson, Fennema, & Carpenter, 1989)指导教师如何对儿童数学思维建立一个整体理解。研究结果显示,运用本章后面介绍的四步策略,儿童能完成大多数有关整数的应用题。此外,教师提出探索性问题后能延伸和扩展问题的答案。

课堂上教师要尽量多遍朗读原题。即使题目已印发下来,放在儿童的眼前,他们仍会专心听题。花片、方块等教具应放置在儿童拿得到的地方。儿童用他们想得到的方式解决问题,并讨论自己的想法。

波利亚(Polya,1962)四步解题法符合认知性指导教学理论。

积极的环境

解题应具备积极的环境因素,而现在的课堂环境却缺失了这些因素。理想的环境是随时解决遇到的问题,而不是在章节结束时才提出问题。教师应给予儿童足够的时间解题。也许一组儿童一天只能解决一个问题,或花费许多天才能找到答案。善于思考的教师能接受与众不同的答案,并鼓励儿童尝试用各种方法解题。一个"正确的方式"并不能取代其他的思维方式(Franke,Carey,1997)。教师应鼓励儿童谈论解题过程,而不仅仅是答案。教师可以提出许多问题:

1. 你是怎么想的?
2. 她的解决方案好吗?
3. 有没有不同的方式?
4. 听听他的想法。

分级评核包括过程和结果。课堂上分组合作,避免错误发生。但有时儿童要独立思考问题。思考是个人经历,任何人都不应剥夺这个宝贵的机会。

最后,教师应充分理解问题的分类,类型,数学运算和加减法规则。这类宝贵的背景知识使教师对自己的数学课程充满信心。现在很多教科书不能为教师提供足够的背景知识,也不能为儿童提供有趣的体验机会,无法将他们培养成卓越的解题能手。许多教师参加进修班或研讨以提升自身的能力,增设一些对儿童而言具有挑战性的课程主题。

总体策略

解题最通用的策略是波利亚(Polya,1962)的四步法:

1. 理解问题。
2. 制订计划。
3. 执行计划。
4. 整体回顾。

采用四步解题法进行教学可以帮儿童增加成功机会，尤其是小学高年级儿童（Hembree，1992）。儿童着手解决力所能及的问题时会自然遵循从 1 到 3 的步骤。教师在课堂活动中引导儿童用数学思维思考步骤 4，其中包括分享解题策略和周密思考开放式的问题。以下关于儿童如何解应用题的部分就围绕这四个步骤。

第 1 步：理解问题

儿童会要求教师将整个问题重复多遍，或大声重复重要信息："我有 5 辆车……我的哥哥们给我多少？"当儿童错误理解某条信息时，教师可引导儿童准确理解。例如，一个二年级课堂正在讨论这个问题：

你放学后有 2 个朋友来访。妈妈给你 5 块饼干。怎样分配才能让你和朋友们得到的饼干一样多？

一名儿童在作业本上画了 4 个人。教师注意到了错误。她给该儿童 1 盒小玩偶。"哪个玩偶代表你？哪两个玩偶代表你的两个朋友？有多少人能得到饼干？"于是，这个孩子擦掉了一个人。

教师发给儿童每人 5 块纸饼干，儿童遵循下列步骤用各种方法解题。

第 2 步：制订计划

即使没有接受过任何正规教育，儿童仍会采取很多策略。从某种意义上说，他们行为任性，不遵循步骤。在认知性指导教学理论中，这些早期策略分为三类（Carpenter, Carey & Kouba, 1990；Carpenter, Fennema, Franke, Levi, & Empson, 1999；Carpenter, & Moser, 1984）：

1. 直接建模：直接数物体或扳手指来计算整个问题。从一开始计数。
2. 计数策略：以问题某部分为起点，从那个数开始正数或倒数。
3. 给数字编号：使用"派生数字"或易记住的数字来解题。

如果有花片，大多数儿童进入一年级时都有能力解决简单的加减法应用题。没受过正式的加减法教育，他们会直接利用模型解以下问题：

1. 杰纳有 5 支蜡笔。她的姐姐送给她 2 支。杰纳现在共有几支蜡笔？
2. 罗伊有 3 辆玩具车。他送给埃尔南德斯 1 辆。罗伊还剩几辆玩具车？
3. 彼得太太有 3 支黄色铅笔和 2 支白色铅笔。她共有几支铅笔？

花片或基十方块模型（十个方块连成一条）能帮助儿童解决两位数的简单问题。例如：

杰纳有 25 支蜡笔。她姐姐送给她 12 支。杰纳共有多少蜡笔？

数字的大小不影响策略的选择，否则就需要改变策略。数 25 个花片代替 25 支蜡笔会像用 5 个花片代替 5 支蜡笔一样准确。但是如果不用花片,解决两位数的题目就需要采用更复杂的计算方法(Carpenter & Moser,1984)。

花片有助于解决简单的"比较问题"。例如:

玛丽亚有 7 个苹果。何塞有 4 个苹果。玛丽亚比何塞多几个苹果?

7−4=□ 或者 4+□=7

处理这类问题时,儿童往往会把两组公式相对比,计算出多余的苹果。像从 1 开始数和数出所有的苹果这样的简单计数技巧已经不能得出结果。

一年级儿童会从直接建模和从 1 计数策略过渡到其他更复杂的计算策略。有些儿童会从最大数字开始数,但多数儿童会从第一个提及的数字开始,不论大小。从一个给定的数开始接着数比倒数更受欢迎(Carpenter & Moser,1984)。以下解决方案正是运用了计数策略:

曼纽尔有 7 辆卡车。佩德罗又送给曼纽尔一些。现在曼纽尔有 12 辆卡车。佩德罗送给曼纽尔多少辆卡车?

7+□=12

儿童会说:"让我想想。曼纽尔已经有 7 辆卡车。现在他有 12 辆,7,8,9,10,11,12(伸出 5 根手指)。"他高兴地回答:"5。"在计数策略中儿童会以记住的一个数字为基础,开始正数或倒数。

一年级儿童逐渐学会给数字编号,包括"派生数字"。这些派生数字是已知数字的特殊组合,如某数的两倍再加上某数等于 10,然后再正数和倒数。12−7=?答案可能是"我知道,6+6=12,所以 12−6=6。但 7 比 6 多 1,所以答案是 5,因为我要再减 1。"

另一个例子是:"9+7=?"一个孩子思考着:"10 比 9 多 1,所以我从 7 减 1,放在 9。然后 10+6=16。"另一个孩子持不同看法:"我知道 7+7=14,9−7=2。因此,我从 9 中拿掉 2,将它添加到 14 上,得 16。"当教师听到这些五花八门的算法,也许会认为只有非常聪明的儿童才能想得到。实际上,如果教师让儿童畅谈各自的想法,他们会很喜欢运用已有的数字知识解释自己的运算方法。许多幼儿教师都未注意到这个关键阶段。当这些技巧与儿童已有的知识相结合时,死记硬背的数学知识就能够被灵活运用了。

如第一章指出,多项研究表明,女孩倾向于使用花片或者熟记的已知知识来解题。男生更倾向使用"派生数字"或心算。(Carr & Jessup,1997;Carr,Jessup & Fuller,1999;Fennerna,Carpenter,Jacobs,Franke,& Levi,1998)此外,一项研究表明"女孩在检索教学和明显策略中收获不多"。(Carr,Jessup & Fuller,1999:42)这些差异的存在有待进一步研究。

◎ **用图表直接教学**

小学教科书经常试图"教授"一些解题策略,如画画,猜测,检查,寻找模式,或演示。在所有的建议中,从小学到大学似乎只有一种解题方法可直接用于教学:直接图表培训(Hembree & Marsh, 1993; Shigematsu & Sowder, 1994)。教师经常建议儿童"画一幅画",然而,如果不辅以模型教学,取得的效果不佳。图表解题包括带括弧的简单图画,带括弧的方框,抽象的线条。以下就是用图表解答应用题的例子(图10-2):

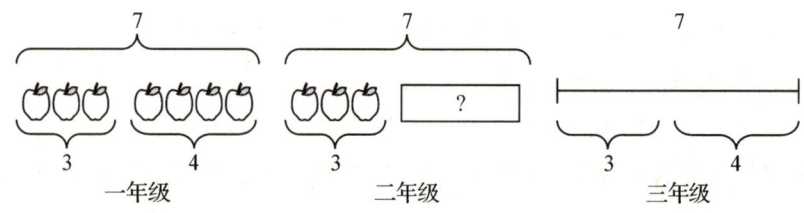

图10-2 画线段图,一至三年级

詹妮弗有3个苹果。艾米给了她一些苹果。现在她有7个苹果。艾米给了她多少苹果?

日本教科书中使用线段、数字以及常规图表,图表中有数字标记。而且书中介绍了各种问题的类型(Shigematsu & Sowder, 1994)。美国大多数教科书却没有明确使用图表解题,儿童也接触不到数列的问题,因此教师必须担起这一职责。

总之,当执行第2步制订计划时,大多数儿童使用直接建模、正数或派生数字等策略。学习绘制简单的图表可以提高他们的解题能力。面对新情况时,儿童会像成人一样改变策略,如猜测、检查和反复试验。反复试验直至成功的做法是解决任何问题都需经历的步骤。教师应鼓励儿童勇于尝试,创造一种安全有利的环境,但无需明确地将这种方法作为一种策略传授给儿童。

第3步:执行计划

第3步儿童选择策略以解题。许多教师要求儿童写下自己的策略。有时儿童忙于执行一项策略以致忘记了所处的阶段。

让我们回到二年级课堂,要求3个人分5块饼干。有些儿童有条不紊地把每块饼干切成大小相等的两小块。一堆纸饼干堆在他们的课桌上。最后似乎只剩下分发饼干的工作了。教师在整个过程中给予指导,让儿童把切分的饼干"分发"给作业本上相应的人,当切分的饼干数不能正好等分给相应的人数时,教师指导儿童下一步该怎么做。教师说:"你能做些什么?你还剩一片吧?"尽管有些儿童会把剩余的这片送给"爸爸","狗狗",让人高兴的是,有些儿童会将剩余的一片切成更小的三片。题目的要求是将分好的纸饼干贴在作业本上,但解完这道题产生了很多小纸片,所以教师要帮助儿童将小纸片还原为原来的大小。

一些儿童在执行计划过程中有时会感到灰心,很想放弃。如果他们花了时间却得不出答案,往往就会将问题搁置一旁。有时他们也会和别人一起重温问题,或询问他人的解题思路。一个新的开始会为儿童解挑战性问题带来新的见解。

通常,应用题是用数学符号语言的文字来表达。对儿童来说,要记录自己的思考过程是一项额外的挑战。他们会忘记步骤,也不喜欢写下想法。许多儿童不能合理利用整张纸的空间来解题。他们会把所有的事物画在一个角落,不能融入画面。例如,要求一个一年级儿童画三碟纽扣,每碟有 7 颗红色纽扣。这样的情况也会发生,代表"碟子"的圈太小,不能容纳代表纽扣的 7 个小圆圈。如果教师提前考虑第 3 步,就会帮助儿童排除这些障碍。他们会把纸折叠成三等份,为画圈预留空间,或让儿童用拳头做模型,画拳头一样大的圆圈。儿童很享受解题的过程,但完成这一步需要耐心,讲究灵活性和创造性,只有这样才能让所有儿童获得成功。由于某些儿童或合作小组能提前完成,他们需要另一些扩展其思维的独立工作。

第 4 步:整体回顾

在这一阶段,优秀教师抽出时间让儿童分享成果。儿童充满好奇和创造力,他们往往能用许多不同的方法来解决一个简单的问题。教师聆听每个解决方案,指导儿童互相倾听对方的方案。儿童往往渴望分享他们的想法,其他人发言时会迫不及待说出自己的想法。教师要鼓励男孩女孩都参与发言,这个问题早已讨论过。此外,内向的儿童会保留自己重要的见解,往往被外向的儿童所压制,所以教师需要格外注意这些儿童。此外,教师还需格外关注那些很难用语言表达自己想法的儿童。总之,教师需要了解全班儿童的解题思路。

尽管直接建模比派生数字简单,但也无须特意说明一种方法比另一种"好"。如果一个儿童给出了错误的答案,听了其他同学解释后,他会改变主意。例如,如果约翰回答错误,教师可以评论:"约翰是这么想的。有人跟他想法相同吗?谁有不同想法?"数学讨论和数学练习是幼儿课堂的基本活动。通过听取他人的答案,儿童会对解题有新的认识。儿童有时想说但表达不清,他们需要时间组织语言,并得到教师的支持,即使最终的结果仍是让成年人难以理解。即使某些教师经验丰富,对于儿童给出的许多口头或书面的解决方案,也会感到莫大的惊喜,这些反馈正是教导儿童的乐趣。

教师的认知背景：问题的分类

许多教师认为题目分两类。一类问题是儿童将两数相加求和。例如："杜威有6条金鱼。他的叔叔送给他4条。杜威有多少条金鱼？"（6+4=___）另一类问题是儿童将两数相减：马里奥有7张棒球卡。他送给弟弟1张。他还剩多少张棒球卡？（7-1=___）很多数学研究者认为分类远不止这一种。某本教科书中写道：只有在真实世界中才会使用加法，即将两个集合合并，这类似于杜威的金鱼问题（Kennedy & Tipps, 1994）。还有人认为减法发生在以下四种情况。最常见的一类是带走问题，像马里奥问题。第二类是比较问题，通常要求儿童比较两个集合的大小。例如，"12个人喜欢巧克力冰淇淋，其他9人喜欢香草冰淇淋。喜欢巧克力冰淇淋的人数比喜欢香草冰淇淋的人数多多少？"第三类是完成问题。使用减法找到缺少的数目。例如，"仔内特有3顶贝雷帽。她的姐姐给了她一些贝雷帽。现在，她有7顶贝雷帽。姐姐给了妹妹多少顶？"部分教科书称此为"缺失加数"。第四类是全部—部分—部分。这是在整个集合中找到子集合的大小。"埃德娜阿姨种了12支郁金香。5支红色，其余是黄色的。黄色的郁金香有多少支？"我们知道整体（12支郁金香）和一个部分的大小（5支红色郁金香），求另一部分的大小。

另一本教科书使用了类似的问题分类，但增加了第五类加减法，称为增量问题。这些问题涉及测量沙、水或温度的连续量。儿童不能通过数数直接弄清楚离散对象。第十三章会对这类问题进一步讨论。

另一种看待问题分类的方式已成为深入研究儿童加减法思考的基础。来自威斯康星大学麦迪逊分校的早期研究专注于11种问题分类，其分类依据有别于本节所介绍的分类方法，思路有所不同。成年人在解决很多问题时会用减法，但是儿童只会用从1开始数或接着数的方法来解题。实际上儿童使用的正是加法。这11种问题分类的使用也鼓励儿童学习数学家们运用的标准（规范）算式（Bebout, 1990）。如果教师研究了所有的11种类型，就能够更有信心地进行小学数学的教学。此外，一些研究显示，儿童的成绩也能更上一层楼。（Petersor, Fennema, & Carpenter, 1989）

此方法使用四个基本分类：

1. 联合（3种）。
2. 分离（3种）。
3. 分—分—总（2种）。
4. 比较（3种）。

联合问题涉及数字结合，或把一系列动作相加。分离问题就是在一连串动作发生后"带走"或移走对象。三种分离问题的差异在于未知数或方格所在的位置。注意下列两表的平行结构：

行为	联合——结果未知	联合——变化未知	联合——开始未知
最终集合增加	扎德有4块积木,德瑞娜又送他3块,扎德总共有多少块积木? 4＋3＝□	扎德有4块积木,德瑞娜又送给他一些,现在扎德有7块积木。德瑞娜送给他几块积木? 4＋□＝7	扎德有一些积木,德瑞娜又送他3块,现在扎德有7块积木。扎德原来有几块积木? □＋3＝7

行为	分离——结果未知	分离——变化未知	分离——开始未知
初始集合减少	扎德有7块积木,他送给德瑞娜4块,扎德还剩几块积木? 7－4＝□	扎德有7块积木,他送了一些给德瑞娜,自己还剩3块,扎德送了多少块积木给德瑞娜? 7－□＝3	扎德有一些积木,他送给德瑞娜4块,自己还剩3块,扎德原来有几块积木? □－4＝3

问题中行动的顺序决定了方格的位置。这种方法大大不同于许多数学教师之前掌握的知识。教师会混淆数字的性质,如交换律(3＋2＝2＋3),不能用标准方法写出相匹配的算式。

在分—分—总问题中没有行为发生。问题包括已知两个子集求全集,或已知一个子集和全集,求另一个的子集。分—分—总问题只有两种类型。

行为	分—分—总问题——整体未知	分—分—总问题——部分未知
无	扎德有4块红色积木和3块蓝色积木,问扎德共有几块积木? 4＋3＝□	扎德有7块积木,4块是红色的,其余是蓝色的,问蓝色的积木有几块? 4＋□＝7　7－4＝□

部分未知问题中,两种算式在数学上都是标准方法。因为没有行为发生,顺序变化不会造成差异。

最后一类是比较问题。儿童审视两个集合之间的关系,辨别问题种类,要求用图表解释。哪个多？哪个少？多多少？少多少？这类问题引出更复杂的问题,根据已知的一个集和相关信息,重建另一个集。

我有12支铅笔,你比我多4支。我算出你有16支铅笔。我知道我的整个集(12),你额外的铅笔数(4),所以你必须有我的12支铅笔和另外的4支,即16支铅笔。

另一种我有12支铅笔,我比你多3支。你必须有9支铅笔。我知道我的总集

(12)，额外的铅笔数(3)，所以我重建了你的集合。

行为	比较问题——差异未知	比较问题——数量未知	比较问题——参照物未知
无	扎德有7块积木，德瑞娜有4块。扎德比德瑞娜多几块积木？ $7-4=\square$ 或 $4+\square=7$	扎德有4块积木，德瑞娜比扎德多3块，德瑞娜有多少块积木？ $4+3=\square$	扎德有7块积木，他比德瑞娜多3块，问德瑞娜有几块积木？ $7-3=\square$ 或 $\square+3=7$

教师学会识别这些问题分类，利用儿童主题和儿童文学编写例题。研究表明，教师研究各种问题分类，积极应用于日常生活，能帮助儿童在解题和计算两方面取得好成绩。多元文化的儿童文学是应用题的故事来源，《好书，好数学》(*Good Books, Good Math*)就是其中一本。他们根据11种格式类型编写问题。小学数学教科书逐步将更多的分类纳入其中。经验丰富的教师根据需要编写应用题。

另一项研究(Bebout，1990)指出，一年级儿童能根据问题类型的不同，写出方格位置正确的算式。不论前期测试的成绩如何，经过五周的直接辅导，儿童都能成功地写出算式。有些儿童甚至能融会贯通，解决最难的方格引导算式的问题。

所有类型的问题难易程度不同。运用这些问题分类写算式的教师很容易知道比较问题较难求解，而方格，作为句中第一集合的题型最难求解(联合一开始未知，以及分离一开始未知)。

当教师评估儿童的能力时，他们会将儿童能够求解的各种问题和解题方法绘成图表。想要了解儿童使用的策略，最好的办法是询问他们解题时的思路。儿童使用直接建模、计数还是派生数字策略呢？题型和策略的复杂程度为小学教师规划未来提供一个有力的评估指南。

运算法则

除问题分类外，教师还需要了解加减法的数学性质。运算规则规定了加减符号的使用原则。加法是一个二元运算。两个("二")数字结合成一个数字。加法的特性包含交换律、结合律、相等传递性和单位元素。幼儿会不自觉地使用这些特性。小学高年级儿童会解释这些特性，并用教具和算式进行演算。成年人听说过这些规则，但却记不清它们的含义。

数学特性	单位元素：
	0是加法的单位元素；$a+0=a$；$0+a=a$
儿童使用单位元素	如果我有100 000 000顶帽子，加上0，我仍旧有100 000 000

	顶帽子。
数学特性	加法交换律：
	两个数相加，交换加数的位置，和不变。
	例如：整数 a 和 b，$a+b=b+a$
儿童使用加法交换律	我知道 $8+5=13$，运用交换律 $5+8=13$，我学习了数字。
数学特性	加法结合律：
	三个数相加，先把前两个数相加，或者先把后两个数相加，和不变。$(a+b)+c=a+(b+c)$
儿童使用加法结合律	$6+8=?$ 我知道 $6+6=12$，$6+2=8$，从 8 中拿走 2 让入 12 中，结果是 14。儿童把派生数字知识和加法结合律相融合。$6+8=6+6+2=14$。他们知道可以把两个数相加，然后再加上第三个数，得到结果。
数学特性	相等传递性：
	任意两个数相加，如果它们的和相等，则每对加数也相等。如果 $a+b=c$，$d+e=f$，且 $c=f$，则 $a+b=d+e$。例如 $5+2=4+3$。
儿童使用相等传递性	两个数相加，和为 6 的方法有很多种：$4+2$，$5+1$，$6+0$，$3+3$。

减法的单位元素是 0。有两种方法证明 0 在减法的算式中所起的作用。$7-0=7$，$7-7=0$ 两种方式儿童都需要实践。如果我有 7 块糖，我不吃，我仍旧有 7 块。又如，我有 7 块糖，我全部吃光，我就有 0 块糖。0 在减法算式中起双重作用。

帮助儿童自己设计问题

儿童喜欢设计和分享自己的故事。一般来说，他们写的问题是他们可以求解的。一个儿童写道：两个玩具分别花费 10 美分和 15 美分，共要花多少钱？同一班级的另一个儿童写道：因为半价，足够的硬币（37 美分）能买回原价是 60 美分的玩具。有时儿童尝试运用较大数字，或编造一个复杂的情节，使原本的问题失去焦点。教师应引导儿童思考：把问题的哪部分混淆或忽视了。其他儿童在求解一道编写不合理的问题时，他们会充当编辑，帮助理顺这个难题。

刚开始儿童需要一个数学模型和一种记录自己发现的方法。例如：

幼儿园　　儿童用盘秤称各种水果（苹果、香蕉、橘子、葡萄、柚子）的重量。每样水果的重量是恐龙形花片的"很多倍"。儿童用不同的花片计算东西的重量,如用泰迪熊花片计算梨子的重量,用木制方块计算订书钉的重量。他们编写一个问题,画图,解决。

一年级　关于存钱罐的数学,教师每天在透明"存钱罐"中放一枚硬币。教师做示范:"当我去商店……"或"当我去了集市……"儿童把他们每天接触的钱数编写到题目中。

二年级　教师给儿童读德克鲁斯写的《十个黑点》(*Ten Black Dots*)。每一页的图片都会比前一页的图片多一个黑点。课堂成员可任意挑选一页作为主题。他们写道:"如果班上每个人用3个黑点画一幅画,教师需要购买多少个黑点?"

三年级　教师给儿童读《漂亮的老鼠》(*The Nice Mice*)(R. Irons, 1995)。老鼠妈妈有3个孩子,所以他们要共享很多东西。有一页讲到小老鼠们要分9件衬衣;另一页上,他们要分12块蛋糕。儿童编写问题时假设的条件是:人数要比食物数少,或者动物数要比食物数或巢穴数少。

儿童喜欢使用记录纸(或数学杂志参赛表格),这种纸带横格线的部分用来写故事,空白部分用来画图和计算答案,另一部分用来解释方法。纸张背面用于记录"更多想法"。聆听其他儿童的解题思路后,他们能拓宽自己的思路。

有时,儿童会对记录故事或其他问题感到厌烦。儿童在课堂讨论环节花费的精力过多,会感觉问题已经得以解决。但是数学写作是一种深思的过程,是解释和捍卫自己观点的手段。如果教师鼓励儿童在完成任务前与小组同学讨论,他们会有更深入的理解。此外,并非每一个问题都需要记录下来。问题的多样性是激发儿童解题的动力,能让他们更注重细节。编写优秀题目的典范可以分享给校长或父母等权威人物,或者张贴于教室或走廊的公告栏展示。公开的认可和鼓励能激发不愿写作的儿童新一轮的创作热情。

利用儿童的已知知识学习数学

一年级下学期到二年级末这段期间是儿童利用已知知识学习数学的黄金时期。大多数家长、学校董事会和NCTM课程标准认为:训练儿童进行20以内的运算能帮助儿童高效地使用数学符号。然而,各人实现目标的速度存在很大差异,一味追求速度实际上会妨碍儿童进步。教师必须根据普遍认可的学习进程记录个人的实际进展。

儿童开始会通过直接建模,逐个数物品的方法学习数学。他们把集合相加或相减。然后他们逐渐学习用计数策略解题,记住其中一个数字,接着数其余部分。例如8,9,10,11。他们对拆分后重组数字越来越熟练,运用5的倍数,10的倍数和双数

来计算。显然他们已经能够利用这些技能,解决下面的数列:

1. 数字加上 1,2 或 0。
2. 双数运算 3+3,4+4 等等。
3. 相加,和为 10 的数字 9+1,8+2 等等。
4. 相似的双数运算 6+6=12,6+7 比它多 1,得 13。
5. 与 9 建立联系的数字 10+5=15,9+5 比它少 1,得 14。
6. 数字加上 3。
7. 最后 5 个组合(7+4,7+5,8+4,8+5,8+6)。

这些序列与艾萨克斯和卡若尔(Isaacs & Carroll,1999)在数学研究中发现的序列相似。另一种有用的方法是用三角抽认卡表示加减法之间的自然关系(图 10-3)。

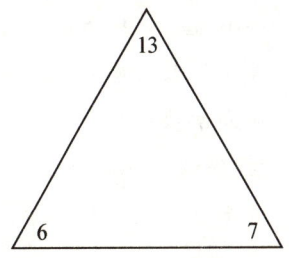

图 10-3 三角形卡片

当你盖住顶上一角,该卡可用作加法,把两个数相加等于总和。当你盖住任意底角可作减法运算,已知整个集合和一个子集,求另一子集。

教师必须记住,学习基本数字必须根据每个儿童的个人情况调整进度。否则,儿童会有挫败感,会胡乱猜测。如果每个儿童都有一套与其实际水平相符的卡片在手,那么练习才会有意义。花少许时间集中训练会产生良好的效果。我们的目标是用大脑而非用手指或花片进行熟练运算。高效运算需要儿童脱口就能说出数字,成为一种有用的解题工具。儿童对基本运算日益精通,能够很容易从 6+3 过渡到 16+3。加入 10,5 和 2 的倍数变成更大的数字,通过实践使速算(Skip Counting)变得更容易。

对一年级和四年级学生的研究数据表明:"一年级学生知识的差异在于他们对和的掌握。"研究人员表示在一、二年级重点强调加法的学习是明智之本。儿童熟练掌握加法以后,就可以学习减法。利用数学抽认卡熟练掌握加法后,可以用来进一步学习减法。

此外,学习数字不同于我们用于计算的成人算法。成人会用从右到左的纵向格式进行计算。理解位值含义的儿童通常使用不同的格式。他们的办法在第七章已有介绍。

综　述

儿童有能力运用各种策略解决多个复杂问题。他们喜欢求解具有挑战性的题目。他们热情地分享各自的解决方案,并制造一些教师闻所未闻的思维方式。解题课程的目标远不只是利用教具开展课程,寓教于乐,它应促进儿童的批判性思维,推动儿童数学能力的发现。

设定的数学游戏

盖子里的水滴

适合年龄:3—4岁

所需物品:滴管,番茄酱和色拉酱的瓶盖,纸巾,有色的水,报纸。

每个儿童分一根滴管和几个小盖子。教师把旧报纸和纸巾摊在桌上,并给每个儿童发一个盛水的小容器。教师要求儿童用水装满所有的盖子,但不能让水漫过盖子。儿童制订计划并阐释问题解决的方法。先装哪个盖子?到什么程度停止?如果儿童装满溢出,要重新提供纸。

变化:对于较大儿童,教师给每个儿童一枚硬币。儿童要想法数清楚硬币上水滴的数量。

NCTM 焦点:幼儿园学龄前,第三焦点

NCTM 过程标准:解题,沟通

NCTM 内容标准:测量

设定的数学游戏

我们最喜欢的食物的书

适合年龄:5—6岁

所需物品:不少于100张的记录纸(用于画和写自己喜爱的食物),蜡笔,记号笔,铅笔。

在读完凯萨兹(K. Kasza)的《狼大叔的红焖鸡》(*The Wolf's Chicken Stew*)后,全班决定编一本厚书。狼喜欢数字100,因此该书将有100页。儿童要考虑每个人必须完成多少页才能达到这个目标。儿童在每页上用图画和文字描述自己最喜欢的食物,而年龄较大的儿童描述100项物品。如需进一步了解和解释,请参见"'炖菜的'美味艺术"(Scrumptious Activities in the "stew")(Schneider, 1995)。

NCTM 焦点:一年级,第一焦点

NCTM 过程标准:解题,沟通,表达

NCTM 内容标准:数字和运算

设定的数学游戏

骰子的点数

适合年龄:5—6岁

所需物品:一对骰子,记录纸。

教师问:"一对骰子上有多少点?"儿童讨论"一对"的概念。每个儿童先单独完成作业,然后与小组同学或全班同学共商解决方案。教师鼓励儿童用图画来展示作业,或写下他们所使用的策略。

NCTM焦点:一年级,第一焦点

NCTM过程标准:解题,沟通,表达

NCTM内容标准:数字和运算

设定的数学游戏

时间比较:出生日期

适合年龄:7—9岁

班级每个成员写出自己出生的年月日和时间点。不记得具体时间段的儿童可以选择信息(通常是年月日)。儿童要考虑如何组织信息,描绘这些数据。儿童用图表显示数据,然后得出结论。有些教师发现两个儿童在同一天同一家医院出生或日期前后相差一天。注意:心细的教师会观察,当难以确定背景信息时,他们可以选择其他活动。如家庭成员的人数。

NCTM焦点:一年级,第一焦点

NCTM过程标准:解题,沟通,联系,表达

NCTM内容标准:数据分析和概率

实地调查:临床日志或数学日记

访谈、评估和记录:一年级数学非正式评估

所需物品:附录J评估表,一副牌(拿掉人头牌,A相当于1),积木或花片,纸笔。

在学年期中或期末采访一名一年级儿童或在新学年初采访一名二年级儿童。按表格内容进行直到儿童表现出挫败感。儿童在数字排序部分踌躇不前时可随时暂停。继续双数部分。继续单人战争。在单人战争游戏环节,一旦观察出儿童的解题方法即可停止。这样评估人就节省了时间。继续双人战争游戏部分。如果儿童无论如何都求不出两张卡的总和,请停止。然后继续应用题部分。

应用题按难易程度排序,不需要全部完成。儿童踌躇不前时可以停下。表格最后为任选性应用题。这样可保证儿童成功完成问卷评估。整个过程需要 20 到 30 分钟。

注:在单人战争或双人战争中,两名学生可能得分相同。为打破平局,单人战争中每个人再翻 1 张卡。数字大的人赢得全部 4 张卡。双人战争中,每个人再多翻两张卡并相加求和。数字大的人赢得全部 8 张卡。

更多活动和研究问题

1. 回顾本章提到的 11 类题型。选择一本儿童最喜欢的书,用书中人物和情节,根据每种类型分别编写例子。

2. 参观当地图书馆,阅读所收藏的小学数学教科书(有师资认证课程的高校图书馆收藏了教学媒体)。制作一个一至三年级题型的图表,看一看缺少哪种题型,评估各套丛书对整体解题能力有多大的促进作用。解释所选分析标准。

3. 选择一本儿童喜欢的读物,开展一项与文字描述搭配的解题活动。写一个段文字或一篇日记记下你的想法。

相关的儿童文学

Berg, O. S. (1971). *I've got your number, John*. New York: Holt, Rinehart & Winston.

Chwast, S. (1993). *The twelve circus rings*. San Diego: Harcourt Brace Jovanovich.

Crews, D. (1986). *Ten black dots*. New York: Greenwillow Books.

Haskins, J. (1987). *Count your way through China*. Minneapolis, MN: Carolrhoda Books.

Irons, C. (1990). *The pirate's gold*. Crystal Lake, IL: Mimosa.

Irons, R. (1955). *The nice mice*. Crystal Lake, IL: Rigby.

Kasza, K. (1996). *The wolf's chicken stew*. New York: Putnam.

Pinczes, E. (1999). *One hundred angry ants*. Boston: Houghton Mifflin.

Rylant, C. (1993). *Mr. Grigg's work*. New York: (Scholastic).

Sharmat, M. W. (1992). *The 329th friend*. New York: Four Winds Press.

Srivastava, J. J. (1979). *Number families*. New York: Thomas Y. Crowell.

Walsh, E. (1995). *Mouse count*. Orlando, FL: Voyager Books.

尤其适合女孩的书:

DiSalvo-Ryan, D. (1994). *City green*. New York: Morrow Junior Books.

Isaacs, A. (1994). *Swamp angel*. New York: Dutton Children's Books.

Jackson, E. B. (1994). *Cinder Edna*. New York: Lothrop, Lee & Shephard Books.

Martin, R. (1992). *Rough faced girl*. New York: Scholastic.

Mills, L. A. (1991). *The rag coat*. Boston: Little, Brown.

Louie, A., & Young, E. (1982). *Yen Shen*; a Cinderella story from China. New York: Philomel Books.

与科技的联系

教师用网页:课程计划,活动,主题和有用提示

1. www.LessonPlansPage.com

该网站包含根据主题范围和年级划分的很多课程。例如简单的加法童谣和一系列七巧板课程。

2. www.preschooleeducation.com

该网站包含丰富的主题、文献综述和早教中心的理念。帮助教师开展数学、音乐、烹饪、戏剧表演、圆圈时间(circle time)及更多其他活动。

儿童用软件

1. Combining and Breaking Apart Numbers. (1998). Sunburst Communications, New York, NY.

推荐给一到二年级儿童使用。该软件激发儿童涉及多种加数组合的解题技巧。例如:把34条沙丁鱼放入2个罐头里,请问有几种不同的方法?

2. Easy Street. (1998). Mindplay, Tucson, AZ.

推荐给4至7岁儿童使用。该软件用购物旅行的方式培养儿童的阅读能力和数学技巧。

3. Fizz & Martina's Math Adventures. (1998). Tom Snyder Productions, Fairfield, NJ.

推荐给一至六年级儿童使用。应用题和视频短片能吸引儿童的注意力,将数学应用以一种实用的方式展示给儿童,帮助他们解题。动机系统激发对课程的兴趣。

4. Thinkin' Things Collection I. (1995). Redmond, WA: Edmark.

推荐给学龄前到四年级儿童使用。该软件通过音乐和艺术,使儿童有机会进行创造性思维,让儿童用逻辑解决各种各样视听难题和数学问题。

参考文献

Bebout, H. C. (1990). Children's symbolic representation of addition and subtraction word problems. *Journal for Research in Mathematics Education*, 21, 123-131.

Carpenter, T. P., Carey, D., & Kouba, U. (1990). A problem solving approach to the operations. In J. N. Payne (Ed.), *Mathematics for the young child*. (pp. 111-131). Reston, VA: NCTM.

Carpenter, T. P., Fennema, E., Peterson, P. L., Chiang, C. P., & Loef, M. (1989). Using knowledge of children's mathematics thinking in classroom teaching: An experimental study. *America Educational Research Journal*, 26, 499-532.

Carpenter, T. P., & Moser, J. M. (1983). The acquisition of addition and subtraction concepts. In R. Lesh & M. Landau (Eds.), *The acquisition of mathematical concepts and processes* (pp. 7-44). New York: Academic Press.

Carpenter, T. P., & Moser, J. M. (1984). The acquisition of addition and subtraction concepts in grades one through three. *Journal for Research in Mathematics Education*, 15, 179-202.

Carpenter, T. P., Fennema, E., Franke, M. L., Levi, L., & Empson, S. B. (1999). *Children's mathematics: Cognitively guided instruction*. Portsmouth, NH: Heinemann.

Carr, M., & Jessup, D. L. (1997). Gender differences in first grade mathematics strategy use: Social and metacognitive influences. *Journal of Educational Psychology*, 89, 318-328.

Carr, M., Jessup, D. L., & Fuller, D. (1999). Gender differences in first-grade mathematics strategy use: Parent and teacher contributions. *Journal for Research in Mathematics Education*, 30, 20-46.

Edwards, E. (Ed.). (1980). *The agenda for action*. Reston, VA: NCTM.

Fennema, E., Carpenter, T. P., Jacobs, V. R., Franke, M. L., & Levi, L. W. (1998). Gender differences in mathematical thinking. *Educational Researcher*, 27(5), 6-11.

Franke, M., & Carey, D. A. (1997). Young children's perception of mathematics in problem solving environments. *Journal for Research in Mathematics Education*, 28, 8-25.

Hembree, R. (1992). Experiments and relational studies in problem solving: A meta-analysis. *Journal for Research in Mathematics Education*, 23, 242–273.

Hembree, R., & Marsh, H. (1993). Problem solving in early childhood: Building foundations. In R. J. Jensen (Ed.), *Research ideas for the classroom: Early childhood mathematics* (pp. 151–170). New York: Macmillan.

Issacs, A. C., & Carroll, W. M. (1999). Strategies for basic-fact instruction. *Teaching Children Mathematics*, 5, 508–515.

Jenkins, M., Lehmann, L., Maas, J., Wells, K., & Wood, P. (1991). *Good books, good math*. Madison, WI: Madison Metropolitan School District.

Kamii, C., & Lewis, B. A. (2003). Single-digit subtraction with fluency. *Teaching Children Mathematics*, 10, 230–236.

Kennedy, L. M., & Tipps, S. (1994). *Guiding children's learning of mathematics* (7th ed.). Belmont, CA: Wadsworth.

Leutzinger, L. P. (1999). Developing thinking strategies for addition facts. Teaching thinking strategies for addition facts. *Teaching Children Mathematics*, 6, 14–18.

National Council for Teachers of Mathematics (NCTM). (2000). *Principles and standards for school mathematics*. Reston, VA: Author.

Peterson, P., Fennema, E., & Carpenter, T. (1989). Using knowledge of how students think about mathematics. *Educational Leadership*, 46(4) 42–46.

Polya, G. (1962). *Mathematical discovery*. Volume 1. New York: Wiley.

Schneider, S. (1995). Scrumptious activities in the "stew." *Teaching Children Mathematics*, 1, 548–552.

Shigematsu, K., & Sowder, L. (1994). Drawings for story problems: Practices in Japan and the United States. *Arithmetic Teacher*, 41, 544–547.

Swenson, E. J. (1994). How much real problem solving? *Arithmetic Teacher*, 41, 400–403.

Thorton, C. A. (1990). Strategies for the basic facts. In J. P. Paine (Ed.), *Mathematics for the young child*. Reston, VA: NCTM.

Troutman, A., & Lichtenberg, B. K. (1991). *Mathematics a good beginning: Strategies for teaching children*. Pacific Grove, CA: Brooks/Cole.

第十一章

解题
——乘法和除法

学前班的儿童有能力理解等分的概念,即把一个整体分成相等的份数。这种逻辑思维似乎不依赖于儿童的计数能力(Pepper & Hunting,1998)。一个经典的等分问题要求儿童:把 9 块饼干分给 3 个孩子。一个学前班的儿童给每个玩偶一人一块饼干后,问自己是否可以吃掉剩下的饼干。成人告诉她:玩偶"特别饿",而且向她保证完成任务后她一定能吃上饼干,于是她接着给每个玩偶分发饼干,直到分完为止。

在巴克斯夫人的课堂上,三年级的学生正在聚精会神地听着《剩余一个》(A Remainder of One)(Pinczes,1995)中可怜的乔的故事。乔是一只小甲虫士兵,它所在的队伍由 25 只甲虫组成。当队伍排成 2 列、3 列和 4 列时,它总是多余的一个。它想了很久,在队伍排成 5 列后,它终于不再不合群了。教师讲完故事问道:

为什么队伍排成 2 列时乔是多余的一个呢?一些儿童开始绘画甲虫的图形,另一些则开始数贴在课桌上的百数表。他们同时数 2 列,略过 10,又跳过 2,数到 12,发现 25 的地方还需要 1 才能凑齐。有些儿童知道 12+12=24,所以会剩余一只甲虫。有些儿童画圈代表士兵,而有些儿童拿走 20(10 +10),还有些儿童拿走 5(5 不能被平分)。全班的儿童分享各自的答案,并继续讨论这一问题。

在日常生活中儿童的许多体验涉及分配或分组。比如:教练给每队安排相同数量的球员。比赛结束后,大家出去吃比萨饼。教师向每个儿童收取实地考察的费用。如果每个儿童都出一份钱,教师必须计算总金额。在社会研究中,教科书用图片资料介绍有关人口和主要农作物的知识。图片中,一个人就代表一定数量的若干人。从幼儿园起,许多儿童能自然地用自己的方式解决乘除法问题。通常乘法的符号语言从二年级末或三年级初开始正式使用。除法运算紧接其后,除法对高年级学生往往也是一个挑战。出现这种现象可能是由于早期乘除法的准备不充分。

定义

乘法是已知两因数求积的运算:因数×因数＝积。除法是已知积和一个因数,求另一个因数:被除数÷除数＝商……余数。加减法涉及一对一的对应关系。乘除法变为一对多的对应关系。

乘除法的准备

对幼儿来说,最初的一个挑战理解集合或组的概念。数学中3＋2就是三个物品和两个物品相结合。分组问题中,3×2意味着包含一对二的关系。例如,盒子里有2块饼干。有3个盒子或者说3组2块饼干。

儿童会从给很多物品(纽扣或贝壳)分类的经历获益。他们会谈论某个组,然后给这个组规定一定的数量。他们说:"我有一堆红色纽扣,共有6颗。"为进一步拓展这个思路,儿童收集包含多个相同部分的物品的图片。例如,儿童从杂志上剪下3张汽车图片。每辆车有4个轮子,3辆汽车有12个轮子。一个小盒子里有8支蜡笔或每盒8支。儿童粘上2个盒子,2盒共有16支蜡笔。

另一项建立在儿童对计数热情上的活动是跳着数。许多幼儿园的儿童会从1开始数,也会以10的倍数跳着数。一年级儿童则会以2或5的倍数跳着数。在报时或进行乘除法运算时,5的倍数非常有用。有些儿童会把2的倍数翻番,即以4的倍数计数(Kouba & Franklin, 1993)。

区分矩形与非矩形为解决乘法问题做好准备。浴室的瓷砖是很好的教具。每个矩形只有四个直角,如图11-1。

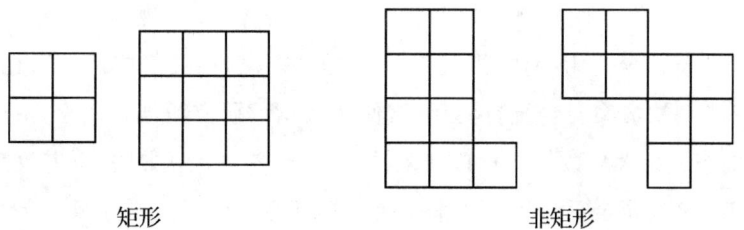

矩形　　　　　　　非矩形

图11-1　矩形和非矩形

儿童把能想到的矩形画在一张 1 英寸的图纸上。矩形练习为以后的列阵、行列与相似图表的学习做铺垫。

儿童天生的策略

在乘除法问题的解题策略上,儿童似乎经历着与加减法相同的发展阶段。

1. 直接建模:儿童使用花片来解释问题。他们数花片的数量,最后得出答案。
2. 计数策略:儿童运用跳着数的策略,或跳着数与从头开始数相结合的策略。
3. 派生数字:儿童以已知的乘法数字为起点,得出未知的数字。
4. 标准数学数字:儿童能高效地运用数字,也能理解特定数字与问题相结合的情况(Anghileri, 1989)。

下面的例子是儿童各阶段的思路。具体问题是:

每个袋子里有 7 个苹果,6 个袋子中共有多少个苹果?

1. 直接建模:儿童数出一组 7 个花片,接着又数出另一组 7 个花片,直到数出 6 组。最后把所有花片加在一起,得到"42"。

下面是一个儿童在各个阶段的思维表现。问题是这样的:

每个口袋里有 7 个苹果,6 个口袋里共有多少个苹果?

2. 计数策略:儿童首先思考已知数字 7,14,21,28,然后用手指继续数出 7 的倍数,29,30,31,32,33,34,35,一直数到 42。
3. 派生数字:我知道 7×5=35,再多 7,得到 42。
4. 标准数学数字:我知道 7×6=42,如果一个口袋里有 7 个苹果,6 个口袋里就是 42 个。

儿童如何直接对各种简单的问题进行建模,个体儿童之间存在细微的差异。这些差异将在下一节解释。卡朋特(Carpenter)和同事(1993:380)发现:"在他们的研究中除少数特例外,幼儿园的儿童能成功地使用直接建模策略解决多种乘除法问题(Anghileri, 1989; Carpenter, Ansell, Franke, Fennema, & Weisbeck, 1993; Carpenter, Fenerna, Franke, Levi, Empson, 1999; Kouba, 1989)。

在对 90 名儿童(8~0 岁和 11~10 岁)的研究中,安吉莱里(Anghileri, 1989:380)发现:"儿童很少使用乘法,即使对较大儿童来说,当只需应用一个已知数就能得出更经济的解决方案时,他们仍会继续使用数型。"研究所涉及的全部问题均不大于 5×4 的积。绝大多数的儿童首选建模,计数或其他计算方法(派生数字)。90 名儿童中只有 6 名儿童全部运用乘法来解决六项任务。尝试用数字解决问题的儿童,教师称为"中上等"。安吉莱里(Anghileri, 1989:383)还发现:

"中等"儿童在 79% 的问题上利用材料进行计算和建模。对"中下等"的儿童来说,直接建模是最常用的方法,在成功完成的任务中占到 44%。

只有 7 个儿童运用同样的策略来解所有问题。根据他们看待问题的方式,儿童运用各种方法。接下来将介绍儿童对乘除法题型的认识。

教师认知背景:问题的分类

教师通过研究各种使用乘除法运算的题型,获得良多收益。多数研究者会把问题分成两大类(Kouba & Franklin, 1993)。

1. 不对称:问题中的数字不能互换。应用题中的各元素有其各自的作用,儿童能够很清楚地模仿。

   a. 分组情况:2 箱,每箱 6 罐子;而不是 6 箱,每箱 2 个罐子。
   b. 比率情况:5 支 3 美分的铅笔,而不是 3 支 5 美分的铅笔。
   c. 比较情况:兔妈妈(4 磅)的重量是兔宝宝的 3 倍,而不是兔宝宝的重量是兔妈妈的 3 倍。

2. 对称:题目中的数字可以互换。出于实际的目的,哪个数字是乘数并不重要。这些问题往往加入图表、列阵和面积模型作为插图。

   a. 面积。虽然我们经常说长度是较长的一边,而宽度是较短的一边,其实两边的作用相似:长×宽=宽×长。
   b. 选择(也称为组合或笛卡儿积)。计算三明治的组合:3 种面包(白,小麦,黑麦)和 4 种馅料(奶酪,花生酱,含牛猪肉的熏制粗香肠,鲔鱼)。我们可以把每种面包和 4 种面包馅搭配或把每种馅和 3 种面包搭配。

划分类型的另一种方法是根据问题的具体情况和儿童在解题时使用的策略。这种分析是第十章中描述的加减法的拓展。亨德里克森(Hendrickson, 1986)将其概括为四大类:

1. 变化问题。
2. 比较问题。
3. 比率问题。
4. 选择问题。

在每一大类中,根据不同的未知变量,又划分出具体的子类型。幼儿教师必须熟悉各种类型,及其难易程度,以及儿童如何努力解题。有些问题明显比其他类型容易。教师评估儿童能够求解的问题种类和求解策略的混合使用。这些类型的命名由于研究者不同而略有不同。本书选择每大类最常见的命名,类似的名称会出现在文本中。

变化问题

故事:布伦丹有 4 箱罐子,每箱有 6 个罐子。他共有 24 个罐子。

根据这些信息,我们可以转换为三种应用题。

1. 重复相加:布伦丹有 4 箱罐子,每箱有 6 个罐子。布伦丹共有多少个罐子?

儿童一般用模型计算问题:先数出 6 罐作为一组,然后依次数出 4 组,最后将所有罐子相加,$6+6+6+6=24$。

运用计数策略的儿童跳着数 6 的倍数,他们用手指,木模芯盒定位标记或点头记录盒子的数量 6—12—18—24。

2. 反复相减:布伦丹有 24 罐。他把每 6 罐放进一个箱子。他能装满多少个箱子?

儿童一般数出 24 罐,然后数出单位 6 的组数。如果手头有箱子或盘子,他们会把罐子直接放进去,然后清点箱子数或盘子的个数。

3. 等分除法:布伦丹有 24 罐,分别放进 4 个箱子里,每箱的数量相同。每箱有多少罐?

这类问题中儿童可以数出罐子的总数。不过他们不能通过计数来分组。研究者介绍了两种方法。一种方法:儿童先数出 24 罐。然后猜测答案。"也许每箱有 5 个罐子。"他们给每组分 5 个罐子,但仍有罐子剩下。他们又给每组多分一个罐子,直到分完,最后答案是每箱 6 个罐子。这种方法叫做"系统性反复尝试"。

另一种解决策略是把 24 罐逐个地"分为"4 组,可借助箱子或盘子帮助一些儿童分组。儿童分配完所有的罐子,然后数每个箱子中罐子的数量。

有些儿童使用跳着数 6—12—18—24,在数到总和 24 的时候停下来。有些儿童也会运用"派生数字"策略进行思考:$6+6=12,12+12=24$,答案是 4 个 6 组。

这三种变化问题虽然对小学适龄儿童是挑战,但却是他们能够掌握的。他们喜欢尝试用自己的思维方式解题。但以下三类乘除法题目种类对他们来说是更大的挑战。除去涉及钱的比率问题,解这些问题需要仔细了解题目的含义和信息概念化的方式。

比较问题

在加减法中,"比较问题"经常会这样表述:"多多少"或"少多少"。在乘除法中,则表述为"多几倍"或"是几倍"。

加减法比较问题:塞西尔有 12 支铅笔,玛丽有 3 支,塞西尔比玛丽多多少支铅笔?

乘除法问题:塞西尔的铅笔数是玛丽的 4 倍,玛丽有 3 支,塞西尔有多少支铅笔?"几倍多"这样的词让儿童无从下手,不能建模解决问题。

当儿童将信息分类时,另一个难题又出现了。例如:

舞会上男孩是女孩的3倍。如果男孩有12名,舞会上女孩有多少名?

有时,儿童会画12个男孩和1个女孩来模拟这种情况。不用这种方式,他们很难理解问题,因此,无法解题。根据集合和所问问题种类之间的关系,亨德里克森(Hendrickson,1986)列出了八个不同的比较问题的子类型。这些问题似乎更适合高年级儿童。

比率问题

比率问题运用的是比率或两个变量间的相互关系。易于理解的比率问题包括金钱(每条口香糖花费5美分)和日常发生的事情(猫每天吃2杯猫粮)。许多问题都可以用花片或跳着计数来解决。如果儿童不理解两个变量间的关系,解决问题就会遇到困难,如:英里/小时,英尺/秒,千瓦时/美分,磅/美元。成年人每天都在使用预设的利率,如时薪(每个小时的报酬),而儿童也许不能准确理解题目的内容。所以对小学适龄儿童来说,给他们提供数字,要求他们计算比率,非常困难。例如:海伦花12.95美元买了8.5磅鸡肉。每磅多少钱?无法理解比率的儿童往往会把数字代入记得的公式中。

练习称食物的重量,如称出一磅重的鸡肉,可以帮助儿童理解一只鸡是由许多磅鸡肉组成。鸡肉的价格是磅数乘以单价。当已知总重量和总金额时这一过程可以反过来计算。

选择问题

选择问题也称为组合问题或笛卡儿积。这些情况是搭配物品以找到所有可能的分组方式。例如,"我有4件罩衫和3条裤子。有多少种搭配方法?"选择日常生活中出现的组合,如订一份三明治或比萨。

排列好的数据组需要某种方式进行检验,矩阵或树型图能提供有效的直观图表。对儿童来说,选择问题很难。

儿童必须认识到:黄裙子与蓝罩衫搭配不同于黄罩衫与蓝裙子的搭配。此外,儿童很难记录下全套服装。他们只作出几种选择,就觉得已经足够了。

恩格列斯(English,1992)发现,当上下半身的颜色调换,四五岁的儿童区分不出蓝罩衫和黄裙子的图案。她观察到:4到12岁儿童用自粘上衣和裤子打扮在胶合板上做成的小熊。一些4岁儿童只选裤子,因为他们认为天气太炎热,小熊只需要穿裤子。7岁以上的儿童开始发明方法来记录各种搭配方式。其策略的有效监控有助于成功解决问题。教师不妨对准备接受挑战的小学适龄儿童进行类似小熊问题的尝试。

余数

反复的减或等分除法等题型需要讨论余数的问题。在某些问题中,商没有含义。例如:

足球队有 26 个球员。教练招募一些面包车司机把队员送至下一场比赛的赛场。每辆面包车能坐 6 人。共需要司机多少名?

答案是 5 个司机,因为剩余的两个人不能只坐三分之一辆面包车。有时分数部分会起作用。为了把 5 块全麦饼干片分给 3 个人,儿童把一整块饼干分成若干份,这完全符合逻辑。

在更复杂的问题中,余数就是问题的答案:

足球教练有 8 个球,足球队有 26 名儿童。第一场练习,每 3 人一组,每组发一个球。有多少儿童将无法参与第一场练习?

当然,很多时候儿童会忽视余数部分。在分饼干的问题上,一些儿童会把额外的饼干送给"爸爸或小狗"。

插图

如问题所需,儿童常常画图以表达分组情况。如果题目是有关鱼缸中的金鱼的,他们会画出鱼缸和金鱼。乘除法的表达方式包括线段图、数组、图表、配对、矩阵、树型图(图 11-2 至 11-6)。一些儿童在解题时会主动使用插图。另一些儿童需要契机亲身体验这些形象的插图如何有助于他们开展思考。

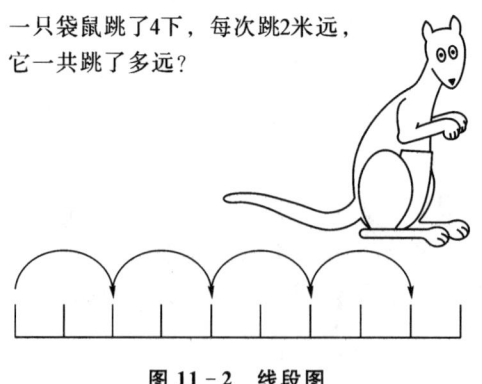

图 11-2　线段图

教室里有5排桌子，每排6张，教室里共有多少张桌子？

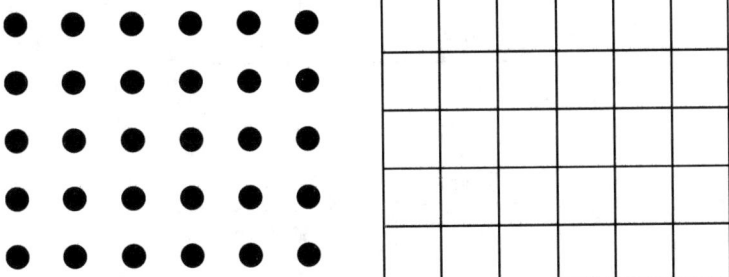

图 11-3 教室里桌子的阵列

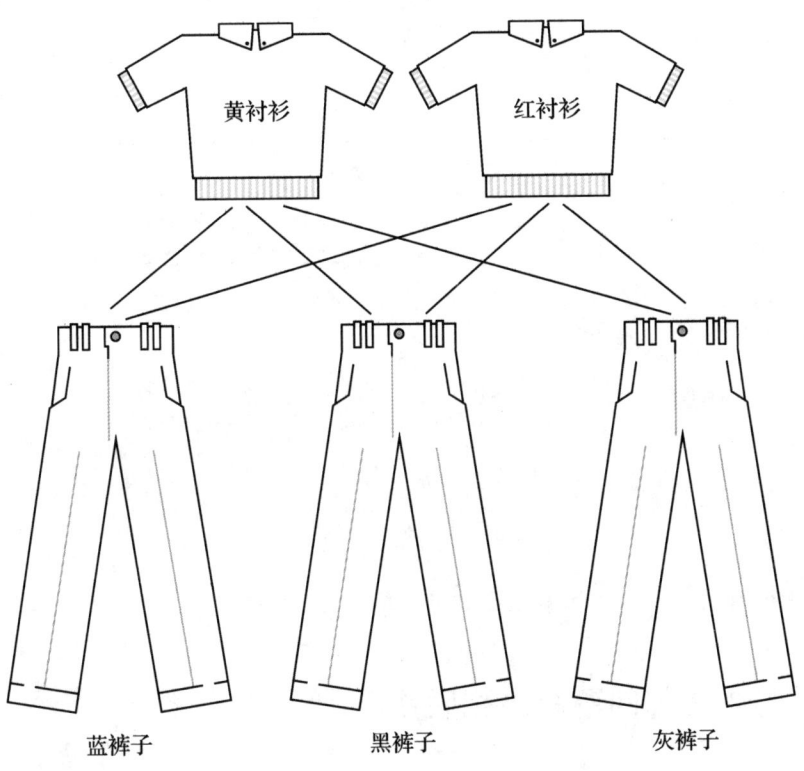

图 11-4 搭配

下面是图 11-4 所展现的问题（答案见图 11-5 的矩阵所示）：

约翰有一件黄衬衫和一件红衬衫,还有蓝裤子、黑裤子和灰裤子,他有多少种搭配方式?

衬衫	裤子
黄衬衫	蓝裤子
黄衬衫	黑裤子
黄衬衫	灰裤子
红衬衫	蓝裤子
红衬衫	黑裤子
红衬衫	灰裤子

	1.黄衬衫	2.红衬衫
A. 蓝裤子	A,1	A,2
B. 黑裤子	B,1	B,2
C. 灰裤子	C,1	C,2

图 11-5 矩阵

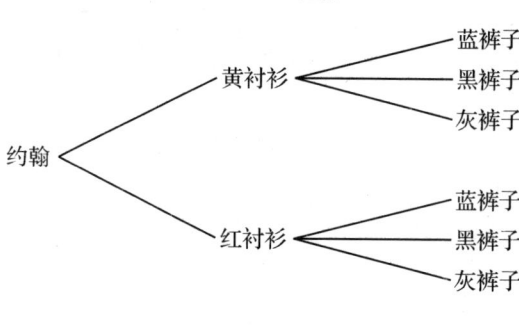

图 11-6 树形图

上面所有的图示方法都给儿童呈现了乘除法的思考方式。

符号表达与问题解决相联系

在能够写出抽象算式之前,儿童已经能够解决很多问题了。儿童逐渐学会把图片表达与算式相结合。

玛丽莲·彭斯(Marilyn Burns,1991)提出用"圆圈和星星"的游戏来将符号表达和解题相联系。每个儿童都有一本 7 张空白页的小册子。当轮到某个儿童时,他/她摇一次骰子。骰子上的数字表示圆圈的数量(4 = 4 个圈)。接着这个儿童再摇一次,骰子上的数字代表星星的数量(3 = 3 颗星),于是儿童写出 3 个 4 组,4×3= 12。儿童注意到 3×4 的图片不同于 4×3 的图片,但星星的数量却是相同的,于是理解了交换律。

作者也曾训练儿童把糖果装进糖果盒,让他们写出发现报告,以探索 0 到 99 的乘法图表。用这些方法,儿童有很多机会可以有效地学习乘除法。

儿童可运用基十积木和垫子来学习早期的两数相乘法。过程类似于反复相加,使用较大的数字。如第九章所述,该方法适用于一位数到两位数的学习。

运算法则

除了问题的种类外,教师还需要了解乘除法的定理。乘法定理有交换律、结合律、分配律和单位元素。零在乘除法中有特殊作用。

数学定理　　单位元素:乘除法的单位元素是 1。$1×a=a;a×1=a;a÷1=a$。

儿童的应用　　被 1 乘或除,积不变。$6×1=6;6÷1=6$。

数学定理　　乘法交换律:交换两个因数的位置,积不变。$4×8=32;8×4=32$。

儿童的应用　　$8×5=40,5×8=40$,可以通过矩形图来证明。

数学定理　　乘法结合律:三个数相乘,先把前两个数相乘,或先把后两个数相乘,积不变。$a×(b×c)=(a×b)×c$。

儿童的应用　　如果一个盒子的容量是 2 cm×4 cm×10 cm,那么先把 2 cm×4 cm=8 cm²,然后 8 cm²×10 cm=80 cm³;或者我先把 4 cm×10 cm=40 cm²,然后 40 cm²×2 cm=80 cm³。

数学定理　　乘法分配律:两个数相加(或相减)再乘另一个数,等于把这个数分别同两个加数(减数)相乘,再把两个积相加(相减),得数不变。$a×(b+c)=(a×b)+(a×c)$。

儿童的应用　　要求 6×43,可以这样思考:$6×40=240,6×3=18,240+18=258$。

零的作用

零在乘除法中作用特殊:$a×0=0,0×a=0$。在乘法中,你会遇到这样的问题:

有 3 个盘子,每个盘中都没有豆子,请问一共有多少豆子?算式是:$3×0=0$,所以豆子数为 0。另一个例子:

去牙医琼斯的诊所体检的孩子每人能得到 2 个玩具。星期一共有 4 个孩子去了琼斯的诊所。琼斯应给出多少个玩具?算式 $4×2=8$,琼斯应给 8 个玩具。

星期二没有孩子去琼斯的诊所。琼斯应给出多少个玩具?算式 $0×2=0$,琼斯不需要给玩具。

在除法中零的作用也不同于其他数字。没有数字能被 0 分（0 不能做除数），0 也不可能被其他的数字分：$0÷a=0$，任何数字都可以是 a，所以 a 不止一种可能。这违背了结果唯一性的运算规则。

帮助儿童设计问题

儿童设计问题时可以参考几个常规的主题，教师可以把它们融入教学之中。

分组情境

轮子/自行车	鸡蛋/篮子或鸡窝
汽车/车棚	零食/儿童
银器/人	鱼/鱼缸
花/花瓶	蜡烛/盒子
豆子/杯子	铅笔/铅笔盒
气球/小丑	公交车/儿童

分格情境

切片蛋糕/人	浴室地板/面积
窗户/窗格	

选择情境

冰淇淋/甜筒	配料/比萨
霜状白糖/蛋糕	馅儿/三明治面包
上衣/裤子/衬衫	

儿童在写问题前，希望通过利用实用材料、画图或图表等方法直接模拟问题。与伙伴、小组或全班同学分享问题能拓展儿童的能力，让他们更清晰地解释答案并捍卫它。整个过程尽管很费时间，但每个儿童的批判性思维能得到升华，并且有所收获。

学习乘法

三年级的儿童已经能掌握简单的 2，5，10 倍数的乘法表，接着学习 3 的倍数。"Buzz"的圆圈游戏是 8 个儿童站成一个圆圈。第一个儿童说 1，第二个说 2，第三个说"Buzz"。每到 3 的倍数就说"Buzz"，直到数到 30，然后再从 1 开始。如果一个儿童在 3 或 3 的倍数没有说"Buzz"，那他/她就被淘汰。最后剩下的儿童就是胜利者。

为继续学习数字，卡密和安德森（Kamii, Anderson, 2003）介绍了七种不同的游戏，有助于儿童到三年级学期末掌握乘法速算。游戏从初级开始，只使用一组数字如 4 的倍数。然后引入多组数字，可以利用乘法表。最终，速度成为了高级游戏的关键因素。下面有三个例子。

1. Rio：玩家人数为 3。

所需物品：写有某一数字倍数（4，8，12）的一堆卡片，每个儿童 5 张透明的塑料片，一个刻有 1—10 的骰子或陀螺。

玩法：一名儿童摇动骰子，得到的数字做一个因数，另一个因数是 4（如果按照已准备的数字卡片）。4 乘以 12 得 48。孩子用透明塑料片盖住 48，现在她只剩下 4 张透明塑料片。如果另一名儿童摇骰子得到 8，他用塑料片代替 48 上原有的那个数字。所有塑料片用完，游戏结束。

2. Salute：玩家人数为 3。

所需物品：一副从 A 到 5 的扑克牌。王牌为 1。

玩法：这个乘法游戏涉及一名庄家和两名玩家。庄家给两名玩家一人发一张牌。玩家把牌贴在额头上，他们能看到对方的牌，但看不到自己的牌。庄家说出两张牌所乘的积。（注：庄家需要一张乘法表来计算因数之积）第一个说出自己手中牌面点数（因数）的人得两张牌。打平的规则由团队自行决定。

3. 乘法战争：玩家人数为 2。

所需物品：一副或两副从 A 到 5 的扑克牌，A 代表 1，扑克牌可以不连贯。

玩法：把扑克牌分给玩家，每个玩家抽 2 张牌，然后把 2 张牌的数字相乘得到积。积较大的一方获胜。如果打成平手，可重新抽 2 张牌，获胜的一方得 4 张牌。

学年末，三年级儿童可尝试"打败教师"。这个激发儿童积极性的活动鼓励儿童提高效率和速度（Kamii & Anderson，2003）。

另一个受欢迎的游戏是乘法宾果游戏。见 201 页的格式和规则。

综 述

乘法和除法是数学运算，它激发幼儿园到小学高年级儿童的学习兴趣，给他们提供挑战。一名善于思考的教师会认识各种问题种类，并关注儿童处理问题的典型方法。这些情况在现实世界的应用比比皆是。这些机会给儿童提供了创意挑战并且可以拓展儿童的思维。不是所有种类的题目都适合幼儿，但许多问题相对较容易被幼儿接受，并给幼儿带来乐趣。乘除法的知识帮助教师广泛收集新方式以鼓励儿童解题。

设定的数学游戏

葡萄串

适合年龄:3—4 岁

所需物品:大串葡萄,剪刀,小纸盘,纸巾。

在点心时间,几个儿童在准备葡萄。洗完,擦干葡萄后,儿童把大串葡萄剪成四五颗的小串,放在盘子里。如果所有的盘子放满后还有多余的葡萄,可以再放一轮。

NCTM 焦点:幼儿园学龄前,第一焦点

NCTM 过程标准:解题,联系

NCTM 内容标准:数字和运算

设定的数学游戏

我的书

适合年龄:5—7 岁

所需物品:儿童人手一本附有空白页的书,杂志/园艺目录册,剪刀,胶水,蜡笔。

让儿童设计页面,用图画说明每个数字。例如,在关于 2 的页面上贴上人物的脸,说明人有 2 只眼睛;在 3 的页面上,贴上鲜花束,每束 3 朵鲜花;在 4 的页面上,贴上汽车的车轮,在 5 的页面贴上手套;在 6 的页面贴上苏打盒;等等。某些页面所需的东西要花时间去寻找。儿童可以根据提示的数字,把自己的照片用胶水贴在页面上。例如,"2 的物品"。

NCTM 焦点:幼儿园,第一焦点

NCTM 过程标准:解题,联系

NCTM 内容标准:数字和运算

设定的数学游戏

海滩场景

适合年龄:7—9 岁

所需物品:儿童人手一张大的空白绘画纸,铅笔,蜡笔。

儿童设计一幅图,图中正在进行各种户外活动的人们。全班儿童不妨集思广益:每张餐桌 6 个人,每张沙滩毯 2 个人,每个划艇 4 个人,每只帐篷 3 个人,或晾衣绳上挂着湿泳衣。每个儿童都参与画画、上色,并编写一个海滩场景的故事。

NCTM 焦点:一年级,第一焦点

NCTM 过程标准:解题,联系

NCTM 内容标准:数字和运算

> **设定的数学游戏**

乘法宾果游戏

适合年龄:8—10岁

所需物品:宾果游戏卡(见附录K),用以盖住卡片上方格的花片,写有乘法因数积的计数器,比如用不褪色的笔在青豆上写上4×1因数积,笔。

每个儿童填写自己的卡片。在B下面的方格中填上4,I下面填上5,N下面为6,依此类推O下面为8。以任意顺序在每一行填上数字的积(图11-7)。教师说出一道题如4×3,如果儿童在4的这一列中有12,那么就拿一片花片盖住12这个数字。无论行、列、交叉还是斜线,获胜者都是第一个把数字连成直线的人。

B	I	N	G	O
4	5	6	7	8
16	5	36	49	8
4	25	18	21	16
…	…	…	…	…

图 11-7

变化:该游戏的简单版本是运用数字2—6。教师也可以提前制作卡片。

B	I	N	G	O
2	3	4	5	6
10	12	4	45	36
4	9	32	35	18
…	…	…	…	…

图 11-8

NCTM 焦点:三年级,第一焦点
NCTM 过程标准:解题,联系
NCTM 内容标准:数字和运算

实地调查:临床日志或数学日记

面试、评估和记录:乘法战争

面试对象:8岁或9岁的儿童。

所需物品:纸牌游戏的材料(见199页),教师用记录纸,纸和铅笔,接龙方块,基十积木(或其他连锁积木),或能帮助儿童做乘法运算的物品,如棋盘格等。观察以下解决方案。

1. 儿童主动使用什么数字？

2. 他/她用手指或积木计数吗？

3. 他/她从 1 开始数吗？或从某个数字的倍数开始，然后再接着数吗？

写一份简短的报告。

更多活动和研究问题

1. 从儿童文学中选择一个主题，每个题型编写一个例子。编写三种变化问题：比较问题、比率问题和选择问题。准备与全班同学分享例子。

2. 用一系列的乘除法问题来评估大龄儿童的能力。记录他们解的题型种类和所用的四种策略。写篇短文描述你的发现。

相关的儿童文学

Anno, M., & Anno, M. (1983). *Anno's mysterious multiplying jar*. New York: Philomel Books.

Axelrod, A. (1994). *Pigs will be pigs*. New York: Four Winds Press.

Barry, D. (1994). *The rajah's rice: A mathematical folktale from India*. New York: W. H. Freeman.

Birch, D. (1988). *The king's chessboard*. New York: Dial Books for Young Readers.

Dee, R. (1988). *Two ways to count to ten*. New York: Holt.

Giganti, P., & Crews, D. (1992). *Each orange had 8 slices*. New York: Greenwillow.

Hong, L. (1992). *Two of everything*. Morton Grove, IL: Whitman.

Low, J. (1980). *Mice twice*. New York: Atheneum.

Schwartz, A. (1988). *Annabelle Swift, kindergartner*. New York: Orchard.

Walton, R. (1993). *How many how many how many*. Cambridge, MA: Candlewick.

 ## 与科技的联系

教师和儿童所用网页：课程计划，活动和游戏

1. www.mathcats.com

这是一个优秀的儿童网站。该网站包含很多互动性的数学试验，如多边形游乐场(Polygon Playground)、有数位值生日蛋糕的数位值派对(Place Value Party)和瓷砖岛上的方格小镇(Tessellation Town on Tile Island)。

2. www.dositey.com

该网站包含很多与乘法相关的课程计划和可打印的乘法表。该网站的游戏有很大价值。

儿童用软件

Mighty Math Carnival Countdown. (1997). Edmark, Redmond, WA.

推荐给幼儿园至二年级儿童使用。简笔小丑(snap clown)帮助儿童将一个数字分成相等的子集，为乘除法的学习奠定基础。该软件还包含其他有特色的活动：维恩图、数位值和数字符号识别。

参考文献

Anghileri, J. (1989). An investigation of young children's understanding of multiplication. *Educational Studies in Mathematics*, *20*, 367-385.

Burns, M. (1991). *Math by all means: Grade* 3. New Rochelle, NY: Cuisenaire.

Carpenter, T. P., Ansell, E., Franke, M. C., Fennema, E., & Weisbeck, L. (1993). Models of problem solving: A study of kindergarten children's problem-solving processes. *Journal for Research in Mathematics Education*, *24* (5), 427-440.

Carpenter, T. P., Fennema, E. Franke, M. L., Levi, L., & Empson, S. B. (1999). *Children's mathematics: Cognitively guided instruction*. Portsmouth, NH: Heinemann.

English, L. (1992). Problem solving with combinations. *Arithmetic Teacher*, *39*, 72-77.

Hendrickson, A. D. (1986). Verbal multiplication and division problems: Some difficulties and some solutions. *Arithmetic Teacher*, *34*, 26-33.

Kamii, C., & Anderson, C. (2003). Multiplication games: How we made and used them. *Teaching Children Mathematics*, 10, 135–141.

Kouba, V. L. (1989). Children's solution strategies for equivalent set multiplication and division word problems. *Journal for Research in Mathematics Education*, 20(2), 147–158.

Kouba, V. L., & Franklin, K. (1993). Multiplication and division: Sense making and meaning. In R. J. Jensen (Ed.), *Research Ideas for the classroom: Early childhood mathematics* (pp. 103–126). New York: Macmillan.

Pepper, K. L., & Hunting, R. P. (1998). Preschoolers' counting and sharing. *Journal for Research in Mathematics Education*, 29, 164–183.

Pinczes, E. J., & Mackain, B. (Illus.). (1995). *Remainder of one*. Boston: Houghton Mifflin.

第十二章

空间几何与几何形状

培养数学思维的重要手段之一是用几何增强空间感。只给出立方体一个侧面上的数字,要求"计算出立方体其他侧面上的数字",面对这样的任务即使许多成年人也会望而却步。令人安慰的是,视觉表象和空间能力可以通过实践得以提高(Del Grande, 1990;Yackel & Wheatley, 1990)。

根据 NCTM 标准(1989:49)空间感定义为:

空间感是人对环境和环境中物体的直观感觉。为了培养空间感,儿童必须亲身体验生活中的几何关系:方向,定位,空间物体的透视关系,形状,人和物的大小,以及形状变化与大小变化之间的关系。

儿童第一次理解几何是通过空间实物。婴儿从一个角度仰视妈妈的脸;躺在妈妈臂弯中时,又从另一个角度注视妈妈的脸;而坐在婴儿椅上观察的角度又不一样。脸不是人物的静态"照片",随着观察角度的不同,看到的"脸"也不尽相同。

成年人也会有同样的感觉:距离不同,感知的形状也不同。一位司机开车路过某条街道时,扫视到街区最后一栋房子。当车停在这栋房子前面时,又从另一个角度直视到房子。因为成年人已具备良好的透视能力,他们能将房子想象成没有变化的物体。

我们能够确定自身所在位置,并在"空间"中移动。婴儿伸手够盘中的拨浪鼓或爬上咖啡桌,沿着桌边爬行。成人不用看就能放心大胆地走在熟悉的楼梯上。但走在一节通向海滩的陌生台阶时,我们又会时刻留心脚下。一个足球运动员在球场内传球,同伴接住。两个舞者跨进一个拥挤的舞池,寻找空间移动舞步。一个少年在百货公司拿着一条牛仔裤询问大小。这些活动足以说明,人们的生活是与空间紧密相连的。

感知空间的第二种方式是了解物体间的相互关系或物体与环境的相互关系。两棵树之间的距离有多远?这段距离适合悬挂一张吊床吗?玩具能放得进鞋盒吗?由蓝、黄、绿色珠子组成的图案中,相邻的珠子是什么颜色?我们会根据事情的相互关系做判断。

请讨论下列问题:一个透明袋中能装多少只动物?针对3到4岁的私立学校和特殊学校的儿童,索菲亚问到:怎样才能在袋中放进更多的玩具?是小型小丑还是大型泰迪熊?(Sophian,2002)儿童一般会将大小和数量混淆,认为3个大型泰迪熊比6个小型小丑玩偶"多"。但只需经过6节课的培训,两组儿童都会改变想法,将注意力集中到数量而不是大小上。两组区别是:在解释结果的产生过程时,特殊学校的儿童明显更吃力。

儿童学习几何,首先接触到的是拓扑概念。拓扑学是几何学的一个分支,它研究物体受到挤压或拉伸而引起的数学性质的变化。例如,捏成球的橡皮泥也可以捏成蛇,拓扑学称为相等。但在刚体形状(欧几里得几何)中,就形成了两个不同的形状——球体和圆柱体。教师拿出一条皮筋,每隔一寸系上一颗彩色的珠子。拉伸皮筋然后恢复原状,皮筋的基本属性保持不变。莱卡泳衣弹性很好,在上面画上脸谱然后拉伸,会使图案扭曲甚至改变。所以利用旧游泳衣做成木偶可以给舞台表演增添趣味。

几何板和橡皮筋都是很有用的工具,而且同样的工具能组成许多不同的形状(图12-1)。

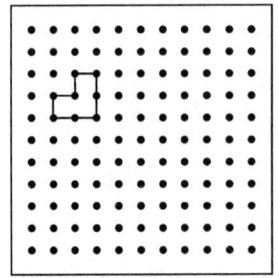 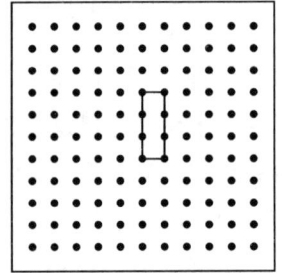

图12-1 几何板形状

拓扑是研究物体、方位或事件之间的关系,而不是研究绘画普通形状(圆形方形等)的能力。总之,儿童需要在各种空间中体验以获得拓扑经历,来发展空间能力。

大型空间　包括操场、田野、公园(配有健身设施供居民进行爬、荡、滑、转和跑等活动),体育馆要提供足够空间让人们进行跑步、球类等活动,还可以荡秋千或跳蹦床。

中型空间　包括房间或地板,儿童在足够空间中堆出比自己身高还高的积木,并在堆成的积木屋中穿梭。

小型空间　桌面大小的空间,儿童在足够空间中玩乐高、得宝等常规装配式玩具,或使用数学课程中的部分教具。这些玩具通常适合儿童的手掌大小。

学前班/幼儿园儿童的几何活动建立在四个基本的拓扑概念之上——邻近,分离,序和包围。一些重要概念要等到三年级左右才能被理解。

邻近涉及位置、方向和距离的相关问题。如"我/你在哪里?"(里—外,上—下,前—后)"哪种方式?"(朝—离,围绕—穿过,向前—向后)"在哪里?"(远—近,接近—远离)

分离指把一个整体看作由若干个体所组成。儿童把人物画成一个鸡蛋形状,添上眼睛、嘴巴和胳膊/腿。接着在躯干上添加手指和脚趾(Sanford & Zelman, 1981)。通过建模型、拼拼图、搭积木等活动,儿童渐渐形成部分与整体的概念。比如给玩具车贴车轮,给小熊穿毛衣戴帽子,建车库停卡车。在小学低年级,儿童应该能够将1 000个小方块抽象成一块积木,具备这种能力非常必要,它能帮助儿童利用此类教具了解数位值系统。

学习分离概念也有助于儿童理解界限。体育馆地板上画有黄线以划分空间。全班儿童站在黄线后面,等待教师发出起跑信号。一条河将商业区与邻居区分开。保姆会说:"待在铁轨这边。"

序指物体的顺序或事件发生的次序。我们常用两种方法来描述顺序:"开始到最后"或看倒过来,"最后到开始"。序也可以指设计模式或对物体所处空间作出安排,以达到赏心悦目的效果。儿童使用序数词第一、第二、第三之前,用图片卡确定顺序。颠倒顺序如倒数或复述上周发生的事件,对一年级学生来说是件难事。模式活动(第九章)和数字搭配活动(四点与数字4搭配,五点与数字5搭配)可以培养儿童的次序感。

包围指被周围物体围绕成框住。线条上某点被线条两端包围。三维空间中,篱笆圈住动物,带盖的筒装谷物。

虽然说包围指内容物,但准确来说在几何上是三维的。例如狗屋指狗生活的居所或空间(立方码/米);周长的边界或维度,墙面的测量,屋顶的测量;屋外的空间

（儿童玩耍的院子）。儿童往往会混淆面积和周长的概念。他们认为边界就是包围。模板活动能帮助儿童区分这三种不同的空间。儿童将猫的模板放在一张纸上，用笔沿着外围画一圈，然后给猫或背景上色（图12-2）。

图12-2 猫的模板

空间

在家和在学校的非正式学习

空间概念的发展是儿童自然成长的一部分。在大型空间中玩耍，安全地使用游乐场设备；在中型空间中创建物体，这些活动对儿童来说很重要。儿童不应该被拘禁于座椅上，护栏里和拥挤的小房间中。

如第四章所述，教师和看护者应鼓励儿童多使用位置词汇和方向词汇，从而发展邻近的概念。"我的椅子在墙边。""珠子掉到桌子底下。"跳棋等棋盘游戏鼓励儿童开展运动合理规划空间。

儿童在玩玩偶，穿套装，拼拼图，玩得宝和乐高，玩纸娃娃，或玩能够拆卸的模型时，自然而然就理解了分离概念中部分和整体的关系。儿童逐步能够分清物体的各个组成部分。例如，一把椅子有一个座位，四条腿，也许还有一个后背或两个扶手。

阅读儿童文学如《鬼怪密林》(*Hansel Gretel*)（Hansel & Gretel）能帮助儿童理解顺序。一系列事件按顺序发生，然后顺序又颠倒。许多经典读物如《好饿的毛毛虫》(*The Very Hungry Caterpillar*)（Carle，1981）都以时间作顺序。

为沙鼠和小鸟等小动物建造带有墙、门或屋顶的建筑，这样的活动涉及包围概念。教师可以问："鸟笼关了，以致潘妮（小鸟名）飞不出去吗？"为群居的动物建栅栏的活动也能帮助儿童更好地理解包围。再比如，带盖的广口瓶和有盖的盒子能装物品，盖子可以关上，也可以打开。

许多课堂活动能够强化几何的学习。儿童在体育馆上障碍课时,教师用拓扑语言对儿童下达一系列命令。让儿童在锯木架下爬行,匍匐穿过大箱子。名为Workmat Math(创意出版物)的商业化生产垫子是为直接教授数学语言而设计的。这些趣味场景适合幼儿园大班和一年级的儿童。花纹式动物拼图也适合。初级拼图上面印有动物各部分的图案,儿童将这些图案组成完整动物。高级拼图印有很多不同的组合。这些拼图能帮助儿童学习部分与整体的关系,进行创造性学习。

教师可以在课堂上有意识地强调顺序的概念。教师把一些硬币放进存钱罐时提问道:"哪枚硬币最后被放进去?"用碎布、花边或纱线做贴布画能训练儿童的均衡感,还能刺激儿童对贴布画的各种场景进行有趣的安排。

几何板、橡皮筋和点信纸等工具很有用处,它们能够帮助儿童探索形状的改变。利用几何板学习"封闭曲线",有助于发展视觉图像。封闭曲线指在同一点开始和结束的曲线。钥匙环必须封闭才能挂住钥匙。衣柜中的挂钩必须开放才能钩住大衣。

课堂游戏翻豆袋能帮助儿童理解包围的概念。袋子翻成内面还是外面,或叠成直角呢?最后,所有儿童都能从积木活动中受益无穷。积木活动是几何课程中不可或缺的一部分,任何人都不能错过。

空间关系评估

◎ **观察**

儿童是否能按指示操作,使用位置、顺序和距离词汇?儿童能否判断物体的完整性或者识别出缺失的部分?儿童能否描述一个物体的组成部分?例如:网球鞋由哪些部分组成?儿童能否用篱笆建一个封闭空间以便圈住动物?儿童能否使用"外面、里面或中间"这样的词汇?

◎ **访谈**

要求儿童描述一次课堂活动,如障碍课或模型课。除了顺序词,儿童应在6岁熟练掌握本章强调的所有概念和词汇。

◎ **表现评估**

年龄:6—7岁

所需物品:一个纸板做成的纸巾筒或装土豆条的容器,四种不同颜色的立方体或球,模式块(pattern blocks),动物形卡片,嵌入式人物图片,几何板和橡皮筋,信纸。

1. 将三种不同颜色的立方体放入容器。哪块会先出来?(相反的顺序)
2. 儿童能否找出嵌入的图片,例如隐藏在树叶中的鸟。①

---

① 一些有视觉观察障碍的儿童要高年级才能完成这些活动。

3. 儿童能否用多种方法覆盖动物造型。

4. 评估儿童是否可以从几何板复制一个图形到信纸上。

积木的艺术

1914 年以来积木已成为幼儿园教室中的传统玩具。积木是最具价值的自我学习工具之一。儿童用积木创造自己的世界,描述生活中重要的场景。积木的世界(积木角)将好奇心、想象力、表演游戏和几何融为一体。

积木的教学技巧很简单。首先,保证儿童有充足的积木可供使用。4 到 5 岁的儿童需要各种形状的积木:拱形、斜面、圆柱形及装饰用的木销。积木应存放在矮架上或堆放在低柜中。积木无须贴上"三角形"或"圆柱形"等标签。整体建筑才是关键。

如果存放积木的程序过于复杂,教师会不愿意让儿童经常使用积木。如果清理所需时间过长,也会阻碍儿童获得学习经验。积木可以挨着模型汽车、卡车、洋娃娃、玩偶存放。但如果发现儿童只会用积木搭建赛车轨道,就应暂时拿走这些赛车类玩具,并鼓励儿童构思其他积木造型。

只要不破坏他人的作品,不搭建有害造型("枪"),儿童可以天马行空,任意搭建。儿童会用积木搭建他们从周围和媒体上看到的东西。一些建筑似乎很暴力,因为他们在表达恐惧。教师应鼓励儿童陈述自己的设计。教师要仔细听,不要打断儿童的讲话。

常见的早期技能(2 到 3 岁)包括搬运、堆放和移动积木。儿童都希望能建搭一座跟自己一样高的塔。渐渐地,儿童学会搭建墙壁和地板。

3 岁以上的儿童能给两面墙之间搭建桥梁或屋顶(图 12 - 3)。墙面与墙面连接而形成包围(图 12 - 4)。

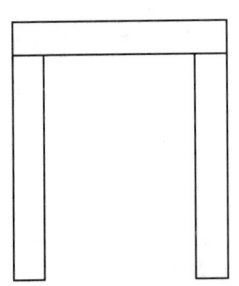

图 12 - 3　两面墙之间的连接

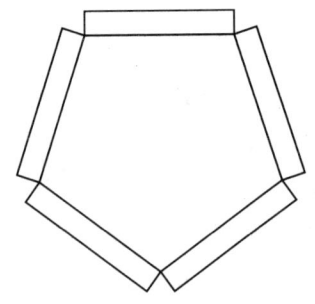

图 12 - 4　用积木连接成封闭形状

心情不佳的儿童可能会搭建一个简单的包围空间,然后躲起来睡觉。

后期技能(4 到 5 岁)包括表演游戏,为整个建筑和阶梯命名。日托中心的儿童建造了"一个酒店和一个麦当劳",然后一上午时间都在这两座建筑物之间来回穿梭。儿童有了充足的时间和各式的积木,再加上丰富的实践,他们一定能够创造出非常棒的设计(图 12-5)。

图 12-5　幼儿和她的积木

◎ **女孩和男孩都适合的积木**

发展空间感需要勤加练习。许多教师反映女孩去积木角的频率比男孩低。有时男孩会占据着积木角,女孩就会放弃她们的计划。积木能传授很多几何概念,儿童不应失去这样的机会。有些教师把儿童分成小组,各小组定期轮换,这样每个儿童都有机会玩积木。

教师、校长、家长和学校董事会都应把积木视作数学课程的重要组成部分。教师应定期购买积木以扩充储备。许多儿童课外参加各种形式的日托班。堆积木无疑是既打发时间又能取得建设性成果的一种方式。此外积木也不必只局限于幼儿和幼稚园阶段。一、二年级学生也能从积木中获得收益。

形状

形状是对刚性图形、属性及其彼此关系的研究。最常见形状包括立体形状(如球形)和平面形状(如圆)。形状关系如:"两个三角形相同(全等)吗?"早期的幼儿课堂里常见的三维或立体形状有球、圆柱、圆锥、正方体和直角棱镜(图 12-6)。

   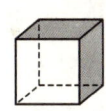 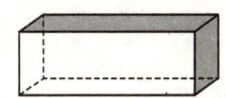

常见的平面形状包括圆、三角形、正方形、长方形、平行四边形和椭圆(图12-7)。

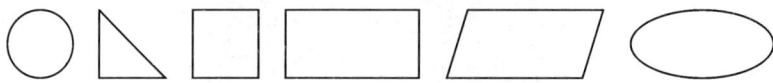

图12-7 常见平面形状

儿童能在成长的环境中找到各种形状的相似和不同。培养区分各种不同形状的能力是早期课程的教学目标之一。

在家和在学校的非正式学习

儿童通过触觉来识别物体的形状。有些物体很容易被握住,适合放在口中;有些物体能滚动有些则不能;有些像勺子一样光滑,有些则像叉子一样锋利。儿童可以从创作出的指尖画或拼贴中找到似曾相识的形状——"这个看起来像我的狗"。

儿童首先学到的是立体形状,因为这些形状存在于儿童的成长环境中。我们通常会用球状物或盒状物来描写物体,而圆柱形则像试管或苏打罐,立方形像积木或骰子。儿童对日常所见到的物体发挥想象。

在家中或在学校里,儿童动手填充某物,从某物中倒出东西,套叠物品,拆分和组合物品,这些都是学习立体形状的经历。厨房里可能就有很多这样的物品:杯子一个套一个,锅和盆有着配套的盖子,洗碗池和塑料桶可以装餐盒。沙箱配有桶和铲子,里面还装有各种物品。从图片、电影、电视或电脑屏幕中看到的形状不能代替亲身体验到的形状。儿童必须依靠触摸模型和形状,才能更好地识别它们。

平面形状如圆形和方形往往出现在图画书中。如造型美观的图画书《彩色动物园》(Color Zoo)(1989)。儿童还能在图书馆书架上轻松找到其他许多优秀的书籍。父母和亲戚经常教孩子一些常见的家居物品形状的名称。面饼就可作为教学使用:"看,上面是一个圆形。"许多人认为几何的早期目标之一就是给常见形状命名。因此他们经常有意识地使用方形或圆形这样的词汇。

规划形状活动

儿童以多种方式探索形状。我们根据活动的难易程度将发展过程分为四阶段。一般而言,儿童认识物体从三维形状开始,慢慢过渡到平面形状。

一阶段　匹配形式与形状。把三角形(△)放在三角形(△)图片上。

二阶段　根据相似性分类。把所有三角形(△)堆放成一堆,所有圆形(○)堆放成一堆。

三阶段　命名形状。这是什么形状?

四阶段　画出形状。根据模型或想象画出形状(难)。

大多数 6 到 7 岁的儿童可以画出包括菱形在内的所有常见的平面形状(Sanford & Zelman,1981)。

教师应鼓励儿童在幼儿园的课堂活动中进行匹配和分类活动。儿童可以利用日常物品如水果练习匹配。一组真实水果放在桌上,另一组塑料水果放在袋里:"把你的手伸进袋中,挑选一个水果。看你得到什么?"首先,儿童对摸到的神秘水果进行命名,然后把它从袋中拿走。也可以使用其他类型的物品进行练习,只要用于练习的物品有鲜明的特点即可。将铅笔和圆珠笔放在同一个袋中就不太恰当。

制作"我的形状书"就是鼓励儿童进行配对练习的一种活动。从杂志和报纸上剪下几何形,贴在纸上。整本书可只选一种图形为主题,也可在某些书页上贴上各式图形。在数学活动角可腾出一张单独的桌子,贴上各种图形标签。让儿童从家里带来各种物品,把它们放在桌上相应的地方。

挑选是分类活动的一部分。纽扣按照圆形和方形进行分类。贝壳按照褶边和光滑进行分类。挑选使儿童开始关注物体的特性或整体的各个组成部分。小学低年级儿童会逐步掌握这些技能。图形也可根据角的数量或角的种类进行分类。

儿童通过多种方式学习将物体名和真实物体一一对应。其实用橡皮泥或面团做模型是一种很有用的学习形状的方法。仅练习描绘形状是远远不够的,还可用牙签、棉花糖或橡皮软糖制作形状。也可把面团做成各种形状然后烤成饼干。

动手绘制平面图形可以等到一年级再学习。幼儿尚不能控制精细动作,不具备区分普通形状独特性的能力。绘画立体图形需要透视感,而折纸有助于认识立体图形的各个边和角。描绘模型,按虚线折叠,糊好边角,就做成一个完整的模型。折纸艺术既是一项简单而愉快的活动,又是一节生动的数学课。

全纳课堂里,有特殊需求的儿童会发现有些物体能滚动,有些物体却是扁的。他们能把带角的物体与不带角的物体分开。陶艺、手指绘画、拼板和模块卡(模块匹配到模块卡)都能开发空间能力。

评估形状

◎ 观察

儿童是否会挑选形状和按形状分类?是否能把常见的物体与三维立体形状相对应?儿童能否利用形状图画书找到与故事相关的形状?

◎ 访谈

让儿童描述一幅手指绘画或拼贴,看他们是否能识别图画中包含的所有形状。让儿童命名常见平面图形,描述日常生活中的立体图形。例如,椭圆形是鸡蛋的形状(6 岁以上)。

◎ **表现评估**

年龄：5—6岁

所需物品：日常用品（球，燕麦罐，冰淇淋筒，盒子，三角铁乐器），自然的课堂环境。

要求：让儿童环顾教室四周，找一个特殊形状做例子。如果需要可给出一张图形素描图作为提示。

低年龄段的几何概念

几何推理是许多学校活动和日常活动的一部分。艺术项目、地理概念（包括看地图）和空间探索都需要这些能力。理解形状概念并具备良好的空间能力将有助于在汽车设计、家居装饰、园林规划等事业上取得的成功。使用测量工具，如直尺和码尺、量杯、温度计也依靠空间感。教师在分数教授单元使用图片。高中时，对空间中的物体进行操控有助于理解代数、三角和微积分的概念。但多数成年人很少有机会接触经典数学课程中的几何。对幼儿园到四年级的数学教科书的调查发现，平均只有不到7％的书页专门以几何为主题（Fuys，Geddes，& Tichler，1988）。有时，由于"覆盖书的其他章节"这样的压力，教师会跳过这些单元。

学龄前到二年级儿童的 NCTM（2000）几何标准

◎ **所有的学龄前到二年级儿童都应该能够**

- 认识，命名，建立，绘画，比较和分类二维、三维图形。
- 描述二维、三维图形的属性和组成部分。
- 组合和拆分二维、三维图形，研究和猜测结果。
- 描述、命名和解释空间相对位置，运用相对位置的概念。
- 描述、命名和解释航行空间方向和距离，运用有关方向和距离的概念。
- 用简单关系（如"临近"）和坐标系统（如地图）查找和命名位置。
- 认识和运用滑动、旋转、翻转的概念。
- 认识和创建具有对称性的形状。
- 利用空间想象和空间视觉创建几何图形的心理图像。
- 从不同角度认识和描绘形状。
- 把几何概念与数和测量概念相联系。

- 在所处环境中认识几何形状,并指定它们的位置。(见 96 页)[①]

通过绘画、积木、几何板和图纸,并对形状的属性进行讨论,儿童学会系统描绘几何形状。很多学科、职业和日常活动都依赖于几何知识,所以教师必须有意识地努力完成早期 NCTM 标准。

几何中的范析理模式(van Hiele model)是由荷兰数学家范析理夫妇(P. M. van Hiele & Dina van Hiele-Geldof)提出的(Crowley,1987)。他们写道:高中学生学习几何之所以困难是因为他们在早期的学习中未能完成五个发展阶段。幼儿教师只关心 0 到 2 阶段的发展,但这三个阶段只是为未来的学习奠定了一个基础。

0 阶段:视觉——认识和命名形状。
1 阶段:分析——描述形状的属性。
2 阶段:非正式推论——分类和总结形状的属性。
3 阶段:推论——用公理和定义论证。
4 阶段:严密——在各种几何系统中进行验证。

0 阶段,儿童通过观察整体形状,认识和命名它。矩形就是矩形,"因它像一个矩形"。但儿童往往被表面现象欺骗:正方形不是矩形,"因为它们看上去不一样"。0 阶段,儿童能用一般标准对形状进行分类,如"所有东西都是圆形的"。

1 阶段,儿童会这样描述正方形,"有四个角和四条边,角和边都一样多"。他们能说出单个形状的属性,但看不到形状之间的相互关系。他们不会把正方形归为矩形一类,或把长方形归为平行四边形一类。

2 阶段,儿童能将形状的属性抽象到逻辑范畴。"如果某个形状有 4 个直角,它就是矩形。正方形有 4 个角,因此它也是矩形。"这种思维的重要意义是在对平面图形、面、角和三维图形的属性认知中运用了非正式推理。

3 阶段,儿童能理解假设、定理和证明。他们提出假设并阐释逻辑推理过程。这些课程目标是高中数学课标的一部分。

4 阶段,儿童能够运用具体模型,将几何学科理解成一种抽象系统。他们能进行形式推论,学习非欧几里得几何学。

各阶段的发展是连续的,并以各年级综合几何课程为辅助。遗憾的是,在这个重要课题上许多成年人和儿童,未能受到良好教育故他们无法跨越 0 阶段。

皮尔范希尔(Pierre van Hiele,1999:316)写道:"记住,几何始于玩耍。"他建议成年人进行玩马赛克拼图和三角格纸等活动,借此体验本应在幼儿期就具备的几何思维。

---

① 获得美国数学教师协会的允许摘自 1991 年的《数学教学专业标准》。

为了实现这些目标,从幼儿园到小学三年级的几何课程应包含以下主题:

- 识别形状。
- 创建形状的心理图像。
- 发现形状属性。
- 封闭式/开放式曲线的拓扑几何。
- 运动几何(滑动、旋转、翻转)。
- 早期视角和观点。
- 对称线。
- 映射,利用早期解析几何。
- 计算机软件(Logo)。
- 面积,体积(初级概念)。
- 角度(初级概念)。
- 测量(见第十三章)。

在早期,儿童可通过做模型、对物体匹配、制作形状书等方式来了解形状,也可通过在故事书及其生活环境中发现和标记形状来学习图状。为了发掘形状属性,教师可以从"角"(顶点)的数量着手。这些"角"可以用马克笔做上彩色标记。每一张"脸"或平面可用一张便签做标记,便签上画上一张笑脸(图12-8)。

用不同颜色的马克笔给边做标记。如果儿童仅局限于教科书中的可视教具肯定不行,还必须增加儿童的亲身体验和让儿童感触真实的物体。

图12-8 正方体表面的笑脸图标

精确的语言

对儿童来说,一个点就是纸上的顶点或圆点。可对数学家来说,纸上一点是一个模糊的近似值,一个抽象的概念。数学上的一点是一个位置,没有大小,完全不同于纸上的圆点。这种逻辑能延伸到曲线、线条和平面。

教师谈及圆形、正方形、三角形和矩形等形状时必须使用精确的成人语言。汉尼堡的研究(Hannibal, 1999)发现,3到6岁儿童都不愿意放弃自己对形状固有的认知。他们拒绝承认不等边三角形是三角形,理由是它"太尖",而只有等边三角形是三角形;五角形是三角形,理由是它有一个顶点。他们拒绝承认正方形是矩形。她还发现男孩比女孩更易掌握形状,随着年龄的增长这种差距不断扩大。她强调,女孩需要进行更多的形状活动。

面对这类情况,处理方法之一是从一开始就正确使用数学语言。汉尼堡认为教师应使用这样的语言:"三角形有三条边(线段),三个点(角)。所有各边都是直边,各边相连……矩形有四条边,相对的两边相等,有四个直角。"(Hannibal,1991:356)她建议可以用纸的角来检查是否直角。教师应避免使用一些参照物:三角形只能像枞树或矩形只能像盒子。教师选用的例子可以既符合正确的定义,但又是形状书中不常见到的。

除了使用精确的语言,"……学习形状的最佳时期是 3 到 6 岁。我们应该寻找不同的真例和伪例来帮助儿童了解形状属性……"(Clements,1999:71)图 12-9 是一些有关三角形的真例和伪例。

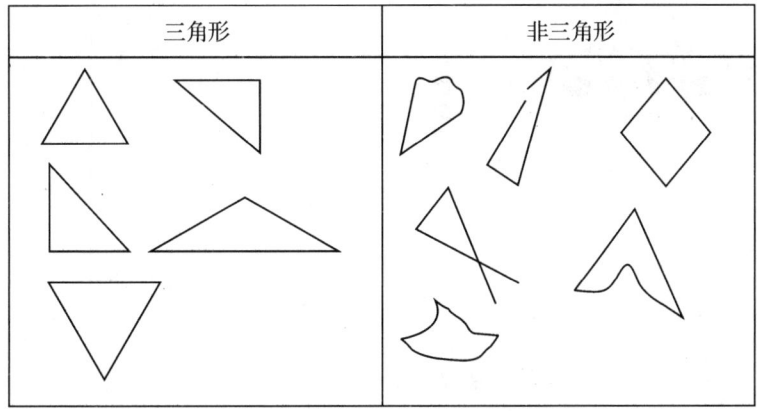

图 12-9 三角形和非三角形的例子

对拓扑学的研究一直会持续到小学低年级。市面出售的各种平面形状的金属模板也不失为一种有用工具。儿童也可在正方形中描绘一个椭圆形,然后用彩色铅笔给椭圆形覆盖不到的阴影面积上色。

儿童可利用几何板来探索面积和周长的关系。把几何板想象成一块农田。饲养一头猪需要一定量的土地。将橡皮筋当作篱笆,来建造各种大小的猪圈。假定一个钉到邻近另一个钉之间的距离是一个单位篱笆。儿童将每一种新的设计都记录在几何板点纸上。如果只给儿童提供 12 个单位的篱笆,周长不变而面积却会发生变化。

运动几何的研究包括"滑动"、"旋转"和"翻转"的概念。图形在空间中运动,可以滑动、转动或旋转(图 12-10)。

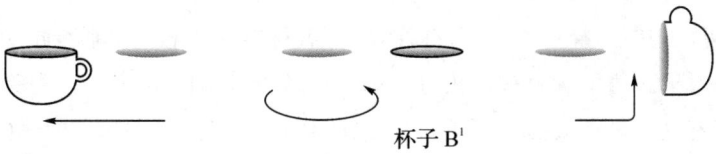

图 12-10 常见物体的几何运动

模式块活动为体验运动几何提供机会。儿童通过移动、旋转或翻转积木创造不同的设计。七巧板拼图和积木模式单元也可用于研究运动几何的诸多概念。

对称性为设计增添了平衡感,让人赏心悦目。在物体、图片或设计中都能发现对称轴,它将研究对象分为两个相同的部分。在自然界中,蝴蝶、一些树叶、一些花和人至少都有一条对称轴(图12-11)。我们可以很容易找到棉被的对称轴。如果被子花纹不是太复杂,可以沿对称线折叠。切开的水果如橘子可以看到垂直和水平两根对称轴。

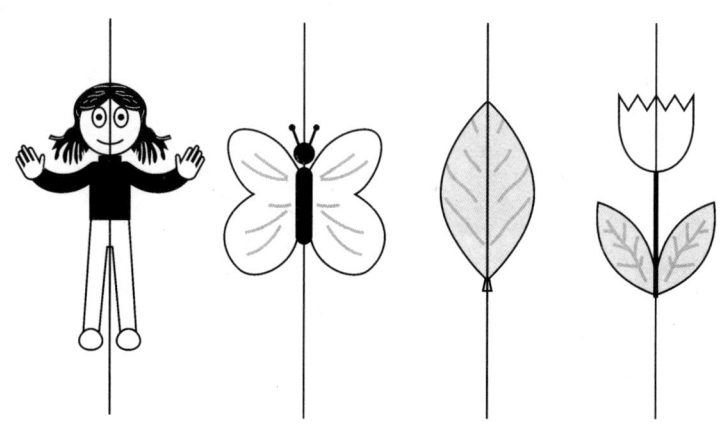

图 12-11　左右对称

寻找对称,有一种很自然的方式那就是折纸。在美术课上,把一张纸对折,在一边涂上一点颜料。干的一边压在湿的一边上,就会出现一个镜像。另一个例子是雪花图案。纸对折,然后剪出小三角形,接着把纸打开,就出现了对称的雪花图案。

儿童喜欢的另一个游戏是寻找字母中的对称线。字母A和M有垂直对称线,B和D有水平对称线,而字母I和O两种都有。一些字母如H、I和O旋转180度后又回到原状。

三年级左右的儿童在掌握好各种平面图形的对称线以后,就可开始研究对称线数量和边的数量之间的关系。例如,正方形有四条对称线和四条边。高年级学生会从对对称关系的研究引申到全等关系的研究上去。

追随"路径"、"绘制一条路线",在棋盘格上玩游戏都可增加对解析几何的了解。使用坐标系统可以在地图上找到一条特定的街道。儿童知道:当给出数对,第一个数字代表横坐标,第二个数字代表纵坐标。对坐标系统的另一种理解是"先跨后上"。我们可以进行这样一个简单的游戏:所需材料是插板,两种不同颜色的钉,标有1、2、3的骰子。每个玩家有一枚钉。第一个孩子掷出骰子,得2,"先跨2",水平移动钉子。接着这个孩子又摇动骰子,得1,"再上1",垂直向上移动一个洞。骰子传给下一个玩家。先走出插板的人获胜。

在许多已出版的课外习题中就有要求儿童利用坐标系统（如字母和数字）找到相应的点。儿童找到点后将它们连接在一起，组成一个图案。儿童可以自制拼图并与全班同学分享。

Logo 是一种流行的计算机软件程序，儿童可移动屏幕上的光标（龟）绘制形状和角。三年级儿童在掌握简版 Logo（如即时 Logo）之后，再过渡到高级版本正规 Logo。主动学习与空间体验，包括体验旋转、前进、后退、右/左等活动，能让儿童在计算机方面获得成功。如果使用得当，Logo 能增强儿童学习平面图形和角度属性的效果。

我们经常会在二年级的课程中发现面积和体积的几何概念。面积可通过"铺砌"单位平方的瓷砖来测量。表面覆盖瓷砖然后计算所用瓷砖。体积通过装满和排空各种容器来测量。儿童先猜测饼干罐里有多少饼干，然后倒出饼干，找到答案。体积也是测量的主要内容之一，测量单位如量杯和夸脱。体积概念如"里面是什么"需要经过数年的发展。小学三年级学生能够理解玻璃杯中的水倒入水壶，水量不变。因此，早期研究应注重实物研究，如将用单位物品填充容器，如饼干或方块，然后计算单位物品的数量，得出体积。

三年级儿童研究角度旋转问题。用几何板在点纸上画三角形，然后剪下三角形。三角形根据最大角度的大小进行分类。有三类：直角三角形、钝角三角形、锐角三角形。教室的门可开放成直角或比直角小的任何角度。一些门可以开放成比直角更大的角度。测量单位如楔形对研究角度的大小很有帮助（Wilson & Rowland，1993）。从纸板上剪下一个 45 度角。学生通过计数楔形角的数量来测量角度。（图 12 - 12）

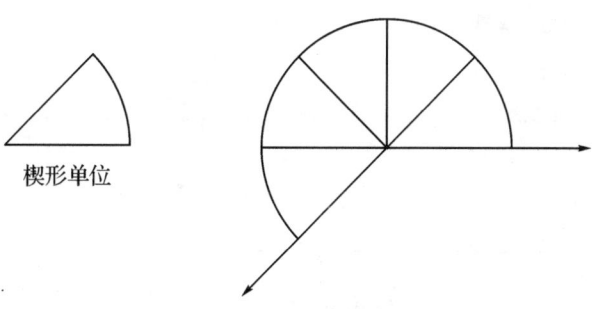

图 12 - 12 量角器测量角度

一至四年级的俄罗斯几何课程翻译版本（Pyshkalo，1992）专注于点、线、线段、虚线的研究以及使用方格纸精确绘制平面形状。低年级儿童用圆规画圆。到二年级，儿童用字母标记图形，用棒棒和橡皮泥做三角形。多层房子的图片可作为讨论问题的素材："第二和第五层之间有多少层？第四层以下有多少层？"教师应将非正式的活动与更正式而精确的几何语言研究相融合。通过这种方式，学生为高年级课程的学习做好充分准备。

综 述

几何课程的主要目标是培养空间感。教师帮助儿童用恰当的方式体验空间和形状,在这样的氛围下能够培养和发展空间感。虽然许多几何关系是自然习得的,但诸如搭积木、玩折纸和使用几何板等活动能够增强非正式的课内外学习。主动学习是良好的开端。教师使用非正式的几何教学方法为儿童打下坚实的基础,使儿童在高年级几何的学习中获得成功。

> **设定的数学游戏**
>
> ### 盒子分类
>
> 适合年龄:学步儿—幼儿园儿童
>
> 所需物品:各式各样带盖子的纸盒(没有相同的纸盒),小珠宝盒到大的鞋盒都可以。
>
> 把所有纸盒放入一个塑料箱中,让孩子探索哪个盖子与哪个盒子匹配。观察他们能否把一个盒子"藏到"另一个里面。观察他们能否"藏"起所有的盒子,最后只剩下最大的那个。如果孩子喜欢这个游戏,他/她会反复玩。
>
> 对于特殊儿童,可以用完全不同的接触印相纸盖住盒子。用彩色编码将帮助他们完成游戏。
>
> NCTM 焦点:幼儿园,第二焦点
>
> NCTM 过程标准:解决问题
>
> NCTM 内容标准:几何

> **设定的数学游戏**
>
> ### 饼干面团形状
>
> 适合年龄:3—5 岁
>
> 所需物品:饼干生面团/黏土,烤箱,刀具,蜡纸,卷纸。
>
> 教师准备一块面团,给每个孩子分一小块面团。孩子们使用各种刀具把饼干切成各种形状,然后放进烤箱。在全班分吃饼干之前,组织大家先讨论各种饼干的形状特点:大—小,圆—直(棱),角—边。自制黏土可代替生面团。
>
> NCTM 焦点:幼儿园,第二焦点
>
> NCTM 过程标准:沟通
>
> NCTM 内容标准:几何

> **设定的数学游戏**

橡胶手套木偶

适合年龄：4—5岁

所需物品：旧橡胶手套或廉价乳胶手套，橡皮筋，不褪色马克笔。

把手套中间三个手指绑在一起，留下大拇指和小指做木偶的手。每个孩子用马克笔在手套上画一张笑脸。用旧布、餐巾纸或可回收纸填塞手套。手套会越撑越大，尝试不同大小。

鼓励孩子自发表演木偶戏。

NCTM 焦点：幼儿园，第二焦点

NCTM 过程标准：解决问题，沟通

NCTM 内容标准：几何

> **设定的数学游戏**

制作动物七巧板

适合年龄：5—6岁

所需物品：每个孩子配一套七巧板或积木，纸和铅笔用来描绘动物外形，蜡笔或水笔用来给图形上色。

让每个孩子做一个动物七巧板，并说明他/她所用的各个部分。教师仔细沿周边临摹图形。孩子可以自己给图形上色，或递给下一个孩子来完成。下一个孩子要尽量填补拼图。

NCTM 焦点：一年级，第三焦点

NCTM 过程标准：解决问题，沟通，表达

NCTM 内容标准：几何

实地调查：临床日志或数学日记

访谈、评估和记录：什么是圆柱？

访问6至7岁的儿童。

所需物品：筒状物品，如卫生纸、毛巾卷、装薯片的容器、卷发器、扁平的圆形海绵、粉扑、薄荷巧克力糖果或其他圆形糖果。

可能提出的问题：

- 描述每个物体的一般形状。
- 大小？

- 有多少边?
- 有何相同?
- 有何不同?
- 它们是什么形状的?为什么?你能在房间里找到另一个同样的形状吗?

注:圆柱是一种实体(三维)的形状,它有两个全等(相等)的底面。底面相对应的点连成的线都平行。柱体有很多种类,包括立方体。只要有一定厚度,任何形状都可以是立体的——例如,圆形形成圆柱体。一般来说圆柱体是儿童学习立体几何的起点。

更多活动和研究问题

1. 调查一组传统的绗缝图案,从几何的角度描述它的形成过程。与大家分享图案背后的发展史和现在流行的图案。

2. 列出我们日常生活环境中能够发现的开放式和封闭式曲线。写一篇日记或短文说明你的发现。

3. 参观当地的幼儿园教室,观察儿童在积木角的活动情况。女孩、男孩使用的积木数量相同吗?他们谈论到哪些富有想象的主题?这些主题反映了儿童怎样的日常生活?写一篇短文来说明你的发现。

4. 回顾有关空间和形状的评估表现。先确定某个领域,然后用这些评估工具评估某个儿童。写一篇短文阐释你的发现。

5. 回顾自己学习几何的经历。小学学到了什么?中学学到了什么?几何教学在过去几十年如何变化?写一篇日记或短文说明你的感悟。

相关的儿童文学

Burns, M., & Silveria, G. (1995). *The greedy triangle*. New Your: Scholastic.

Fallwell, C. (1992). *Shape space*. Boston: Houghton Mifflin College.

Hirst, R., & Hirst S. (1990). *My place in space*. New York: Orchard Books.

Kalan, R., & Crews D. (1992). *Blue sea*. New York: Mulberry Books.

MacCarone, G. & Kennedy, A. (1996). *The silly story of Goldie Locks and the three squares*. New York: Scholastic.

 **与科技的联系**

教师用网页

1. www.proteacher.com

这是一个综合性网站,该网站包含完整的可复制的教学计划。强烈推荐几何和测量部分。

儿童用软件

1. DLM Express Math Resources Package. (2003). McGrawHill. The Wright Group, DeSoto, TX.

推荐给 4 到 5 岁儿童使用。儿童填补拼图形状,用所得形状组建新的物体。儿童还可尝试用最少数量的形状来填补空间。这其中会用到滑动、旋转和翻转的方式。

2. Thinkn't Things Collection 1. (2004). Edmark, Redmond, WA.

推荐给 4 到 8 岁儿童使用。儿童可谱写音乐、创建模式、接触飞行中的形状、研究深度和运动。儿童运用逻辑寻找到空间中的"fripple"。

3. Terrapin Logo (Version 2.2). (2000). Terrapin, Cambridge, MA.

推荐给 4 到 8 岁儿童使用。这个入门式 logo 软件通过鼠标或键盘控制"龟"在迷宫中移动或者操作游戏,为儿童提供多种形式去探索空间。这款软件是一款很优秀的空间入门软件,儿童根据个人速度自我前行。

4. Crystal Rain Forest. (1999). Terrapin, Cambridge, MA.

推荐给 8 到 13 岁儿童使用。儿童为解救居住在热带雨林中的原始居民,不断寻找线索,建立水晶,一路历经险阻。他们要估算距离和角度,要寻找规律移动步伐,要设计程序。软件提供动物卡片和地图。这款软件对每一个三年级儿童都是挑战。

 **参考文献**

Carle, E. (1981). *The very hungry caterpillar*. New York: Philomel Books.

Clements, D. (1999). Geometric and spatial thinking in young children. In J. V. Copley (Ed.), *Mathematics in the early years* (pp. 66 – 79). Reston, VA: NCTM.

Crowley, M. L. (1987). The van Hiele model of the development of geometric thought. In M. M. Lindquist & A. P. Schulte (Eds.), 1987 *Yearbook: Learning and teaching geometry*, K-12 (pp. 1-16). Reston, VA: NCTM.

Del Grande, J. J. (1990). Spatial sense. *Arithmetic Teacher*, 37(6), 14 – 20.

Ehlert, L. (1989). *Color zoo*. New York: J. B. Lippincott.

Fuys, D., Geddes, D., & Tichler, R. (1988). The van Hiele model of thinking in geometry among adolescents. *Journal for Research in Mathematics Education, Monograph No.* 3. Reston, VA: NCTM.

Hannibal, M. A. (1999). Young children's developing understanding of geometric shapes. *Teaching Children Mathematics*, 5, 353-357.

National Council of Teachers of Mathematics (NCTM). (1989). *Curriculum and evaluation standards for school mathematics*. Reston, VA: Author.

National Council of Teachers of Mathematics (NCTM). (2000). *Principles and standards for school mathematics*. Reston, VA: Author.

Pyshkalo, A. M. (1992). *Soviet studies in mathematical education. Vol. 7. Geometry in grades 1-4: Problems in the formation of geometric conception in primary school children. English language edition*. Chicago: University of Chicago.

Sanford, A. R., & Zelman, J. G. (1981). *Learning accomplishment profile, revised*. Chapel Hill, NC: Chapel Hill Training-Outreach Project.

Sophian, C. (2002). Learning about what fits: Preschool children's reasoning about effects of object size. *Journal of Research in Mathematics Education*, 33, 290-302.

Wilson, P. S., & Rowland, R. (1993). In R. J. Jensen (Ed.), *Research ideas for the classroom: Early childhood mathematics* (pp. 188-189). New York: Macmillan.

van Hiele, P. (1999). Developing geometric thinking through activities that begin with play. *Teaching Children Mathematics*, 5, 310-316.

Yackel, E., & Wheatley, G. H. (1990). Promoting visual imagery in young people. *Arithmetic Teacher*, 37(6), 52-58.

第十三章

测 量

马丁·路德·金小学附属幼儿园课堂上,教师跟每个儿童打招呼:"早上好,查尔斯","早上好,瑞亚"。她接着说,"明天我们将为利安举行一个大家盼望已久的生日派对",于是,教师与儿童认真讨论时序和时长,来演示时间的测量方法。

一年级教室里,两个儿童正在讨论"喇叭花有多高"。那朵花在矮桌上放着,有人用棍子精心支撑着它。一个儿童说:"我猜它有 8 英寸高,不到 9 英寸。"另一个儿童说:"我猜它有 12 英寸。"他们先把直尺插进泥里来测量。"它超过 12 英寸了。"又换码尺来测量。"30 多英寸,它比 30 英寸还高。"

春末,二年级儿童正在种植豌豆,现在是时候测量和记录它们的生长过程了。他们每周在图表上以英寸为单位记录下测量的结果。窗边的植物在太阳照射下长势良好,而阴暗的角落里生长的植物则叶片发黄,一副营养不良的样子。科学课上,他们学到:植物苗壮生长需要很多营养,于是,教师在一些实验中引入了堆肥的概念。

课堂上儿童通过讨论,运用测量工具,猜测结果并进行记录,从而接触测量概念。这些儿童所从事的学习活动是否与其发展水平相符呢?教师如何指导测量活动并评估效用?新上岗的教师和经验丰富的教师通过研究活动过程以及教科书中的传统方法,而有所收获。许多专家自信地认为,他们已经掌握了这个领域。然而,儿童却在国家性考试中表现不佳,诸如美国国家教育进步评估等考试,考察的仅是最简单的测量元素。(Kouba et al.，1988)(National Assessment of Educational Progress)本章介绍了测量的概念、测量过程的一般依据、测量方法以及评估的注意事项。教师更加深刻领会到测量过程与基本概念互相影响的关系。

定义

测量就是把单位数量分配给物理量(如长度、高度、重量、体积)或非物理量(如时间、温度或货币)。物理量(如桌子的长度)可反复运用单位直接测量物体。这个过程被称为迭代。

非物理量(如时间)使用间接方法。时钟和日历是测量时间的两种工具。温度计用来测量温度。货币运用硬币和支票衡量价值或面值。

儿童使用非正式的或任意的单位探索正规测量系统的属性。这些测量单位可以是单元体,如指纹、手、脚或臂长,或者是回形针、积木、接龙方块(Unifix cube)、豆类或动物爪印。大龄儿童开始学习使用常衡单位(英制单位)或公制(米制)。每种系统尽管方法相同,但要奠定稳固的基础或形成测量的思维方式都需要很长时间才能实现。

全美数学教师协会(2000:44)制定测量标准时这样写道:

儿童应能了解测量的属性,单位和系统;

运用各种技术、工具和公式进行准确测量。

测量原理

1. 数轴搭配度量单位。使用相同单位,通过反复测量,得出总数或最终结果。

2. 测量通常从端点(0)开始,并持续到量的末尾。如果从中间开始测量,需减去未使用的数字才能得到正确结果(图 13-1)。

3. 正式测量需运用各种单位,其中包括名称相同的单位(盎司既是容量也是重量单位)。单位必须与量相匹配。例如,面积需要一个二维单位,如平方英码。

4. 大多数的测量是相加,如两条绳子的长度。有些则不是,如体积:1 杯糖和 2 杯水,得到的混合物就不是 3 杯。

5. 测量具有近似性。层次越精细,结果就越准确。例如,运动比赛中,时间是以分、秒和百分秒来报道。

6. 测量具有传递性。如果用直尺测量书页为 11 英寸长,那么书肯定也是 11 英寸,书页和书的长度相同。也就是说,若 $AB=CD, EF=CD$,那么 $AB=EF$。使用测量工具如直尺,比较两个物体,而不必把它们拉近并排才能比较。窗框的高度可用来衡量地板的长度。

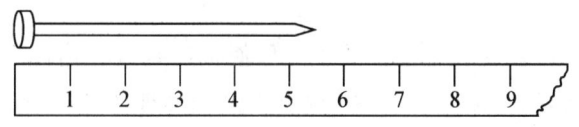

图 13-1 从顶点(0 刻度)测量

儿童对这些基本原理的理解和应用涵盖了从幼儿园到八年级的课程。

一般方法

大多数专家认为,物理量的测量方法如下:
1. 选择合适的测量单位。
2. 用单位覆盖对象,无任何空间或空隙。
3. 计算所有单位。
4. 确定剩余部分的处理方法(上舍入或下舍入,忽略及使用不同单位)。

第一步,选择合适的测量单位,是测量的关键。测量必须包含一个数字和一个单位。测量单位与测量对象相对固定,如直尺对应长度,量杯对应容量。标准单位能有效地向不同使用者传递测量结果。

测量前后,儿童会猜测或估算结果。儿童不假思索就凭空猜测出一个结果。猜测能够增强数感。例如,一个装蛋黄酱的大罐子放不下"一百万块饼干"。

估算需要更强的逻辑思维能力。先将任务分解成恰当的子任务,再运用各种技巧完成任务。例如,一个儿童想估算出瓶子里玻璃珠的数量,他可以先数底层玻璃珠的数量,然后数出玻璃珠的层数。有些儿童会依据经验来估算。例如,一年级学生要估算出一个南瓜的种子数量。班级中的一个儿童根据去年参加志愿者活动的经验,知道一个南瓜大概有 100 多颗种子。在估算面积时,儿童可以选择用"大脚"踱方步的方式,每一步约等于一码。在估算秒钟时,儿童学习数"1 001,1 002,…",儿童也会像成年人一样根据基准指导他们的估计。例如,成年人会使用每加仑的英里数估算到达下一个加油站重新加油之前需要开车行驶的距离。

测量后儿童得出一个非整数单位,他们会进行估算。桌子"差不多 14 英寸"长。还是更接近 13 英寸呢?这样的情况下儿童需要做出判断。部分和整体在多数测量活动中发挥着作用。测量内容在幼儿课程中远没有高中课程中那么精确和复杂。例如,儿童用整块瓷砖和小瓷砖块铺设一张手套图案。总面积可能使用了 10 整块瓷砖和 18 块小瓷砖,恰当的估计就可能是共用 19 块。

儿童玩耍和学习

儿童喜欢在沙箱里或海滩上玩沙子。他们把沙装进容器,然后倒出来,用沙堆出山脉和房屋。他们把水倒进"湖"中,或将水倒进咖啡杯举行茶会。玩耍有助于儿童感知何时水太冷不适合游泳,多重的湿沙他们提不起。

创意游戏包括扮演医生为生病的儿童测量体温:"你体温太高,生病了。我给你开药吧。"儿童时常会想象去杂货店购买商品:"我想买两磅汉堡包。"他们会渐渐发现:喜欢冷巧克力还是热牛奶,一顿饭吃多少,身高多少,脚的长度(大小)。使用比较词汇"多—少—相等"开展非正式学习。烹饪活动融合了正式单位(杯和茶匙)与非正式单位(一撮盐)。测量能够回答诸如此类的问题:"外面太热,不适合穿夹克吗?"它为适量的成分比例提供参考:"如果我们在橡皮泥中倒入太多牛奶,就做不成饼干了。橡皮泥太粘,无法粘在一起。"儿童从堆沙、倒水和烹饪活动中受益良多,化妆和角色扮演也很有好处。智力拼图、涂色、剪贴等非测量活动无法提供测量。

幼儿逐步形成任意的测量单位,如手、脚、容器、勺子或袋装大米的重量(一般在幼儿园和小学一年级初)。美国课程似乎从一年级就开始强调正式的测量单位,而在二三年级匆忙灌输了太多概念。一些学区要求儿童熟练掌握以下测量单位:

一年级　英寸,磅,温度,杯,品脱,夸脱,厘米,千克,立方米,1 美分,5 美分,25 美分

二年级　以上单位增加美元,周长,面积,英尺,码,加仑,米,千克

三年级　以上单位增加上午和下午,共用时间,日历,盎司,1/2 英寸,英里,测量角

各年级的数学教材都专辟一章来介绍这些单位。数字、数量和系统的多样性使许多儿童感到困惑。反思型教师认识到,把多个主题放在一起会削弱测量学习这个基本任务。

两种测量系统

儿童接触到的一般是英制单位。这些单位起源于几百年前欧洲的自然测量方法。1 英寸是 3 颗大麦粒的长度,1 英尺是人脚的长度,1 码的距离是从鼻尖到伸出的手臂的末端(图 13-2)。用码测量布匹很方便。

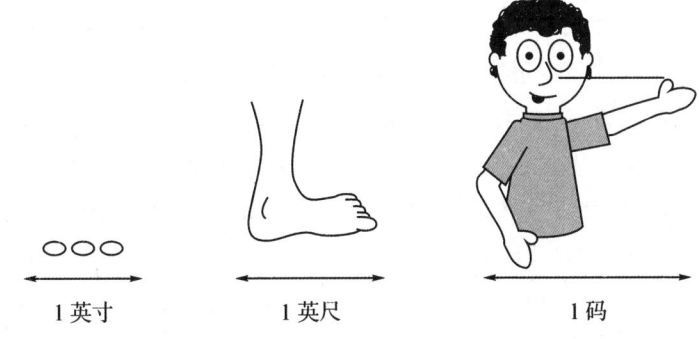

图 13-2 　早期测量

一英亩是一匹马一天可耕的土地量。用特定大小的金属条定义英尺，标志着测量系统的标准化进程。这一基本单位成为长度、面积和体积等其他测量单位的基础。

我们用华氏衡量温度，将水的冰点（华氏 32 度）和沸点（华氏 212 度）作为参考点。英制中盎司、磅、吨是常见的重量单位。

英制测量单位之间不易转换。因此对儿童来说，记忆各种转换关系就成为难题。例如，12 英寸是 1 英尺，3 英尺是 1 码（或 36 英寸），5 280 英尺是 1 英里（或 1 760 码）。相反，米制以 10 的倍数的乘除法为基础，转换相对较容易。

米制用米作为标准单位。该系统是在欧洲十八世纪末相对较短的时间发展而成的。容量、质量（重量）和面积的测量都与米有关。美国以外的其他国家均采用米制系统。美国科学家也运用米制测量。日常生活中一些单位，如克和公升，都很常见。未来，儿童将使用米制，但在此之前，儿童必须学习两种测量系统。

儿童无须将一种测量系统转换成另一种。连接两种系统的基准可以帮助儿童理清关系：

2.5 厘米约等于 1 英寸

1 米略长于 1 码

1 千克稍多于 2 磅

1 公升略多于 1 品脱

1 千米稍长于 1/2 英里

这些概念有助于儿童用他们所知的一种系统估算另一种系统。

测量过程中的困难

儿童喜欢用数数来解决问题，但数数只能处理离散的对象，例如，算出糖果袋里共有多少块糖果。而测量则是一个持续的过程。要想算出一块乳脂软糖的重量，儿童需要学会读取磅秤上的单位数字。一块软糖的重量是多个单位，如三盎司。用杯子要装多少杯水才能填满水壶。测量儿童的身高，成年人会用码尺在厨房的墙上刻下刻度。儿童必须能从计算分散的单位过渡到使用那些随数量而有所变化的单位上来。

此外，皮亚杰认为儿童很容易被事物外表所迷惑，他们会认为东西越大，重量越重。因此，对儿童来说，一个大乒乓球比一个小橡胶球要重。两个大小相等用黏土做成的球，其中一个捏成蛇的形状。儿童会觉得蛇"用的黏土更多，因为它更长"。直到8到8岁半，儿童才能理解长度和面积的完全守恒定律，而体积测量的守恒，儿童大约7至11岁才能理解(Copeland，1984)。8岁左右的儿童认识到，黏土球捏成蛇后使用的黏土量相同。但依然认为，将蛇放入装满水的碗中，蛇的排水量要多于球。到11岁左右，儿童才能理解后者（体积守恒）的概念（Piaget, Inhelder, & Szeminka, 1960)。如果物体被移动或切分，前后的体积和重量保持相同，测量是建立在这样的概念之上的。

儿童理解长度、面积和体积守恒的能力各不相同，反思型教师要引导儿童选择适合自身发展的学习活动。一种系统的单位概念和测量过程一经掌握，儿童好奇的头脑能轻松地把这些关系从一种系统转换成另一种。儿童没有必要在自身能力不能达到的情况下急于学习。

另外，儿童也难以理解单位的概念、单位大小与所需单位数量的关系，以及如何应用单位。例如，幼儿认为，布满"更多"小单位的布条要比布满大单位的相同布条长(Carpenter & Lewis, 1976)。美国国家教育进步评估会(NAEP)指出了几种读取单位的常见误解。如果测量时未将测量对象放置在零刻度起始点，大部分三年级学生和一半的七年级学生仅仅只会读取数轴上的末尾数字，而不是计算单位个数（图13-3）。研究还发现，大多数三年级学生会混淆周长和面积的概念(Kouba et al., 1988)。

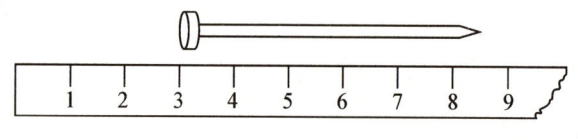

图13-3 不从0刻度开始测量

理解困难还在于：尽管测量广泛应用于数学，但儿童在日常生活中不会自然地使用测量工具。他们会比较："我比你高。""你有一块更大的蛋糕。""天气太冷，不能去外面玩。"但他们不会拿尺子去测量课桌的长度，也不会在市场上用天平称水果的重量。测量活动必须要考虑到儿童的兴趣和日常生活的实用价值。例如，二年级学生会研究下列问题："把所有的书都放进去，我的书包有多沉？""如果拿掉科学书，还有多重？""现在我的书包有多重？""手提袋能承受的最大重量是多少？"

儿童遇到的另一个测量困难来源于小学课本的插图。这些图片简单替代了亲身经历。出版商用秤，而不是直尺，描绘英寸和厘米。另一些测量只能靠读者想象。

此外，书页中充塞着范例和文字。通常同一页会出现不止一个单位。教师必须谨慎使用这些教材。

长度的数学思维的发展

巴雷特和他的同事（Barrett, Clements Klanderman, Pennisi, & Polaki, 2006：197）针对长度的数学推理的发展开展了多项研究。二至十年级的学生可分成三个阶段：

第一阶段　学生胡乱猜测，往往不运用单位。

第二阶段　学生使用杂乱标记的线和点划分线性空间，但线条不必等分。即使长度没有拉直，他们也会读取杂乱标记或线。

第三阶段　学生使用心中的意念直尺把一根线条粗略地等分，并发现多边的周长。

根据学生回答的一致性，第二阶段和第三阶段还有子集（a 和 b）。

米歇尔莫尔（Michelmore, 1997）还发现高年级学生在解释角度时会遇到困难。

导学

物理量

◎ 长度和高度

长度的研究通常始于诸如拇指、回形针或粉笔等非标准单位的运用。儿童用这些非标准单位测量书籍、盒子和铅笔等日常物品。他们会根据自己的发现配图或编故事（Whitin & Gary, 1994）。他们会逐步测量诸如桌子等较大物体，并随后展开调查，最后发现用手印测量桌子也许更好。于是测量过程的步骤越来越清晰。不同大小的单位有助于加快测量的速度。

教师给一组儿童展示一把尺子，并就以下问题展开热烈讨论，例如，"什么是直尺？""你家中有吗？""谁用过尺子？""上面的标记代表什么？""数字代表什么？"测量工具的讨论为尺子的使用奠定基础。

在早期学习中，儿童研究英制系统中的英寸、英尺和码。学习内容包括使用油墨印刷的指纹制成直尺，或把回形针粘在一条厚纸板上。儿童用两英寸的丝带做"卷尺"，以标记手指印之间的距离。丝带为儿童测量更大的距离提供了一种有趣的方式。最终，儿童从学习非标准单位过渡到学习英寸和英尺等标准单位上来。

米制系统中，小学一年级课程强调厘米和米。厘米方块简化了米尺的绘制。厘米方格纸（Stenmark, Thompson, & Cossey, 1986）给这些小单位的上色和计算提供了一种简便的方法。一般而言,毫米太微小,对儿童来说并不太重要。同样,千米太大,用于长途驾驶或远途步行(约 0.6 英里)。

许多教师会在室内外寻找特定长度的物品(Souchik & Meconi, 1994)。设法收集各种长度不同的物品,诸如切面包板、首饰盒和大小不一的儿童书籍等,是一项有趣的挑战!

◎ **面积**

面积的测量过程采用二维平方单位,而不是一维线段长度单位。儿童刚开始尝试用小豆或花片覆盖物体表面,如露指手套的轮廓。其他有季节性特点的形状包括三叶草、风筝或沙滩球。也可用手印或脚印覆盖地板地毯的面积。儿童估算出所需非正式单位的数量,教师追问:"还有没有空间未被覆盖?如果有,我们怎样计算这部分空间?"儿童完全覆盖后,计算出所用的单位,并把计数结果与估算结果相比较。最后判断多少个整数单位能解决问题,多少个部分单位能完全覆盖物体表面。

儿童会利用一平方英寸的纸张进行测量,这标志着他们的进步。他们覆盖一件物体(如书),小心翼翼地避免重叠或留下空白。平方厘米很小,教师经常让儿童利用厘米格纸临摹物体。儿童轻轻地给单位格纸上色,然后算出数量。

物体的形状不同但面积相同。浴室瓷砖为儿童提供了一个极好的学习机会,使用相同数目的瓷砖设计不同的图案。教师提出要求:"每种设计需 8 块瓷砖。规则是,瓷砖之间必须有一整边完全接触。"儿童先在 1 英寸方格纸上记录下每种设计图案,然后上淡色,接着计算面积。儿童会用另一种颜色或标志描绘周长。这条线被定义为内部(面积)和剩余的空间之间的分界线。

面积和周长的概念对许多二年级学生来说是一个挑战。几何板是一种有用的工具。儿童用橡皮筋做出边界,用毛毡或纸覆盖设计出的面积。他们把这个边界比喻成"牛栏",桩到桩(钉到钉)之间的距离是牛栏的单位。教师提出要求:"请用 12 个单位的牛栏为你的奶牛围住一块牧场。"儿童先在几何板点纸上记录下他们的创意,然后涂上颜色,用平方单位计算面积,最后将自己的设计与其他儿童的相比较。

即使是大龄儿童也喜欢利用熟悉的曲子(如《老麦克唐纳有个农场》)作为切入点,为农民的大量动物(牛、猪、鸭、马、驴、鸡)建设足够大的牧场。问题是"每种动物需要多大的空间?"答案可用米和千米这样的单位来表示。三年级的学生能够转换简单的比例,1 平方厘米代表 1 平方米。

如果学校内进行建设工程,学生可利用这些机会观察地板面积的测量过程和铺设地板所需地毯或油布面积的测量。也许实地考察当地地板中心或听嘉宾演讲可以有助儿童了解:成年人如何就像地板这样重要的事情作出初步决定。最后,报纸上清洗地毯的广告强调房间内地毯覆盖的面积,并以此作为收费标准。教师提问:"如果我们教室的地板需要清洁,要花费多少钱?"富有创造性的教师会寻求各种方法把面积概念与学生日常生活相结合。

◎ 体积和容积

体积的基本单位是立方英寸或立方厘米。立方英寸引申出立方英尺或立方码。立方厘米又能引申出升(1 000立方厘米)。此外,1立方厘米是1毫升。木质积木能表示任意的体积单位。儿童首先估计填满一个盒子需要的积木数量。然后,他们用1英寸方块或1厘米方块填满盒子,数一下方块数,并记录下结果。

相同体积的物体可以有许多形状。儿童用一定数量的方块,如12块,设计图案。规则是,方块间必须有一面接触。灵活的教师用方糖代替方块。儿童把方块设计粘在一起,展示自己的创造成果。由于方块有标准尺寸(1英寸或1厘米)和非标准尺寸(2厘米)两种,所以,标准单位方块是解决早期体积问题的重要工具。

许多人使用容积这个概念来表示液体的体积。他们说:"我的油箱有14加仑的容积。"非正式或非标准的容积单位包括使用婴儿食品罐测量液体并装满各种容器(Liedtke, 1993)。有色水给儿童呈现出一幅直观的画面,让他们看到瓶子的容积。标准的容积通用单位包括量杯、品脱和夸脱。教师开展一项实验,让儿童打开未开封的标有一夸脱(如牛奶)液体的罐子,将液体倒入标准的量杯中计量。教师问:"产品标签注明的容积真的属实吗?为什么或为什么不?"

公制中容积单位主要是升,其大小与我们熟知的汽水瓶大小(一或两升)相似。最后大龄儿童学习毫升,它大致与一大滴水相似。一茶匙约为5毫升。毫升常用于医学。

◎ 重量和质量

严格来说,重量是英制系统中所使用的测量术语。它是指质量加引力的作用。一个人在月球上的重量很轻是因为月球的引力大约是地球的六分之一。在米制系统中,质量是描述物体中含有物质的多少的术语。

儿童会使用重量这个术语,因为他们在日常生活中经常听到。医生每次家访都要称一下婴儿的体重。收银员根据水果重量收费。手提或手举就能比较某些物体的重量。学校教师问儿童:"哪盒麦片更重?"(一盒是满的,另一盒几乎是空的)但是,有时直观感觉太模糊,儿童需要使用天平或弹簧秤来检验其猜测。教师购买天平或者用简单的材料自制,如衣架、细绳和两个塑料汤碗(图13-4)。

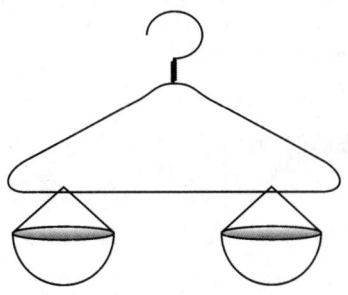

图13-4 简单的天平

父母、朋友或亲戚也许有一个称一磅以内食品重量的简易弹簧秤。日用品商店和减肥中心都会向那些试图控制饮食分量的人们出售这些小秤。有些作者建议可利用胶卷盒,在盒子里填充不同材料,如沙、盐、小石头、回形针和纽扣(Liedtke, 1993; Porter, 1995)。由于这些小盒大小相等,儿童必须使用天平称出其中的材料重量,确定重量大小的顺序。儿童用弹簧秤称出每个盒子的重量,并以盎司为单位记下结果。

浴室磅秤是一种方便的、以磅或千克为单位的测量工具。西瓜、南瓜、水桶和书包都可作为有趣的调查对象。遗憾的是,现代社会人们非常关注体重。一些儿童会害怕自己的体重比他人重而遭到嘲笑,教师要根据小组成员各自的情况谨慎行事。

非物理量

◎ 时间

时间涉及时长,即某事件需要的时间(经过时间)和时序。年龄就是时序。皮亚杰写道,一个 5 岁的儿童觉得他比弟弟年长,因为他"大",却又认为母亲和祖母的年龄一样,因为她们都"老"。祖母并不比母亲年老,因为长大后,年龄生长就停止了。他们经常混淆时间。皮亚杰认为,儿童 8 岁左右才能理解事件的持续(例如,出生时间不同的人或事件发生的时间顺序)和时间的持续(例如,我比弟弟大 3 岁,我永远都比他大 3 岁)(Copeland, 1984)。

研究人员发现,小学阶段,儿童已经能掌握时间测量的某些内容。弗里德曼和莱科克(Friedman & Laycock, 1989)发现,一年级学生已能安排一天的常规活动,如"吃早饭,上学,吃午餐,放学回家"。二、三年级学生学习安排小时活动,能把时钟时间与日常活动相联系,知道早餐是在上午 7:00,并理解上午/下午的概念。

无论是电子时钟还是模拟时钟,一年级学生报时能精确到小时。二到五年级学生能更精确地每隔 5 分钟和每隔 1 分钟报出模拟(惯用)时钟的时间。他们先 5 分钟数一次,然后精确到 1 分钟。十几岁的青少年能够说出星期和月份的顺序(Friedman, 1986)。皮亚杰的调查和最近的研究表明,反思型教师认识到儿童对时间的理解是个循序渐进的过程。

学前班/幼儿园课程的目标之一是帮助儿童安排日常生活。"日程表"的重点是安排日常反复进行的活动,如故事时间或户外活动的时间(Schwartz, 1994)。另一些事件,如游泳或体育,每周一到两次。每周时间表帮助儿童预先安排明天和后天。教师不妨逐步从强调关键活动的周历过渡到传统的日历,并在生日和节假日等特殊事件的日期上作出有趣的记号。幼儿园和学前班儿童对时间视角独特,他们需要恰当的日历体验。这些记录顺序的方法有助于教师规划以儿童为中心的课余活动。

大多数课程要求儿童在一年级应学会"报时"。"整体时钟法"报时是一种建立在儿童每5分钟报数的本能基础上的方法(Lipstreu & Johnson,1988)。首先,儿童以传统方式掌握小时。接着,与其说是学习半小时的概念,还不如说是依靠指针"顺时针绕圈"的自然运动。在分针圆圈的帮助下,儿童学习读取间隔为5分钟的分针(图13-5)。

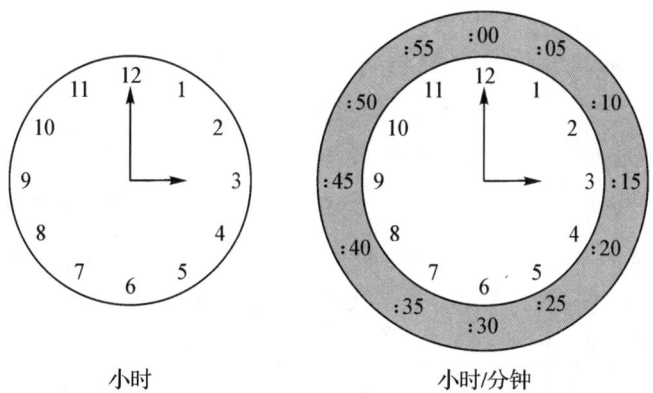

小时　　　　　　　　小时/分钟

图13-5　有分钟的闹钟

分针的长度足以完全覆盖时针,并指到5分钟的间隔上。一年级学生学习阅读间隔为5分钟的时钟数字,例如9:55。他们常常会注意到数字之间的标记,自发地开始计数5分钟和1分钟,例如7:34。在儿童完全掌握阅读钟面的基本技能后,可进一步制定适当的新的学习目标——如语言概念"半小时,一刻钟,从一小时倒数或10分钟后就是3点钟"。

同样,成年人能理解随着时间推移,时针慢慢"爬行"。刚开始,儿童直接读取时针和分针。当这种技能日趋娴熟后,教师引入更高难度的技能。钟面显示时针位于两个数字之间。有些教师使用短语"直到它到达那里再计数"以帮助儿童判断时间。

对儿童而言,阅读电子时钟相对容易,教师把模拟时钟的读数整体转换成电子时针的读数。学习阅读模拟时钟的优点之一是利用模拟时钟的圆面计算经过的时间(+30分钟,+50分钟,+43分钟)似乎更容易(Friedman & Laycock,1989)。

时长的概念或事件持续的时间在时间课程中占据重要地位。沙漏和厨房定时器能记录时间,产生时间上的间隔感。例如,儿童闭上眼睛,心中默数一分钟,然后再睁开眼睛。更多有关分钟课程的好办法可参考《家庭数学》(*Family Math*)(Stenmark,Thompson,& Cossey,1986)。

日常的课堂教学活动让儿童有机会学习估算时间。例如,儿童猜想复述一个故事,画一幅水彩画或竖立一块公告牌所需的时间。实地考察也为估算时间提供机会。我们所有人都上车需要多长时间?开车到达动物园需要多长时间?坐火车绕动物园一圈需要多长时间?为了下午三点回到学校,我们什么时候需要上车返回?

二到三年级学生可通过检查单和估算时间安排家庭作业。他们完成相应作业

(不急或不跳过任何部分),检验自身能力。守时和重视时间是社会生活中不可或缺的部分。尽管某些文化对时间的看法不同,但儿童最终必须适应既定的成人世界和文化生活。无为悠闲、淡漠时间和日出而作、日落而息,这样的生活在快节奏的世界似乎太奢侈了。

◎ **温度**

随着四季变换,儿童体验着温度的转变。从T恤、短裤到大衣,服装的变化取决于当地的气候。从滑雪橇到游泳,活动随季节而变。美国的某些地区,一个人可以今天在海滩,明天在山顶。许多教师绘制出天气的图表(晴天,阴天,刮风,下雨,下雪),并据此安排日常活动。二、三年级学生每天记录温度日志,并绘制成图表。

小学课程侧重于读取标准单位为华氏度或摄氏度的温度计。华氏单位经过校准,水的冰点为32度,沸点为212度。传统的微波炉使用华氏度。大型示范温度计让阅读更加容易。摄氏单位以0度作为水的冰点,100度为沸点。这些单位多用于科学课上,日常生活中并不多见。

教师购买带有活动红带的温度计或用彩带自制。带子显示"水银"上升或下降。用热水和冰水试验,并观察显示仪上温度的明显变化。儿童需要基础温度来衡量炎热天气、寒冷天气、海滨气温和适合穿毛衣的气温,或湖边气温。这一点摄氏度尤其适用。凉爽天气气温可能只有15度,而炎热的天气气温却达到35度。

每天电视、报纸、热线电话和网络都有天气信息。温度在农业中起着关键作用。气候与社会、时事、文学、移民模式和许多其他学科息息相关,我们的日常生活离不开温度。

◎ **货币**

货币在日常生活中循环作用着。儿童拿到零用钱,用来买东西。幼儿园和小学一年级学生学会给硬币命名,用美分表示其价值。他们喜欢把真正的硬币与图片匹配。教师可利用真硬币或塑料硬币。如果可能,实际货币为学生提供更好的实践体验。学校从家长会那儿获得一堆硬币"贷款",总价值为50美元。班级学生"核对从银行贷到的货币"(学校保险箱),清点钱数,用于单元活动。一天结束后,货币要送回保险箱。

"商店"游戏的简化版:教师以美分为单位给小件物品定价。儿童轮流花费10美分。教师给他们每人一段时间玩自己购买到的商品,一天结束后归还商品。

复杂的版本:学生4人一组。教师可利用以前的班级遗留下的一些小玩具或者到零售商店购买一些类似的小玩具。每组有两个学生是"买家",他们要决定商店将出售哪5样商品。另两个学生是卖家,要给物品标价并照料生意。每组给予一定的资金,如10美元。两个买家到各个商店询价,找出总额为10美元的各种物品,目标之一是尽可能花完10美元。如果卖家的标价里带有零头,如1.43美元,这就给买家带来挑战。卖家用钱箱装零钱。最后,给一组儿童留一定的时间玩"买"来的商品,一天结束后归还商品。

在购买物品方面,可以借助一首歌曲来提供简单的参考:《安静,宝贝》。

Hush, little baby, don't say a word,	安静,宝贝,别说话,
Papa's going to buy you a mockingbird.	爸爸给你买小鸟。
If that mockingbird won't sing,	如果小鸟不会唱,
Papa's going to buy you a diamond ring.	爸爸给你买钻戒。
If that diamond ring turns brass,	如果钻戒褪了色,
Papa's going to buy you a looking glass.	爸爸给你买镜子。
If that looking glass gets broke,	如果镜子摔碎了,
Papa's going to buy you a billy goat.	爸爸给你买山羊。
If that billy goat won't pull,	如果山羊不拉车,
Papa's going to buy you a cart and bull.	爸爸给你买牛车。
If that cart and bull turn over,	如果牛车翻倒了,
Papa's going to buy you a dog named Rover.	爸爸给你买小狗。
If that dog named Rover won't bark,	如果小狗不会叫,
Papa's going to buy you a horse and cart.	爸爸给你买马车。
If that horse and cart fall down,	如果马车摔坏了,
You'll still be the sweetest little baby in town.	你还是最乖的好宝宝。

将歌曲中提到的物品(如钻戒或镜子)的图片按顺序排列,用货币购买。三年级儿童会调查每件物品的市价,然后算出爸爸的总账单。

货币是一个非比例系统。10美分的大小并不是1美分的10倍。因此,儿童必须熟记硬币的面值。

二、三年级的儿童喜欢在喜爱的快餐店或餐馆"点餐"。教师可以收集或自制模拟菜单。儿童写出所点菜单,算出账单。也可利用杂货店广告和玩具目录来计划和筹备生日宴会或节日派对。100美元很容易就花完了。

最后,1美分、10美分和1美元单位对强化数位值系统是一个切实可行的办法。在游戏"美元数字"中(Stenmark, Thompson, & Cossey, 1986),玩家使用两排式棋盘(角和分)和骰子。玩家拿起10美分或1美分,放入相应的棋格。分可根据需要换成10美分。每个玩家有七次机会。游戏的目标是尽可能接近1美元但不能超出。儿童可改变玩法:延长棋盘,目标是几美元。玩家继续游戏,直到一人率先拿到5美元。虽然学习硬币的名称和面值比较容易,但数硬币和换零却需要多年的实践。游戏格鼓励儿童在愉快的环境中主动学习。

综　述

测量包括许多属性,如数字和单位,恰当的单位,确切或近似的答案。测量工具包括各种尺、容器、秤和温度计。儿童对测量概念的理解水平要经过多年的发展,而且儿童之间各有差异。这些复杂因素都使教学/学习的过程相当复杂。全面掌握一种单位系统需要花费大量时间,但这种付出能在以后学习其他测量单位时获得巨大回报。耐心,倾听儿童对过程的解释和大量的实践才能孕育成功。

设定的数学游戏

堆山

适合年龄:3—4 岁

所需物品:湿沙或大量陶土/黏土,线或纱线。

将材料分为两堆。儿童用其中一堆堆出一座尽可能高的山。作为挑战,然后再堆出另一座相同高度的山峰。儿童用一根纱线测量第一座山峰的高度。然后,把纱线切断,用来测量第二座山峰的高度,直到它们"一样高"。

变化:播放音乐,并唱《她将绕过这条山脉》(She'll Be Coming Round the Mountain)的歌曲。讨论人们如何在山中旅行。这跟在平路上有什么不同?

NCTM 焦点:幼儿园学前班,第三焦点

NCTM 过程标准:解题,沟通

NCTM 内容标准:测量,几何

设定的数学游戏

测量跳跃

适合年龄:4—5 岁

所需物品:长的矩形积木或纸板,幼儿园积木或一块光滑木头(无碎片)。

备选物品:高尔夫球手使用的塑料威浮球,报纸团,码尺。

儿童两人一组活动。一个儿童跃出"一大步",另一个儿童将积木头尾接龙铺在跃出的步伐上面,测量距离。然后他们互换角色,再试一次。这次他们将尝试更大的跳跃。这项活动最好在阳光明媚的日子,在草坪上进行(可避免因用力过猛而摔倒或受伤)。然后,将发现报告给其他同学。

变换:一个儿童抛出一个威浮球后站到一旁,其他儿童(或团队)用码尺测量距离。教师可用彩笔给白球标上代码,这样每个儿童在球场上都能找到自己的球。

全班把结果制成图表。

NCTM 焦点:幼儿园,第三焦点

NCTM 过程标准:解题,沟通,表达

NCTM 内容标准:测量

设定的数学游戏

敲钟

适合年龄:6—8岁

所需物品:碗装的中等大小的物品(如螺栓/螺母,大的通心粉,大纽扣,瓶盖),塑料勺,纸盘或纸碟,厨房定时器。

教师给每个儿童分配一小碗物品,一把勺子和一个纸盘。要求儿童在一分钟内尽可能多地将碗中的物品舀到纸盘中。规则是不能用手,只能用勺。任何掉出纸盘的物品必须从总数中减去。(比赛中儿童应使用相同的物品,例如,每个人都用瓶盖)计时器响起,比赛结束。每个儿童算出盘中的物品总数,数量最多者为胜。

NCTM 焦点:一年级,第一焦点

NCTM 过程标准:解题,沟通

NCTM 内容标准:测量,数字和运算

设定的数学游戏

动物木偶剧

适合年龄:7—9岁

所需物品:关于"一个老妇人吞了一只苍蝇……"(There Was An Old Lady who swallowed a fly…)的故事书和歌曲,压舌板,胶水,图画纸。

儿童画出老妇人吞入的动物(苍蝇、蜘蛛、鸟、猫、狗、牛、马),涂上色彩,然后剪下动物。临摹画出的动物,选择以英寸或厘米为单位进行测量。与其他同伴交换制作的模型。把这些动物模型都粘或钉在压舌板上面,然后全班同伴随着音乐表演故事情节。教师不妨要求儿童依从小到大的顺序排列动物模型。

NCTM 焦点:二年级,第三焦点

NCTM 过程标准:解题,沟通,联系,表达

NCTM 内容标准:测量,数字和运算

> **设定的数学游戏**
>
> **食品标签和吃饭方式**
>
> 适合年龄:8—9 岁
>
> 所需物品:大量物品,如瓶装番茄酱、烧烤调味汁、墨西哥式辣调味汁、色拉酱、瓶装花生酱、蛋黄酱、芥末、盒装酸奶油、汤匙、大汤匙、塑料纸盘。
>
> 许多营养食品标签推荐使用的量为 2 汤匙。学生用两种方式测量出各种成分。在一个纸盘中放入他们通常所吃的量。在另一个纸盘,他们仔细地测量出 1 或 2 汤匙的量。全班同学讨论标准量是否适当(即"平日你所吃的三明治放入 2 汤匙的花生酱够吗?"),学生把研究结果以论文或日记的形式写出来。
>
> NCTM 焦点:三年级,第三焦点
>
> NCTM 过程标准:解题,沟通,联系,表达
>
> NCTM 内容标准:测量

实地调查:临床日志或数学日记

围绕一圈

采访幼儿园或一年级的儿童。

所需物品:带壳花生、餐盘或(加热食物的)烤板或大蛋糕烘模、大青豆或其他小豆物体;教师记录用纸。

将餐盘倒扣,观察儿童用花生作为测量单位测量餐盘的周长。听取儿童完成任务的方法。如果到最末端,放不下一整颗花生,该怎么办呢?写一份简短的报告。

拓展:如果用青豆围绕餐盘一圈,情况会怎么样?答案是否一样?经过思考,试试用其他小豆做测量单位,情况会怎样。

更多活动和研究问题

1. 选择英制(惯用)或公制的一种,研究其发展史。写一个段落或一篇日记陈述你的选择。

2. 利用熟悉的格式,发明一种硬币识别游戏,如宾果游戏。如果可能,创建材料,并让一年级儿童尝试完成。

3. 参观图书馆,找到一本关于时间的儿童图画书。评价书中如何安排活动或如何显示持续时间。这本书更适合哪个年龄组的儿童?用一个段落或一篇日记陈述你的发现。

4. 进行创意性的室内外测量活动。确定单位(厘米、米、英尺等),并写出你的想法。准备好与全班分享你的想法。

相关的儿童文学

时间

Axelrod, A. (1996). *Pigs on a blanket*. New York: Simon and Schuster Children's Books.

Carle, E. (1993). *Today is Monday*. New York: Philomel Books.

Carle, E. (1997). *The grouchy ladybug*. Hong Kong: Harper Trophy.

Curtis, J. L. (1993). *When I was little: A four-year-old's memoir of her youth*. New York: Harper Collins Publishers.

Jackson, E. (1995). *Brown cow, green grass, yellow mellow sun*. New York: Hyperion Books for Children.

King, C. (1994). *The vegetables go to bed*. New York: Crown.

McMillan, B. (1989). *Time to...*. New York: Lothrop, Lee and Shephard.

Murphy, J. (1996). *Get up and go*. New York: HarperCollins Children's Books.

Singer, M. (1991). *Nine o'clock lullaby*. New York: Harper-Collins Children's Books.

测量

Adams, P. (1990). *Ten beads tall*. Auburn, ME: Child's Play.

Allen, P. (1983). *Who sank the boat?* New York: Coward.

Allington, R. (1985). *Measuring*. Austin, TX: Raintree.

Branley, R. (1976). *How little, how much: A book about scales*. New York: T. Y. Crowell.

Briggs, R. (1970). *Jim and the beanstock*. New York: Coward-McCann.

Caple, K. (1985). *The biggest nose*. New York: Houghton Mifflin.

Dahl, R. (1990). *Esio trot*. New York: Viking Press.

Fey, J. T. (1971). *Long, short, high, low, thin, wide*. New York: T. Y. Crowell.

Hennessy, B. G. (1988). *The dinosaur who lived in my back yard*. New York: Viking Destrel.

Hoban, T. (1985). *Is it larger? Is it smaller?* New York: Greenwillow.

Johnson, T. (1986). *Farmer Mack measures his pig*. New York: Harper & Row.

Joyce, W. (1987). *George shrinks*. New York: Harper Collins.

Kellogg, S. (1976). *Much bigger than Martin*. New York: Dial.

Kellogg, S. (1984). *Paul Bunyon, a tall tale*. New York: Morrow.

Lionni, L. (1960). *Inch by inch*. New York: Astor-Honor.

Lionni, L. (1968). *The biggest house in the world*. New York: Pantheon.

Milhous, K., & Dalgliesh, A. (1990). *The turnip: An old Russian folk tale*. New York: Putnam.

Morimoto, J. (1988). *The inch boy*. New York: Puffin.

Most, B. (1989). *The littlest dinosaurs*. New York: Harcourt Brace Jovanovich.

Myller, R. (1962). *How big is a foot?* New York: Macmillan.

Nesbit, E. (1989). *Melisande*. New York: Harcourt Brace Jovanovich.

Pluckrose, H. (1988). *Capacity*. Danbury, CT: Watts.

Russo, M. (1986). *The line up book*. New York: Greenwillow.

金钱

Brisson, P. (1993). *Benny's pennies*. New York: Doubleday.

Hoban, T. (1987). *Twenty-six letters and ninety-nine cents*. New York: Morrow.

Viorst, J. (1978). *Alexander who was rich last Sunday*. R. Cruz Illus. Old Tappan, NJ: Atheneum.

与科技的联系

教师用网页：与测量相关的教学教案

1. www.iit.edu/~smile

该网站中 200 多份教案分为 9 个数学主题，其中包括几何和测量。该网站由伊利诺斯科技研究所(Illinois Institute of Technology)开发，内容面向幼儿园到十二年级学生使用。该网站为那些天才儿童提供很多具有挑战的难题。

2. http//mathforum.org/paths/measurement

卡罗莱纳州为了使其教师的教学能够符合国家和州立的标准，特此提供了一系列有关小学测量的教案。平实的语言和日常的道具大大方便了教师的使用。

儿童用软件

1. Easy Street Multimedia. (1996). Mindplay, Tucson, AZ.

推荐给3到8岁儿童使用。儿童在购物途中要尽量避免讨厌的大猩猩Knuckles。游戏目的是学习数数、标签、分类和货币。特效动画、图形和音效给旅途增添了乐趣。

2. Trudy's Time and Place House. (1992). Edmark, Redmond, WA.

推荐给幼儿园至二年级儿童使用。特鲁迪(Trudy)要进行5段旅程,其中包括拜访安那罗格·安(Analog Ann)和迪吉·丹(Digital Dan)。她能控制动画电影的时间,也能学习方向和大洲。

3. The Ice Cream Truck. (1999). Sunburst CommunicationsNew York, NY.

推荐给二至六年级儿童使用。该程序是让儿童模拟做生意。游戏要求制订计划,进行可行性演算,设定价格,卖出冰淇淋。

4. Mighty Math Zoo Zillions. (2004). Broderbund, Redmond, WA.

推荐给幼儿园至二年级儿童使用。该程序包括数数、基本运算和在角马商店(Gnu Eve Boutique)换零钱。

参考文献

Barrett, J. E., Clements, D. H, Klanderman, D., Pennisi, S., & Polaki, M. V. (2006). Students' coordination of geometric reasoning and measuring strategies on a fixed perimeter task: Developing mathematical understanding of linear measurement. *Journal for Research in Mathematics Education*, 37, 187–221.

Carpenter, T., & Lewis, R. (1976). The development of the concept of a standard unit of measure in young children. *Journal for Research in Mathematics Education*, 7, 53–58.

Copeland, R. W. (1984). *How children learn mathematics* (4th ed.). New York: Macmillan.

Friedman, W. J. (1986). The development of children's knowledge of temporal structure. *Child Development*, 57, 1386–1400.

Friedman, W. J., & Laycock, F. (1989). Children's analog and digital clock knowledge. *Child Development*, 60, 357–371.

Kouba, V., Brown, C., Carpenter, T., Lindquist, M., Silver, E. A., & Swafford, J. O. (1988). Results of the fourth NAEP assessment of mathematics: Measurement, geometry, data interpretation, attitudes, and other topics. *Arith-*

metic Teacher, 35, 10 – 16.

Liedtke, W. W. (1993). Measurement. In J. W. Payne (Ed.), *Mathematics for the young child* (pp. 229 – 250). Reston, VA: NCTM.

Lipstreu, B. L., & Johnson, M. K. (1988). Teaching time using the whole clock method. *Teaching Exceptional Children*, 20, 10 – 12.

Michelmore, M. C. (1997). Children's informal knowledge about physical angle situations. *Learning and Instruction*, 7, 1 – 19.

National Council of Teachers of Mathematics (NCTM). (2000). *Principles and standards for school mathematics*. Reston, VA: Author.

Piaget, J., Inhelder, B., & Szeminka, A. (1960). *The child's conception of geometry*. E. A. Lurnzer, Trans. New York: Basic Books.

Porter, J. (1995). Balancing acts. *Teaching Children Mathematics*, 1, 430 – 431.

Schwartz, S. L. (1994). Calendar reading: A tradition that begs remodeling. *Teaching Children Mathematics*, 1, 104 – 109.

Souchik, R., & Meconi, L. J. (1994). Ideas: Measurement scavenger hunt. *Arithmetic Teacher*, 41, 253.

Stenmark, J. K., Thompson, V., & Cossey, R. (1986). *Family math*. Berkeley: University of California.

Whitin, D. J., & Gary, C. C. (1994). Promoting mathematical explorations through children's literature. *Arithmetic Teacher*, 41, 394 – 399.

第十四章

数学主题活动

本章采用一种略有不同的方法研究数学。四个主题活动概述了各种课外兴趣活动的想法。这些活动包括许多幼儿课堂的传统活动,如烹饪,表演游戏,音乐,运动,创意艺术。主题活动突出数学,使用现有的儿童文学作品以提高语言的发展。关于熊的活动适合幼儿,如学步儿或学龄前儿童。马戏、昆虫和蜘蛛单元适合幼儿园课堂的氛围。彼得兔激励一、二年级学生去探讨感情和园艺。

主题活动有几个优势。它们能随时激发思路。主题方法不应僵化,不应规定每人一周做固定不变的事情。它是创造力的源泉,是跳板。它鼓励主动学习、表演游戏,以及对自然世界充满好奇。学习中心或活动中心使老师能够为儿童提供选择。它能在以儿童为主、教师为辅的学习之间建立平衡。

课程之间存在着自然的联系。各个主题单元的重叠能帮助那些需要帮助的儿童,有助于他们在语言发展上有更多实践。与此同时,主题单元包含的观念很丰富,对最有能力的儿童也能形成挑战。最后,主题很容易为家长接受,他们愿意和孩子一起参加家庭活动。这些示范单元是一种展示了数学如何成为日常生活的一部分的方式。

关于熊（学龄前）

熊的故事吸引着幼儿，尤其是泰迪熊。对很多人来说，泰迪熊是心爱的伙伴。《金发姑娘和三只熊》(Goldilocks and the Three Bears)的童话故事年复一年为新一代带来悬念和喜悦。熟悉的面孔和熟悉的主题为幼儿在幼儿园的初体验创造积极的氛围。

语言发展

这些词汇帮助幼儿了解熊。

种类	居住地	食物	运动
北极熊	冰天雪地	肉和植物	走
灰熊	山	蜂蜜	跑
黑熊	森林		站
棕熊	动物园,洞穴		游泳
泰迪熊	家		

颜色	数学方位词	数学顺序词
灰	上面,周围	第一,最后
黑	里面,外面	中间
白	下面,上面	
绿		
红		
黄		
蓝		

数学比较词	数学测量词
大,小	丢失,找到
热,冷	高,矮
长,短	硬,软
年轻,年老	

问题：

1. 熊有哪些颜色？
2. 熊生活在什么地方？
3. 熊怎么活动？

4. 适合野餐的地方是哪里?
5. 你最喜欢哪个毛绒玩具?

创意艺术

◎ 小熊拓印

材料:小熊纸板剪贴画,图画纸,蜡笔,胶水,刷子,咖啡渣。

步骤:

1. 向儿童做示范,如何把剪贴画放在图画纸的下面。
2. 用蜡笔摩擦图画纸,直到小熊的形状出现。
3. 用胶水粘住小熊,利用咖啡渣给小熊喷上颜色。

创意活动

◎ 熊的运动

材料:不同节拍的唱片。

步骤:

让儿童练习模仿熊运动,如从冬眠中苏醒,伸展四肢,用四肢爬行,站立,游泳和奔跑。

科学

◎ 麦片粥

材料:速溶燕麦,厨房用品,水,牛奶,糖,碗,温度计,课堂用的大号便于读取数字的红水温度计。

步骤:

1. 制作麦片粥之前用温度计测量水的温度。在温度计上做上记号。
2. 把多余的水放入碗中,让儿童感受水温。
3. 用微波炉或烤箱烹饪"粥"。讨论"热的"食物。再次测量温度,在另一根温度计上做上记号。
4. 做一个品尝实验。多少儿童喜欢燕麦?多少儿童喜欢热的?多少儿童喜欢凉的?用图表展示结果。
5. 利用大型课堂用温度计展示热和冷。讨论大家所喜欢的热的食物(汉堡)和凉的食物(冰淇淋)。

◎ 野餐食物种类

材料:各种野餐食物的图片。留有空间的告示板或纸板。

步骤：

1. 把图片分成两组，如我们喜欢的热食及冷食。

2. 将图片摆放在一边，全班阅读故事《泰迪熊的野餐》(*The Teddy Bear's Picnic*)(Kennedy，1992)和《它是那只熊》(*It's the Bear*)(Alborough，1994)，在已有图片的基础上增加图片。

表演游戏

◎ 金发姑娘和三只熊

材料：在家务角准备工具用于复述童话故事，假毛皮制成的熊帽子。

步骤：

1. 读《金发姑娘和三只熊》的故事，让儿童复述每个部分。

2. 鼓励儿童安排和表演故事情节。他们可能会改变顺序，给自己的版本增加人物。

音乐

演唱和表演传统歌曲，例如：

Teddy Bear's Picnic	**泰迪熊的聚餐日**
If you go down in the woods today	如果您今天走进森林，
You're sure of a big surprise.	你肯定会特别惊奇。
If you go down in the woods today	如果您今天走进森林，
You'd better go in disguise;	你最好是乔装潜入。
For ev'ry Bear that ever there was	因为所有的泰迪熊，
Will gather there for certain, because	将集合在那里，因为
Today's the day the Teddy Bears	今天是泰迪熊的聚餐日。
Have their picnic.	
Ev'ry Teddy Bear who's been good	每一只泰迪熊都是好宝宝，
is sure of a treat today.	今天请善待泰迪熊宝宝，
There's lots of marvelous	这里有美味的食物，
Things to eat.	
And lots of wonderful games to play	还有好玩的游戏，
Beneath the trees where nobody sees	躲在树下，没人看见，
They'll hide and seek as long	泰迪熊玩捉迷藏想玩多久就玩多久，
As they please.	

'Cause that's the way the Teddy Bears	因为那是泰迪熊野餐的方式。
Have their picnic.	
If you go down in the woods today	如果你今天走进森林，
You'd better not go alone	你最好不要独行。
It's lovely down in the woods today	走进森林很美好，
But safer to stay at home.	但待在家中更安全，
'Cause that's the way the Teddy Bears	因为那是泰迪熊野餐的方式。
Have their picnic.	

The Bear Went Over the Mountain	小熊越过山岭
The bear went over the mountain，	小熊越过山岭，
The bear went over the mountain，	小熊越过山岭，
The bear went over the mountain，	小熊越过山岭，
To see what he could see.	去发现新的世界。
To see what he could see，	去发现新的世界，
To see what he could see，	去发现新的世界，
The bear went over the mountain，	小熊越过山岭，
To see what he could see，	去发现新的世界。
The other side of the mountain，	山的那一边，
The other side of the mountain，	山的那一边，
The other side of the mountain，	山的那一边，
Was all that he could see.	就是小熊看到的新世界。
Was all that he could see，	就是小熊看到的新世界，
Was all that he could see，	就是小熊看到的新世界，
The other side of the mountain，	山的那一边，
Was all that he could see，	就是小熊看到的新世界。

烹饪

◎ 夹心熊

材料：熊饼干切割刀，起司片，白面包，一把小钝刀。

步骤：

1.用切割刀在起司上切出一个熊的形状。

2. 用小刀切一大一小两片长方形的白面包。

3. 较大的一片面包垫底,熊形起司夹在中间,上面用较小的面包盖住。

4. 享受熊形三明治。

教学变式:从甜酥饼干面团上切下熊的形状,烘焙,装点。

社会调查

◎ 熊的栖息地

材料:一张动物园的熊栖息地的图片。蓝和灰或灰白的橡皮泥,其他颜色的橡皮泥用来表示食物、鞋盒、鞋盒盖或纸板。

步骤:讨论洞穴、平地和池塘。动物园饲养员会把食物放在哪里?一处栖息地住着多少只熊?制作一处栖息地的模型,用橡皮泥表示水,鞋盒或纸板表示陆地。如果儿童已经研究过这个话题,可以增加"食物"。

数学活动

◎ 数字和运算——三个一组的事物

材料:散落在教室里的成套物品,物品无需相同,如三个不同的咖啡杯。

步骤:

1. 让儿童在教室里寻找三个一套的物品。

2. 让每个儿童都举例说出一套物品,并当场数给其他同学看。

3. 如果需要,练习数《金发姑娘和三只熊》中的物品。

◎ 匹配/一一对应

材料:玩具餐盘和银餐具,正常餐盘和银餐具,野餐毯或野餐桌布,从家中带来的泰迪熊玩具,一份特殊的点心。

步骤:

1. 让儿童铺好桌布,为泰迪熊准备小餐盘,为自己准备大餐盘。

2. 讨论大和小的关系。

3. 利用特殊的点心假装进行野餐。

◎ 事件顺序——第一和最后

材料:故事书《金发姑娘和三只熊》,三只小猫,山羊三兄弟。(如果需要,准备故事卡)

步骤:

1. 让儿童按顺序复述故事,关注事件的顺序。

2. 如果需要,在讲述过程中使用图卡。

3. 强调词汇第一和最后。

◎ 编故事

材料：儿童的泰迪熊，多余的泰迪熊用于"领养"。

步骤：

1. 让儿童从家中带一只泰迪熊，为那些没有泰迪熊的儿童额外准备熊。
2. 让每个儿童回忆一件与泰迪熊有关的事情。
3. 如果儿童回想不起来，让他/她编一个故事与大家分享。

◎ 几何（部分与整体）

材料：橡皮泥或彩泥捏成的椭圆形（头和身体），圆柱形（胳膊和腿），扁平的球体（耳朵和口鼻部分）。橡皮泥做成小熊模型的步骤如下：

1. 让儿童把各部分合成一个小熊，注意各部分如何搭配。
2. 讨论各个部分，用"整个小熊"的字眼来形容动物。

◎ 测量（比较大小）——堆一座山

参考第十三章中关于测量的说明。

故事时间：鼓励儿童聆听、复述和表演下面的故事。

1. Alborough, J. (1992). *Where's my teddy?* Cambridge, MA：Candlewick Press. 一个小男孩在森林中弄丢了他的泰迪熊。他在森林中找到了一只大泰迪熊，这只大泰迪熊原本属于一只真正的大泰迪熊。而这只真正的大泰迪熊拿着小男孩的泰迪熊。于是他们交换了各自的泰迪熊，皆大欢喜。

2. Alborough, J, (1994). *It's the bear.* Cambridge, MA：Candlewick Press. 这是 *Where's my teddy?* 的续集。小男孩埃迪和他的妈妈去野餐，妈妈忘记带甜点，于是她把埃迪独自留下。大熊回来，开始自己的野餐，埃迪的历险不断继续。最后，妈妈带回来蓝莓派。而大熊却抢走蓝莓派，所有人都散开。

3. Galdone, P. (1972). *The three bears.* New York：Clarion Books. 传统的三只熊故事以一种直接的叙事方式展开并配有精美的插图。

4. Huber, I. (1994). *Sleep tight, little bear.* New York：Abbeville Press. 一只泰迪熊试图睡在居住着很多动物的大森林中。最后，它发现屋子里一个小孩躺在床上哭。它爬上床，和小孩一起美美地睡着了。

5. Kennedy, J. (1992). *The teddy bear's picnic.* New York：Henry Holt & Company. 利用原有的经典歌曲的歌词制成的一本优美的儿童绘本。

6. Martin, B. (1983). *Brown bear, brown bear, what do you see?* New York：Henry Holt & Company. 灰熊遇到各种颜色的有趣动物。韵脚反复重复，节奏感强。通过实践，儿童很容易记住顺序。

7. Taylor, G. (1995). *Bears at work：A book of bearable jobs.* San Francisco：Chronicle Books. 字母表中的每个字母都变成一种职业，从冒险家到动物饲养员。对幼

儿来说,某些职业相对容易掌握。字母故事能帮助儿童更好地融入现代社会。

8. Tolhurst, M. (1990). *Somebody and the three Blairs*. New York：Orchard Books. 《金发姑娘和三只熊》故事的现代版反转。布莱尔一家外出时,一只熊造访了他们家。熊体验了很多活动,如找游戏。一个游戏太吵,一个游戏太冷,一个游戏真正好。在布莱尔一家回来之前,熊把他们家搞得一团糟。这个故事很有趣。

9. Turkle, B. (1976). *Deep in the forest*. New York：Dutton Children's Books. 无文字叙述的图画书。三只熊在森林中拜访了金发姑娘一家,经历了同样的冒险。

10. Waddell, M. (1992). *Can't you sleep, little bear?* Cambridge, MA：Candlewick Press. 大熊按从小到大的顺序拿来三盏灯。但是小熊因为害怕黑暗还是睡不着。最后,大熊给小熊带来月光和星光,小熊终于睡着了。

11. Waddell, M. (1994). *When the teddy bears came*. Cambridge, MA：Candlewick Press. 大家给一个新生儿送了很多泰迪熊玩具做礼物。礼物太多了,汤姆觉得自己被忽视了。妈妈察觉到这个问题,于是给了汤姆更多的关爱。

马戏团(学龄前—幼儿园)

儿童很喜欢马戏团这个主题。很多活动能增强儿童的创造力,帮助儿童探索数学概念。大多数儿童至少都有过一次观赏小型马戏团巡演的经历。动物表演、惊险杂技和小丑们的滑稽动作给全世界带来欢乐。

语言发展

这些语言词汇通常会出现在图片、故事和实际表演中。

动物	人	地点	事物/事件	数学方位词
熊	变戏法的人	帐篷(帐篷)	(马戏团)大篷车	向上,向下
大象	小丑	马戏场	表演	上面,下面
狮子	高空钢丝演员		汽笛风琴	里面,外面
老虎	荡秋千演员		有轨电车	
马	司仪		大卡车	
	驯兽师			

数学顺序词汇	数学比较词	数学测量词
第一，最后	高，低	一杯
中间	重，轻	
	快，慢	
	大（巨大），小	

问题：

1. 马戏团发生了什么事情？
2. 人们住在哪里？
3. 动物们吃什么？
4. 马戏团如何在城镇之间迁移？

创意艺术

◎ 小丑脸谱

材料：可洗的化妆品，雪花膏，颜色鲜艳的线头，镜子。

步骤：

1. 儿童把自己装扮成小丑。
2. 把一堆线头蓬松地绑在一起，然后粘在头上做成假发。

变化：装点玩偶脸谱或小丑手指画。

利用马戏材料进行拇指画：书，拇指画表演，印台，纸，蜡笔。

步骤：

1. 儿童在纸上摁一个拇指印，然后在教师帮助下，在拇指印上画一张脸谱。
2. 儿童想象一个地方把拇指藏起来，在周围画一幅画。
3. 大家分享藏拇指的秘密地点。

创意活动

◎ 大象走路

材料："一头大象"的歌词。

步骤：

1. 儿童围坐成一圈，唱道：

"一头大象出来玩，一天在一只蜘蛛网上玩，它玩得如此开心，它叫另一头象出来玩。"

2. 一名儿童用一只胳膊充当象鼻，绕着圆圈摆动。歌词变为：

"两头大象出来玩。"

◎ 走钢丝

材料：平衡木

步骤：

1. 每个儿童走过平衡木，用一只脚保持平衡。

2. 儿童尝试倒着走。

3. 播放背景音乐，节奏由慢到快，鼓励儿童踩着不同的节拍走。

科学

◎ 种花生

材料：生花生，土壤，塑料杯子。

步骤：

1. 在每个杯子里种一颗花生，浇水，放在阳光充沛的地方。

2. 比较结果。

◎ 野生/家养动物种类

材料：两种动物的图片（可以选自美国国家地理和商业广告）。

步骤：

1. 根据标准将动物分类。

2. 讨论每种动物类别归属的原因。还能再增加其他动物吗？

◎ 植物果实调查——地上/地下

材料：种子目录中的蔬菜图片。

步骤：

1. 制作一张教室图表，用一根线表示土壤层。

2. 在线的下面粘上植物图片，如花生、甜菜或土豆。

3. 在线的上面粘上植物图片，如西红柿、玉米和豌豆。

烹饪

◎ 花生柱

成分：

一杯蜂蜜，一杯奶油花生酱，一杯速溶脱脂奶粉，一杯葡萄干，一杯全麦饼干屑。

安全小贴士：确保所有儿童对花生不过敏。

步骤：

1. 把蜂蜜、花生酱和奶粉混合并搅拌均匀。

2. 把葡萄干倒入混合物中搅拌。

3. 再加入全麦饼干屑搅拌。

4. 制成柱体,置于不沾面或蜡纸上。

5. 冷冻 1 小时。

6. 数学拓展:在冷冻前后分别计算柱体的个数。柱体数保持不变吗？为什么？

表演游戏

◎ **马戏表演**

材料:自制面具和服装。

步骤:

儿童盛装打扮,模仿动物或小丑走路,如果需要,携带道具。教师播放带有汽笛风琴效果的马戏音乐。

◎ **马戏**

材料:道具,服装,纸或"棍子顶纸盘"的面具,呼啦圈。

步骤:

1. 让儿童假装马戏表演。

2. 让儿童表演他们最爱的马戏故事。鼓励他们创作新的人物形象或增添新的故事情节。

在纸盘上粘贴眼睛、耳朵、鼻子或其他特征,然后把纸盘固定在大的压舌板(tongue depressor)上,就能制成各式各样的动物面具。这些活动按照一定的说明进行,所以不算创意艺术。具有良好神经控制力的儿童希望能够帮教师制作马戏表演的面具。

社会调查

◎ **马戏服装**

材料:马戏服、戏服和工作服的图片。把这个活动与小丑脸谱或马戏表演等活动相协调。

步骤:

讨论不同的服装。服装由哪几部分组成？为什么人们表演要穿特定服装？人们穿什么服装去工作？同一个人穿不同的服装还是他自己吗？

数学活动

◎ **数字和测量——花生周长**

材料:带壳花生,大碗,小桌子。

步骤:

1. 儿童两人一组讨论如何测量小桌子的边长。特别注意要紧贴桌边,花生摆放要首尾相接。

2. 完成周长测量后,儿童拿走花生,计算花生数量。(一些桌子需要的花生量可能超过 100 颗)

◎ **顺序与次序(时间)——米蕾的故事**

材料:故事书《高索上的米蕾》。

步骤:

1. 朗读米蕾的故事,突出事件发展的顺序。

(1)米蕾住在寄宿宿舍。

(2)退休的高索表演家到来。

(3)米蕾学习走高索。

(4)表演家决定回到舞台。

2. 让儿童表演,并按顺序复述故事。

◎ **顺序与次序(大小)——表演动物**

材料:大小不一的毛绒马戏动物。

步骤:

让每个儿童轮流按从小到大的顺序排列动物。如果毛绒玩具的大小与真实动物的大小不成比例,例如一头非常小的象,讨论现实生活中的实际情况。

◎ **几何(空间和形状)——马戏帐篷**

材料:旧地毯,窗帘,桌椅。

步骤:

1. 儿童搭一座"马戏棚"并讨论它的作用。

2. 教师不妨鼓励儿童使用内和外的概念。

3. 儿童可以猜想一座帐篷能够容纳多少儿童。

◎ **早期代数(模式)——马戏动物和马戏表演者**

材料:各种动物和小丑的毛毡剪贴画。

步骤:

1. 选择两种剪贴画,在绒面板上创作模式。

2. 一个儿童创作一种模式,另一个儿童复制或拓展它。

◎ **测量(重量)—— 一只小象有多重?**

材料:重物体的图片,如小象;轻物体的图片,如广告纸板或告示牌。

步骤:

1. 调查小象的重量。把小象的重量与新生儿的重量相比较。

2. 利用一些比小象重的和轻的物体的图片,制成一张多—少的图表。

◎ **数字和运算(部分—部分—整体—数字5)——混合坚果图案**

材料:带壳的坚果,如花生,杏仁,核桃和山核桃(任何不滚动的坚果),碗,大桌子或地毯。

步骤:

1. 用两种坚果设计一种图案,每种图案使用5颗坚果。

2. 用图案装点桌子,向教师讲述组合的思路,如:"这个图案由2颗山胡桃和3颗花生组成,看上去像一颗星星。"

◎ **解决问题——在马戏团:加减法**

材料:关于马戏团的儿童书籍,11种问题模式(见第十章)。

步骤:

1. 让儿童挑选一个自己喜欢的故事。

2. 教师利用故事中的人物和11种问题模式编写应用题。

3. 把儿童分成小组解应用题,可以运用教具,聆听儿童思考问题的方式。

故事时间:鼓励儿童聆听,复述和表演下面的故事。

1. Booth, E. (1997). *At the circus*. Milwaukee:Raintree Books. 作者利用马戏团的场景,鼓励儿童计数,视觉差异和编故事。

2. DuBois, W. P. (1971). *Bear circus*. New York:Puffin Books. 树袋熊(考拉)花7年时间使用马戏团设备,拼凑出一台演出。

3. Ehlert, L. (1992). *Circus*. New York:Harper Collins. 各种彩色的动物在一个与众不同的马戏团表演。

4. Ipcar, D. Z. (1970). *The marvelous merry-go-round*. New York:Doubleday. 马戏团来到镇上之后,木雕家决定为旋转木马雕刻神奇的图案。

5. Kennaway, A. (1991). *Little elephant's walk*. New York:Willa Perlman Books/Harper Collins. 象妈妈和象宝宝在非洲平原上行走。他们遇到了斑马、河马等有代表性的野生动物,以及稀有的本地动物,如疣猪、山魈和果蝠。作者勾勒出色彩斑斓的动物生活。

6. McCully, E. A. (1992). *Mirette on the high wire*. New York:G. P. Putnam & Sons. 一百多年前,米蕾住在一间寄宿宿舍里。一位著名的高索表演家也来到了这间宿舍,他指导米蕾如何在高索上保持平衡。在帮助米蕾的同时,他自己也战胜摔落的恐惧,最终回到舞台。

7. Peppe, R. (1989). *Thumbprint circus*. New York:Delacourte Press. 大拇指是一名小丑演员,他希望在马戏团找到一份工作。他尽力帮助所有的演员。结果他被大炮击中,消失了。所有人都在寻找他,最后他在大号(乐器)中现身。观众们很喜欢他的表演,最后他得到了工作。

8. Petershan, M. F. (1950). *The circus baby*. New York:Macmillan. 象妈妈教象宝宝像马戏团成员一样吃饭。但是象宝宝却不会使用高脚椅和食具。但象妈妈觉得她的孩子很优秀。

9. Riddell, C. (1988). *The trouble with elephants*. New York:J. B. Lippincott. 故事讲述的是一头大象搬入一栋街区的房子后遇到的麻烦,这是一个神奇的故事。大象们不太会洗澡,野餐,骑自行车。但它们还是一样惹人爱。

10. Vincent, G. (1988). *Ernest and Celestine at the circus*. New York:Greenwillow Books. 欧内斯特找到了他的旧戏服,装扮成一个小丑。他和塞莱斯廷在人群前进行了一场马戏表演。大家都很开心。

昆虫(学龄前—幼儿园)

另一个广受儿童欢迎的主题是昆虫。很多永恒的儿童文学,如《好饿的毛毛虫》(Carle,1971)已经成为了早期教育的经典范本。儿童对其他一些生物很着迷,虫子为他们探索大自然提供了丰富的源泉。

语言发展

这些语言概念通常会在昆虫研究中出现。

动物益虫	动物害虫	动物捕食者	花园/谷类害虫
大多数蚂蚁	木蚁	鸟	蚜虫
大多数蜘蛛	灰蜘蛛	蛇	黄守瓜
蜜蜂	黑寡妇蜘蛛	青蛙	地蜈蚣
瓢虫	狼蛛	癞蛤蟆	日本金龟子
蝴蝶/蛾子	蚊子		
蟋蟀	黄蜂,大黄蜂		
蜻蜓	白蚁		

◎ **身体部位**

昆虫①	蜘蛛
六条腿	八条腿
三部分(头,胸腔,腹)	两部分
触角或触须(某些)	注:蜘蛛不是昆虫,是蛛形纲动物。
翅膀(某些)	

住所	声音	运动
蜂窝	嗡嗡	飞
蚁穴	啁啾	跳
蜘蛛网		走
灌木丛		爬
水		游
鸟巢		
树		
植物		

◎ **动物角色**

蚂蚁　一些是护士,照顾幼虫。
　　　一些是士兵,保护家园。
　　　一些负责寻找食物,清理家园。

蜜蜂　蜂王春天产卵。
　　　夏天卵孵化成工蜂。
　　　工蜂采花酿蜜,照料蜂窝。

数学比较	数学方位	数学顺序	时间词汇	数学形状	数学数字
年幼,年长	里面,外面	开始,中间	早晨,晚上	椭圆	2,3
近,远	内,外	结尾	白天,黑夜	筒	6,8
快,慢			春,夏,秋		

情绪性幸福感

　　一些学步儿对蜜蜂或蜘蛛等昆虫有一种非理性的恐惧或害怕。如果处理不当,这种恐惧会影响儿童的一生,使他们长期处于焦虑之中。例如:患有恐惧症的成人不敢走进地下室或去户外,害怕遇上可怕的昆虫。

---

① 安全小贴士:不要抓活的蜜蜂或触碰蜘蛛,因为它们会刺人或咬人,而且有些儿童对蜜蜂刺毛过敏。

向心理健康专家咨询最新的技巧,鼓励家长帮助儿童在幼年时期克服这种恐惧。因为儿童长大后就很难恢复到常态。

问题:

1. 蜜蜂和蚂蚁有哪些不同?
2. 触角或触须的作用是什么?
3. 昆虫会发出声音吗?怎么发声?为什么?
4. 蜜蜂喜欢什么颜色?

创意艺术

◎ **编织蜘蛛网**

材料:细绳,鞋盒,黑白漆。

步骤:

1. 在鞋盒内部涂上黑漆。把细绳放入白漆中浸染,然后在鞋盒底部交叉拉线。
2. 图案应看似蜘蛛网。

◎ **彩泥昆虫和蜘蛛**

材料:彩泥,烟斗通条,玉米粒。

安全小贴士:5岁以下儿童不要使用种子、坚果或气球。

步骤:

1. 制作昆虫各部分(三部分)或蜘蛛两部分的模型。如果需要系上烟斗通条做腿,用玉米粒做眼睛。
2. 让儿童介绍动物。

创意活动

◎ **假扮:昆虫**

材料:无。

步骤:

让儿童轮流模仿蜜蜂、甲虫等昆虫运动。

变化:分成小组进行比赛,比赛中,每个人必须模仿一种特定的昆虫。

◎ **爱生气的瓢虫:脸谱**

材料:儿童文学《爱生气的瓢虫》。

步骤:

让儿童变换表情,模仿瓢虫高兴、瞌睡、无聊和难过时的样子。

音乐、手指表演和运动

歌曲：小小蜘蛛（The Eensy weensy spider），蚂蚁行军（The Ants Go Marching）。

边唱边模仿动物活动。

Eensy Weensy Spider	**小小蜘蛛**
The eensy weensy spider	小小蜘蛛
Climbed up the water spout.	爬上水管，
Down came the rain	下起雨来，
And washed the spider out.	冲走了蜘蛛。
Out came the sun	太阳出来
And dried up all the rain,	雨过天晴
And the eensy weensy spider	小小蜘蛛
Climbed up the spout again.	又爬上水管。
The Ants Go Marching	**蚂蚁行军**
The ants go marching one by one,	蚂蚁行军一接一，
Hurrah, hurrah.	一二一，
The ants go marching one by one,	蚂蚁行军一接一，
Hurrah, hurrah,	一二一，
The ants go marching one by one,	蚂蚁行军一接一，
The little one stops to suck his thumb,	小蚂蚁停下来去吮吸手指，
Any they all go marching down	后面的队伍倒地上，
Into ground to get out of the rain,	蚂蚁去避雨，
BOOM! BOOM! BOOM!	轰隆隆！
Two... tie his shoe...	小蚂蚁停下来系鞋带
Three... climb a tree...	小蚂蚁停下来去爬树
Four...shut the door...	小蚂蚁停下来去关门
Five... take a dive...	小蚂蚁停下来去玩水
Six... pick up sticks...	小蚂蚁停下来捡树枝
Seven... pray to heaven...	小蚂蚁停下来乞求上帝
Eight... shut the gate...	小蚂蚁停下来关大门
Nine... check the time...	小蚂蚁停下来去看表
Ten... say "THE END"	小蚂蚁停下来说"结束"

科学

◎ 走近:昆虫

材料:自制或买来的昆虫笼子(周围带屏风),小昆虫,草,棍子,石头,树叶,装水用的瓶盖,放大镜,昆虫图片。

步骤:

1. 让儿童研究昆虫图片。

2. 让儿童用放大镜观察昆虫。

3. 快速放开昆虫。

◎ 去大自然散步

材料:放大镜,适当的户外环境。

步骤:

1. 去户外散步,观察草丛中、岩石下和灌木丛中的昆虫。

2. 如果可能,用放大镜仔细观察它们。

3. 记下各种昆虫的颜色。

烹饪

◎ 柱子上的蚂蚁

材料:西芹,花生酱,葡萄干。

步骤:

1. 儿童在西芹的茎干中塞满花生酱制成柱子。

2. 在柱子上面放上葡萄干,充当"蚂蚁"。

安全小贴士:确保儿童对坚果不过敏。

◎ 蜜球

材料:一杯花生酱,一杯奶粉,半杯蜂蜜,一茶匙香草,一杯椰蓉,半杯葡萄干(备选)。

步骤:

1. 放入食材,搅拌均匀制成球体。在球外滚上一层椰蓉,然后分散放置在蜡纸上。

2. 冷冻 1 小时,食用。

安全小贴士:确保儿童对坚果不过敏。

精细的运动神经

◎ **昆虫拼图**

商店能买到各式各样蝴蝶,瓢虫和毛毛虫的拼图(5—15片)。参考学龄前教育目录。

视觉辨认

◎ **蝴蝶匹配**

材料:各种蝴蝶和蛾子的彩色图片——至少每种有两张图片相同。(注:彩色图片可以利用彩色照片复印机复制)

步骤:

1. 让儿童轮流选取图片进行匹配。
2. 询问他们最喜爱的图片。

社会调查

◎ **蜜蜂的生命**

材料:故事书《生命与时代的蜜蜂》(*The Life and Times of A Honeybee*),黑板或其他记录纸。

步骤:

阅读故事书,按事件发展顺序制作画报日历。蜜蜂总是群居吗?为什么?

数学活动

◎ **数字和运算——水果和食物匹配**

材料:故事书《好饿的毛毛虫》(*The Very Hungry Caterpillar*),真实水果和10种美食的图片,从1到10的数字卡。

步骤:

1. 把数字卡与食物的准确数量相匹配。
2. 从1到10按顺序摆放。

◎ **用10的倍数数到100**

材料:100多个塑料小虫,或涂上颜色看似小虫的大青豆(注:给青豆喷上黄色,用不褪色的黑色记号笔画上图案做成蜜蜂。给青豆喷上红色,用黑色记号笔画上点做成瓢虫),树叶或蜂巢的纸质剪贴画。

步骤：

练习 10 个一组计算小虫的数量。把每组小虫放入它们的家中。

◎ **顺序和次序（时间）——全天，爱生气的瓢虫**

材料：故事书《爱生气的瓢虫》（*The Grouchy Ladybug*），大型课堂用钟，书中动物的图片，12 只小闹钟。

步骤：

1. 让儿童阅读故事，按顺序复述事件，教师利用课堂上的大钟解释碰面的时间。
2. 动物图片和相遇的时间匹配，在小闹钟上标记时间。把动物和小闹钟按顺序摆放。

◎ **顺序和次序（事件）——动物与蜘蛛说话**

材料：故事书《很忙的蜘蛛》（*The Very Busy Spider*），故事中农场动物的图片，织网的细绳，小虫玩具。

步骤：

1. 教师阅读故事，边复述故事边织出一张越来越大的网。
2. 让儿童回忆每个动物邀请蜘蛛做的事情。按顺序排列动物。
3. 复述结束后，把小虫玩具放在蜘蛛网上面。

◎ **顺序和次序（大小）——从蚜虫到鲸鱼**

材料：故事书《爱生气的瓢虫》，故事中动物的图片。

步骤：

1. 让儿童讨论每个动物的大小，并在教室或学校里找到与动物一样大小的物体。
2. 让儿童按大小排列图片。讨论其他较小和较大动物的图片。

◎ **几何（空间与形状）——蜂巢**

材料：橡皮泥或面团，蜂巢的图片。

步骤：

让儿童制作蜂巢的模型。在周围寻找与蜂巢形状相似的物体。

◎ **蜘蛛网**

材料：细绳，剪刀，黑色图画纸，蜘蛛网图片。

步骤：

切割细绳后，用细绳排成大小不一的同心圆。如果可能，把网分成若干部分，就像切分比萨饼一样，来模拟一张真实的蜘蛛网。

◎ **数学和运算（部分—部分—整体—数字6）——栖息地图案**

材料：3 英寸长的树枝，小石头，干树叶，数字 6 的卡片，塑料小虫（备选）。

步骤：

1. 选择两种材料，创作一个由 6 种物品组成的图案。

2. 在桌子或地毯上展示图案，每种图案的 6 种物品各不相同。在每种图案里藏进一只塑料小虫，然后把数字卡片 6 插在作品前面。

3. 介绍图案。如："我用 4 根树枝和 2 片叶子组成这个图案，小虫就藏在一片叶子下面。"

◎ 解决问题（加减法）——昆虫和蜘蛛

材料：关于昆虫和蜘蛛的儿童故事书，11 类问题（见第十章），小花片，10 个方块一组的积木。

步骤：

1. 让儿童选择一个喜欢的故事。

2. 根据 11 类问题编写应用题。

3. 把儿童分组，让他们解应用题。可以使用教具，聆听儿童解决问题的思路。

故事时间：下面的故事片段鼓励儿童了解大自然。

1. Carle, E. (1977). *The grouchy ladybug*. New York: HarperCollins. 爱生气的瓢虫遇到许多动物，它们的个头一个比一个大，瓢虫想跟它们打一架。当瓢虫遇到一头鲸鱼时，被鲸鱼的尾巴轻轻一弹，就回到了起点，终于认清了现实。时钟显示的时间刚好从上午 6 点到下午 6 点。

2. Carle, E. (1981). *The honey bees and the robber*. New York: Philomel Books. 用动画生动展现蜂巢中的生活。一只熊妄想偷蜂蜜。蜜蜂群起而攻，保护了自己的劳动果实。

3. Carle, E. (1984). *The very busy spider*. New York: Philomel Books. 农场中的动物邀请蜘蛛跟它们一起玩。但蜘蛛不理睬，独自勤奋地织网。公鸡嘲笑它，"想逮住苍蝇吗？"蜘蛛当然抓住了苍蝇，付出的劳动一定能得到回报。

4. Carle, E. (1987). *The very hungry caterpillar*. New York: Philomel Books. 很饿很饿的毛毛虫经历了饥饿的一星期，每天吃的食物越来越多。数字从 1 到 10 与插图相呼应。然后，毛毛虫吐丝作茧，最后蜕变成了一只美丽的蝴蝶。

5. Carle, E. (1990). *The very quiet cricket*. New York: Philomel Books. 小蟋蟀遇到很多能够发出声音的动物。直到遇上另一只蟋蟀，它才学会发声。

6. Carle, E. (1995). *The very lonely firefly*. New York: Philomel Books. 萤火虫太寂寞了，想要找伙伴陪它，但老是跟错对象，电灯泡，蜡烛，手电筒，灯笼和其他很多动物。最后它看到一群萤火虫伙伴。

7. Demuth, P. B. (1994). *Those amazing ants*. New York: Macmillan. 本书

描述蚁丘中蚂蚁的生活并配有插图。每种蚂蚁的分工展现出它们团队合作的精神和神奇的力量。

8. Godkin, C. (1995). *What about ladybugs?* San Francisco：Sierra Club. 园丁使用杀虫剂杀害虫，却也吓跑了很多益虫。花园里日渐衰败，于是园丁订购了一批瓢虫，不久花园又恢复了原状。

9. Hariton, A. (1995). *Butterfly story*. New York：Dutton Children's Books. 详细而简洁的文字，搭配精美插图，科学地记录蝴蝶的生命循环。

10. Kerk, D. (1994). *Miss Spider's tea party*. New York：Scholastic. 虫子成群到来，一群的数量从 1 到 9 递增，但因为害怕一只寂寞的蜘蛛，午饭前又纷纷迅速地离开。这只蜘蛛小姐想邀请客人共进下午茶。最后一只小蛾鼓励 11 位客人参加，它们一起愉快地享用了下午茶。12 朵鲜花装点着餐桌。这个故事主题是数字递增和亲密关系。

11. Micucci, C. (1995). *Life and times of the honey bee*. New York：Ticknor and Fields Books. 这是一本关于蜜蜂的简版百科全书，配有插图。

12. Ryder, J. (1989). *Where butterflies grow*. New York：Lodeston Books. 这是一本关于蝴蝶生命循环的插图故事书。书中呈现了茧和生活环境的细节。

13. Sundgaard, A. (1988). *The lamb and the butterfly*. New York：Orchard Books. 蝴蝶自由流浪，而小羊却想依偎在妈妈身边。蝴蝶在暴风雨中经历短暂涡流，恢复之后仍决定流浪。小羊依偎在妈妈身旁，意识到蝴蝶和羔羊的追求不同。

14. Trapani, I. (1993). *The itsy bitsy spider*. Boston：Whispering Coyote Press. 蜘蛛向上爬，又不断掉下来。最后蜘蛛在顶上织网，在太阳下休息。

彼得兔（一、二年级）

彼得兔的故事吸引着世界各地的儿童。虽然故事本身适合幼儿，但叙事方式复杂，作为主题单元发展的一部分，更适合低年级儿童。其他小兔的故事，如《逃家小兔》(*The Runaway Bunny*)(1977)，《毛绒兔子》(*The Velveteen Rabbit*)(1985)讲述了人对养育、关爱和亲密关系的需要。这些幸福和安全的元素是永恒不变的，对当今的儿童尤为重要。

语言发展

彼得兔中出现的语言概念。

表 14-10

动物	地点	食物	物品	数学方位	数学测量	数学空间	时间
彼得	沙滩	黑面包	篮子	下方	英寸/英尺	排	天
大耳朵	枞树	葡萄干小圆面包	筛子	穿过森林	米	栅栏	月
毛毛球	田野	蓝莓	夹克	下面	杯	玻璃罩	
棉球尾巴	小巷	莴苣	鞋	上面	磅	网	
妈妈	花园	菜豆	洒水壶	进水壶		门	
麦奎格	大门	小萝卜	花盆	超过		日期	
麻雀	池塘	欧芹	锄头	里面/外面		棚	
白猫		黄瓜	手推车				
金鱼		卷心菜	耙子				
		土豆	盆栽植物				
		醋栗					
		豌豆					
		洋葱					
		黑加仑					
		甘菊茶					

问题：

1. 兔子在哪里过冬？
2. 世界各地都有兔子吗？
3. 为什么彼得兔很难在麦奎格先生的花园里找到一条路？
4. 在当地的气候下我们能够种植麦奎格先生花园中的所有植物吗？
5. 甘菊茶是怎样制成的？它有什么好处？

创意艺术

◎ 我的礼品书

材料：兔先生和他可爱的礼物，红、黄、绿、蓝彩画颜料，纸，刷子，清洁用具，黑色记号笔。

步骤：

1. 阅读故事，讨论颜色各异、品种多样的礼物。

2. 让儿童根据每种颜色确定一件礼物。

3. 给每件礼物的图片涂满一种颜料，用黑色记号笔点缀。

4. 把4页拼凑在一起组成一本小书，然后订上封面"我的礼品书"。

科学

◎ 盆栽蔬菜

材料：胡萝卜缨或甜菜叶，浅碟或浅盘，小卵石或沙子，水，明亮的光线，尺（厘米）。

步骤：

1. 从根菜植物上切下1英寸左右的新鲜叶子。

2. 把切下来的叶子种在卵石或水中，放置于光线明亮但阳光不直射的地方。

3. 7到10天内，叶子应该萌芽。

4. 观察植物的根部结构。它与胡萝卜和甜菜不同吗？

5. 以厘米为单位测量叶子的高度。

◎ 小熊南瓜

材料：花园，易种植的南瓜品种（小熊）的种子（可参考种子目录），园用工具，磅秤，卷尺。

步骤：

1. 初夏，在温暖的土壤中播下种子。

2. 安排兴趣浓厚的志愿者整个夏天照料花园。

3. 10月收获果实。小熊品种结出的果实虽小，但体态均匀，重量在1.5—2.5磅之间。（注：这些在农产品不是迷你南瓜）

4. 称重，测量，按大小排序。

社会调查

◎ 人与兔子

调查周围的环境，询问下面的问题：

1. 你认识的人中有人把兔子当作宠物饲养的吗？为什么？

2. 兔子如何吃郁金香，幼小植物或蔬菜？

3. 人们会尝试用哪些土偏方(例如头发,樟脑丸)？收集信息,并口头陈述你的发现。

数学活动

◎ **几何(空间与形状)——花园透视图**

材料:中等大小的盒身,颜料,彩泥,牙签,尼龙网,树枝,1英寸见方的方格纸。

步骤:

1. 让儿童单独或两人一组用方格纸设计麦奎格先生的花园。

2. 为下列事物留出空间:成排蔬菜,工具棚,池塘,墙上的门,网,花园大门。

3. 根据计划,用颜料、彩泥做蔬菜植物,用尼龙网、牙签和树枝装饰透视图。

4. 让儿童单独或两人一组口头陈述他们是如何利用空间的。

变化:画一张枞树下彼得兔家园的透视图。

◎ **早期代数(模型)**

材料:铜质纽扣,非铜质纽扣。

步骤:

1. 用两种纽扣制作彼得外套的模型。

2. 让儿童介绍自己的模型。

◎ **分类—— 一起吃**

材料:麦奎格先生的花园中种植的蔬菜的图片,制成标本贴在纸板上。

步骤:

1. 让儿童把这些图片分成三类:"生吃"、"煮熟吃"和"两种皆可"。

2. 让儿童讲述他们喜欢的吃法。可开展试吃比赛。

◎ **测量——花盆大小**

材料:卷尺,记录纸,量杯,钝刀,各种大小的真实植物(可选),5磅重的袋装土壤,如果土壤不合适,可用沙或小卵石。

步骤:

1. 测量各种花盆的周长和直径。

2. 估算一个花盆所装土壤的杯数,可用一杯或半杯为测量单位。

3. 测量所装土壤的杯数,必须为平杯,可用钝刀刮平量杯顶部。记录结果,按照花盆大小依次进行测量。

4. 把植物移植到较大的花盆中,植物大小与花盆大小成比例(可选)。

5. 讨论花盆尺寸与土壤量之间的关系,一些儿童会找到规律。

◎ 可能性——篮中的蛋

材料：20个可拆开的塑料蛋，1个碗或篮子，染色的青豆用来表示水果和蔬菜：胡萝卜，豌豆，小萝卜，洋葱，蓝莓。写1张有水果蔬菜名称的记录表。

步骤：

1. 在每个蛋中藏1个"蔬菜或水果"，20个蛋中蔬菜或水果的比例不均，如9根胡萝卜，5颗豌豆，3根小萝卜，2个洋葱和1个蓝莓。

2. 儿童4人一组，其中1人挑出5个蛋，在小组记录表上写下蛋中的物品名称。然后把蛋收齐，放回篮子，打乱顺序。

3. 重复以上的步骤。

4. 观察图表结果，判断篮中哪种食物是"常客"，哪种食物是"稀客"。

5. 让小组代表陈述游戏过程。

◎ 加减法解决问题——应用题

联合——结果未知
麦奎格有8排小萝卜。他又种了4排，现在一共有多少排？
$8+4=\square$

联合——变化未知
麦奎格摘了20颗豌豆。他又摘了一些，篮子中一共有35颗，请问他又摘了多少颗？
$20+\square=35$

联合——开始未知
麦奎格种了一些土豆。他又种了3颗土豆，现在共有14颗，他开始种了多少颗？
$\square+3=14$

分离——结果未知
大耳朵找到11颗蓝莓。她吃掉了其中的6颗，还剩多少颗？
$11-6=\square$

分离——变化未知
毛毛球找到7颗蓝莓。她吃掉了其中的一些，还剩4颗，她吃掉了几颗蓝莓？
$7-\square=4$

分离——开始未知
棉球尾巴有一些蓝莓。她吃掉其中的10颗，还剩8颗，她开始有多少颗？
$\square-10=8$

部分—部分—整体——整体未知
兔夫人生了3个女孩和1个男孩。她共有几个孩子？
$3+1=\square$

部分—部分—整体——部分未知
老鼠有4颗大豆和一些豌豆。它共有5颗豆，它有几颗豌豆？
$4+\square=5, 5-4=\square$

比较——差别未知
麦奎格种了9排卷心菜和4排西红柿。卷心菜比西红柿多几排？
$9-4=\square, 4+\square=9$

比较——数量未知
麦奎格种了6排黄瓜。莴苣比黄瓜多4排，莴苣有几排？
$6+4=\square$

比较——参考未知
麦奎格种了11排菜豆。菜豆比卷心菜多3排，卷心菜有几排？
$11-3=\square, \square+3=11$

故事时间：下面列举一些关于兔子的经典故事，它们给世界各地的儿童带来很多欢乐。

1. Brown，M. W. (1991). *The runaway bunny*. New York：HarperCollins. 故事中，兔妈妈和小兔玩一种捉迷藏的游戏。小兔想要离开妈妈，变成各种想象中的东西。例如，小兔想变成岩石，兔妈妈就变成登山者来搭救小兔。小兔想变成番红花，兔妈妈就变成园丁。故事的寓意就是无论孩子走多远，妈妈总会在身旁守护他。

2. Potter，B. (1988). *The tale of Peter Rabbit*. Saxonville，MA：Rabbit Ears Books. 这个彼得兔的版本配有精美的插图，书页为普通绘本的大小。本书文字更适合课堂教学或偏重图画的儿童使用。插图中的细节让读者有身临其境的感觉。

3. Potter，B. (1993). *The tale of Peter Rabbit*. New York：Penguin Books. 这个彼得兔的版本是经比阿特丽克斯·波特(Beatrix Potter)授权，出版的原创水彩画的小型复制本。这是她1 902个故事的完整复制本。它适合儿童单独阅读，因为书的开本很小。

4. Williams，M. (1985). *The velveteen rabbit*. New York：Random House. 一个小男孩非常喜欢他的毛绒兔玩具，所以玩具被当成了一只"真正"的兔子。小男孩带着小兔四处游玩，享受着美好的夏天。一次毛绒兔遇到了两只真正的兔子，它们嘲笑毛绒兔不会蹦蹦跳跳做兔子会做的事情。小男孩得了猩红热，病得很厉害，必须要烧掉玩具兔子。当毛绒兔被投入火中时，一个仙女出现了，把毛绒兔变成了一只真正的野兔。这个故事受到广大儿童的喜爱，因为它传递了一种归属感和养育之情。这些在每个人的生命中都很重要。

5. Zolotow，C. (1962). *Mr. Rabbit and the lovely present*. New York：Harper and Row. 在这个故事中，一个小女孩为了给妈妈找到一件特殊的生日礼物去拜访兔先生。她告诉兔先生妈妈喜欢的颜色，兔先生根据每种颜色给小女孩提出很多建议。最后她选择了一篮子不同颜色的水果拼成一个果篮。果篮中有绿色的梨子、黄色的香蕉、红色的苹果和蓝色的葡萄。兔先生给小女孩帮了一个大忙，他相信小女孩的妈妈一定会过一个精彩的生日。

附　录

附录 A　课程焦点

幼儿园学龄前课程焦点

数字和运算：理解整数，包括对应、计数、基数和比较的概念。

几何：认识形状，描述空间关系。

测量：认识测量属性，利用属性比较物体。

幼儿园课程焦点

数字和运算：描绘，比较和排列数字，联合和分离集合。

几何：描述形状和空间。

测量：根据测量属性排列物体。

一年级课程焦点

数字、运算和代数：理解加减法，基本加法和相关减法的策略。

数字和运算：理解整数关系，包括分组（10 组或 1 组）。

几何：组装和拆分几何形状。

二年级课程焦点

数字和运算：理解基十计算系统和数位值概念。

数字、运算和代数：迅速回想加法和减法，熟练运算多位数加减法。

测量：理解长度测量，能够测量长度。

三年级课程焦点

数字、运算和代数：理解基本乘法和相关除法的运算策略。

数字和运算：理解分数和等价分式。

几何：描述和分析二维形状的属性。

附录 B　课堂装备

多功能

人手一份多层图片
玩具动物，玩偶，人物
玩具汽车，玩具卡车
沙滩球，网球
玩具盘子，真盘子
CD，唱片
石头
羽毛
玩偶屋
大米，塑料大米
塑料水果
彩色的水
叠叠圈
各种瓶子
各种盒子
天平
积木
橡皮泥
砂纸数字
沙箱或盐罐
书写白板或黑板
可擦式钢笔或粉笔
棋盘格
青豆
小熊或恐龙的花片
牙签
套娃玩具
接龙方块
多向联结方块

1 英寸方块
带磁铁的磁性纸或图表
学习链接
浴室瓷砖
百宝箱——一个支票簿大小的盒子，装有纽扣、钥匙、贝壳、石头、面包签、瓶盖、耳环、水果种子、各种树叶、外国硬币
装有各种手套或袜子的鞋盒
装满物品的瓶子（每个瓶子的物品不多于 100 件）
旧 T 恤
厨房海绵
化妆棉
蔬菜，如西红柿、胡萝卜、欧洲萝卜
彩色印台
橡皮图章
橡皮钱币图章
法兰绒板，法兰绒物品
浮/沉的物品
十条
舀子、勺子、$\frac{1}{4}$ 量杯
制图地垫
衣夹
大桶
硬线绳或鞋带
真币或玩具币
有黏性的点（办公文具店可购买）
尺（6 英寸、12 英寸、码）

米尺

计时器

沙漏，秒表

室内/室外温度计

体温计

种子目录

数位值

咖啡棒

吸管

橡皮圈

高脚杯

圆板

大而干的青豆

豆茎

自助餐厅份杯

基十积木

数字卡/信封

数位值垫

几何

3D 几何图形

积木

小型人物、卡车和汽车（模型）

橡皮圈

几何板

几何板记录纸

操场设施

拼图

可供拆装的模型

农场动物和篱笆

可供临摹和上色的动物模板

动物形状卡（ETA）

模式块

纸板做成的圆柱

各种颜色的纸和积木

有关空间、形状和顺序的儿童文学

嵌入式人物图片

金属形状模板

带盖的广口瓶

带盖的盒子

牙签，棉花糖

可供串联的珠子

面团，橡皮泥

形状切割器

折纸和说明

各种大小的图纸

附录 C 多与少的游戏

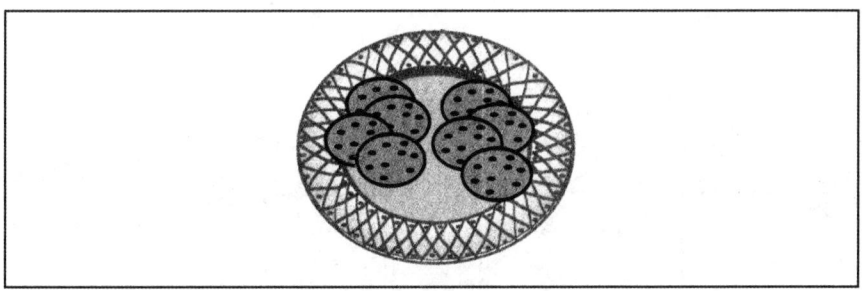

较多

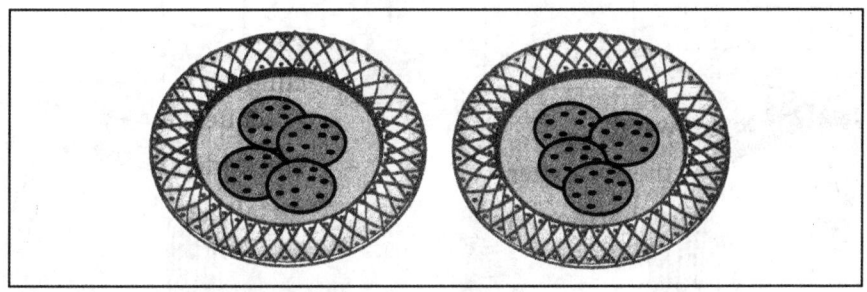

一样多

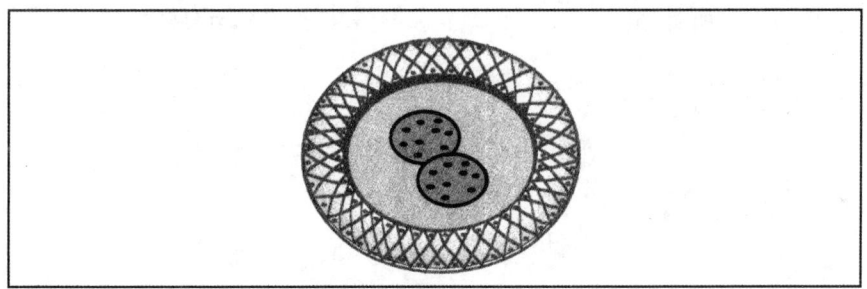

较少

附录 D 代数解题

所有8个　　　　　　　　所有8个

我的礼物

附录 E 图示

女孩的脸	男孩的脸
年轻人的头发	老人的头发
鼻子—喜欢蔬菜	鼻子—不喜欢蔬菜
牙齿—喜欢微笑	牙齿—喜欢笑
领带—骑三轮车	苹果—耳朵
花椰菜—耳朵	领带—开汽车
眼睛—牛奶	眼睛—橙汁

附录 F 十条

附录 G 点卡

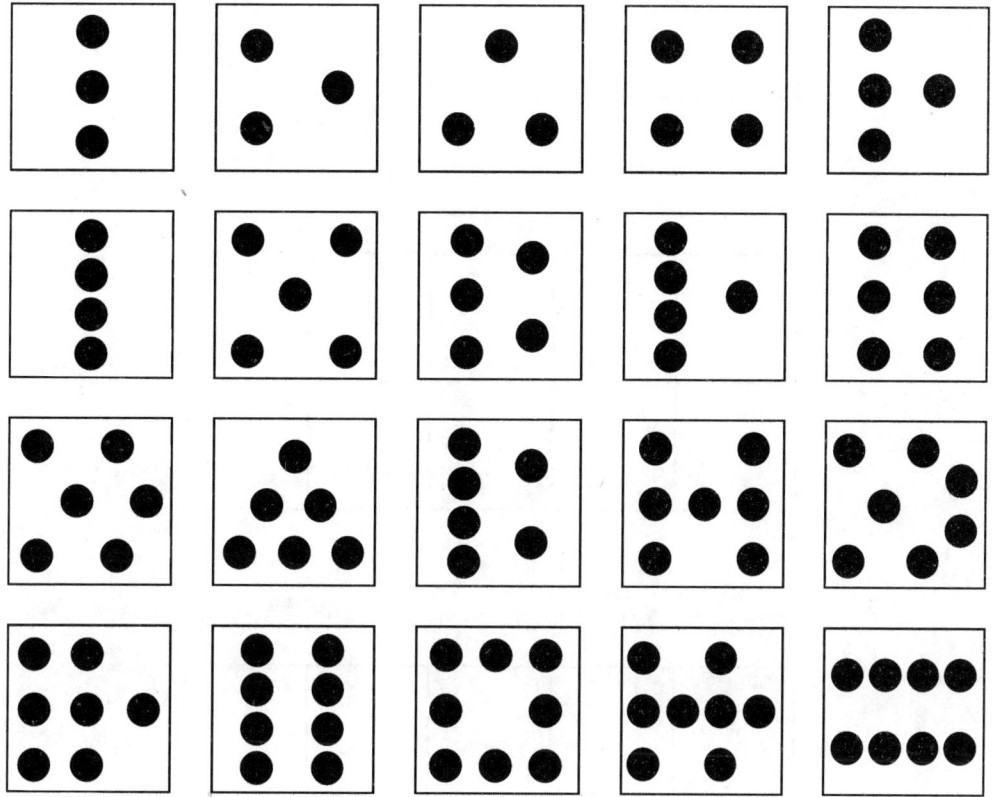

附录 H 五格和十格

五格

十格

双十格

附录 I 熊窝

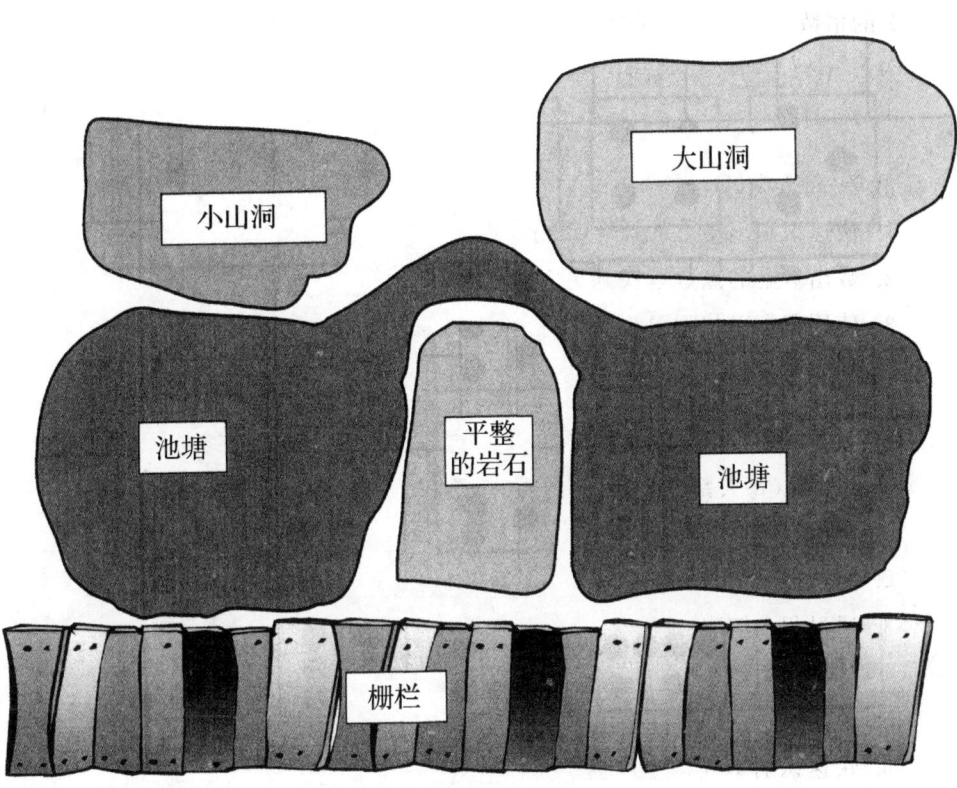

附录 J 一年级数学非正式评估

数字排序
1 到 _____（150）
5 的倍数 _____（100）
10 的倍数 _____（100）
2 的倍数 _____（20）
从 2 倒数 _____
从 10 倒数 _____

计算
已知的双数 _____
观察模式并归纳未知双数 _____
使用双人战争中的双数 _____

战争（每人翻开一张卡）
1. 快速识别出更大的集合/数字 _____
2. 数出卡上的点数以找到更大的集合 _____
3. 使用积木以找到更大的集合 _____
4. 反应不协调 _____
5. 无反应 _____

双人战争（每人翻开两张卡并相加求总和。总和最高者赢得四张卡）
1. 通过数出点数解决 _____
2. 通过扳手指计算解决 _____
3. 通过积木解决 _____
4. 从 1 开始数 _____
5. 快速识别 10 以内的数字 _____
6. 快速识别 10 以上的数字 _____

问题解决（加减法应用题类型）

1. 联合（结果未知） 你有 3 块饼干。你妈妈又给了你 2 块。现在你一共有多少块？ $3+2=?$	解决_____ 未解决_____ 直接建模:使用积木解决_____ 直接建模:使用手指解决_____ 接着数或倒着数策略_____ 派生数字_____ 快速识别_____

续表

2. 分离（结果未知） 你有 8 块饼干。你给我 3 块，你自己还剩多少块？ $8-3=?$	解决_____　未解决_____ 直接建模：使用积木解决_____ 直接建模：使用手指解决_____ 接着数或倒着数策略_____ 派生数字_____ 快速识别_____
3. 分—分—总（部分未知） 你有 12 块饼干。其中 8 块是花生黄油口味，余下的是巧克力口味。巧克力口味的饼干有多少块？ $12-8=?$	解决_____　未解决_____ 直接建模：使用积木解决_____ 直接建模：使用手指解决_____ 接着数或倒着数策略_____ 派生数字_____ 快速识别_____
4. 联合（变化未知） 你有 4 块饼干。你妈妈又给了你一些饼干，现在你有 9 块饼干。妈妈给了你多少块饼干？ $4+?=9$	解决_____　未解决_____ 直接建模：使用积木解决_____ 直接建模：使用手指解决_____ 接着数或倒着数策略_____ 派生数字_____ 快速识别_____
5. 比较（差别未知） （询问儿童的最好朋友的姓名，把名字嵌入应用题） 艾丽莎有 7 块饼干。你有 4 块饼干。艾丽莎比你多几块饼干？ $7-4=?$	解决_____　未解决_____ 直接建模：使用积木解决_____ 直接建模：使用手指解决_____ 接着数或倒着数策略_____ 派生数字_____ 快速识别_____
必选 6. 联合（开始未知） 你有一些饼干。你妈妈又给了你 3 块，现在你有 8 块。你原来有多少块饼干？ $?+3=8$	解决_____　未解决_____ 直接建模：使用积木解决_____ 直接建模：使用手指解决_____ 接着数或倒着数策略_____ 派生数字_____ 快速识别_____

续表

7. 比较(参照物未知) 艾丽莎有 9 块饼干。她比你多 2 块。你有多少块饼干? 9－2＝?	解决_____ 未解决_____ 直接建模:使用积木解决_____ 直接建模:使用手指解决_____ 接着数或倒着数策略_____ 派生数字_____ 快速识别_____
可选 8. 联合(结果未知) 你有 4 块饼干。你妈妈又给了你 7 块,你一共有多少块饼干? 4＋7＝?	解决_____ 未解决_____ 直接建模:使用积木解决_____ 直接建模:使用手指解决_____ 接着数或倒着数策略_____ 派生数字_____ 快速识别_____

附录 K　宾果游戏卡

B	I	N	G	O
4	5	6	7	8

附录 L 1—100 数字表

1—100数字表									
1	2	3	4	5	6	7	8	9	10
11	12	13	14	15	16	17	18	19	20
21	22	23	24	25	26	27	28	29	30
31	32	33	34	35	36	37	38	39	40
41	42	43	44	45	46	47	48	49	50
51	52	53	54	55	56	57	58	59	60
61	62	63	64	65	66	67	68	69	70
71	72	73	74	75	76	77	78	79	80
81	82	83	84	85	86	87	88	89	90
91	92	93	94	95	96	97	98	99	100

附录 M 课程网络

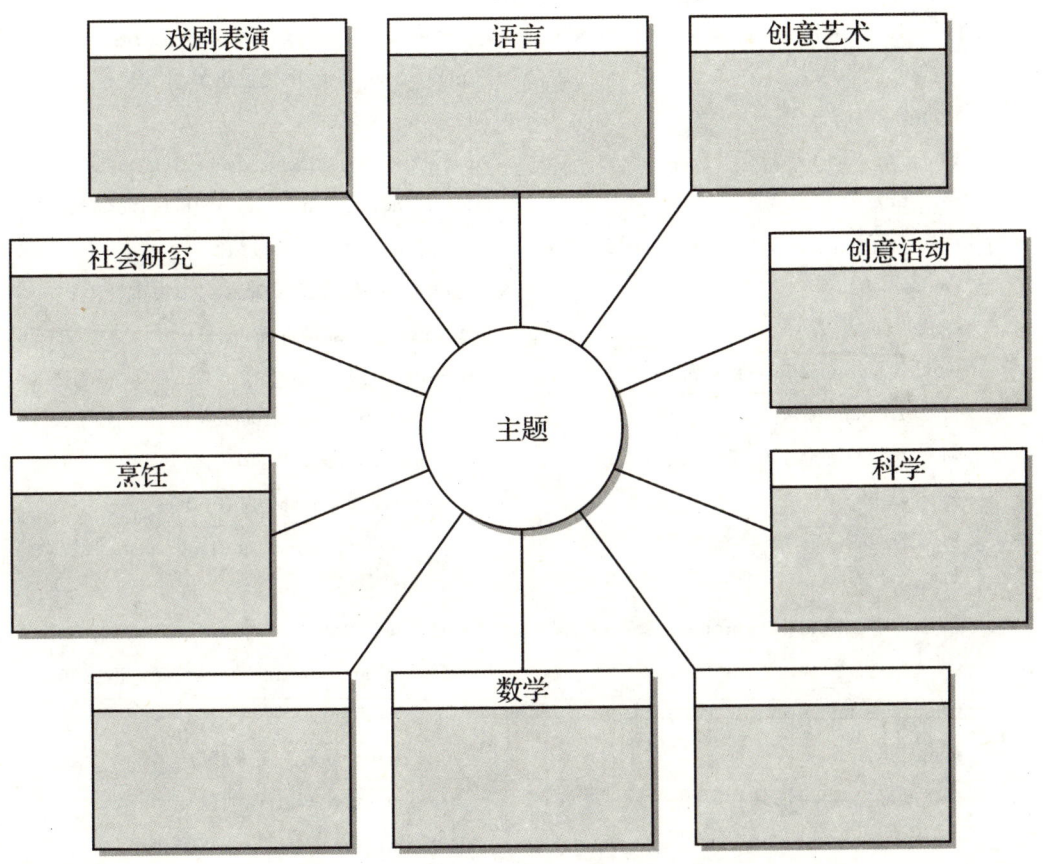

关键词表

Abacus 算盘
Abstraction rule 抽象规则
Activities for addition and subtraction 加减法运算
 Counting 计数
 Counting-back 倒着数
 Counting-on 顺着数
 Counting to part-part-whole 从部分到整体
 Geometry 几何
 Graphing 图表
 Guided learning 指导性学习
 Measurement 测量
 Multiplication and division 乘除法
 Pattern 模式
 Place value 位值
 Shape 形状
Addition and Subtraction, problem solving 解加减法问题
 Children's knowledge 儿童的知识
 Using 运用
 Choosing problems 选择问题
 Cognitive background information for teachers 教师的认知背景资料
 Helping children write problems 帮助儿童记录问题
 Positive environment for 积极环境
 Problem posing 提出问题
 Rules of operation 操作规程
 Strategies 策略
Affective anxiety 情感焦虑

An Agenda for Action《行动议程》
Algebra 代数
 Functions in curriculum 课程功能
Algebraic solution 用代数法解决
Algorithms 算法
Alternative assessment: evaluating students performance in elementary mathematics 替代评价：评估小学生数学成绩
Angelina at the fair《安吉丽娜集市》
Asian children 亚洲儿童
Assessment 评估
 Alternatives for students in inclusive settings 包容环境中学生的备选方案
 Boys versus girls 男孩与女孩
 Curriculum reform and alignment 课程改革和调整
 Defined 定义
 Formal and informal interviews 正式和非正式面试
 International results 国际结果
 of matching abilities 匹配能力
 NCTM principles NCTM 原则
 of place value understanding 位值认知
 record keeping 保存记录
 scoring methods 评分方法
 of shape 形状
Assessment standards for school mathematics 学校数学评价标准
Associative property 结合律
Asymmetrical problem 不对称问题

Bag games 布袋游戏
Bar graphs 柱状图
Base-ten 基十
    Blocks 积木
    Brief history of 简史
    Unique features of 特征
Beansticks 豆棒
The berenstain bears and the messy room《贝贝熊和凌乱的房间》
Big Mama's《大妈妈》
Bingo game 宾果游戏
Block building 积木
"Buzz" game "Buzz" 游戏
Calculators 计算器
Capacity 容量
Change problem 变化问题
"The circle game" 圆圈游戏
Circle graphs 环路图
Circles and stars 圆圈和星星
Classification 分类
Closed word problems 闭合式应用题
Cognitive anxiety 认知焦虑
Cognitive background for teachers 教师认知背景
Cognitive development 认知发展
Cognitive guided instruction (CGI) 认知指导教学
Collection 收藏
For portfolios 投资组合
Color zoo《彩色动物园》
Communication 通信
Commutative property 交换律
Comparing informal learning around home and school 在家和在学校非正式学习的比较
Comparison problem 比较问题
Completion problem 完成问题
Complex classification 综合分类

Computer-assisted instruction 电脑辅助教学
Computer 计算机
Conservation 保护
    Piaget's tests of 皮亚杰的试验
Coordinate geometry 解析几何
    Native American systems 美洲土著体系
    Nominals 名词性
    One-to-one rule 一一对应法则
    To part-part-whole activities 部分一部分一整体活动
    Rote 死记硬背
    Stable order rule 稳定的秩序规则
Creative art 创造性的艺术
Creative movement 创意运动
Creative play 创意游戏
    Math concepts in early childhood 儿童早期数学概念
    Reform and alignment 改革和调整
Data analysis 数据分析
Decade and ones 十位数与个位数
Directional words 方位词
Discrete objects 离散对象
Distributive property 分配律
Division 除法
Dollar Digit, game 美元数字及游戏
    The Doorbell Rang（Hutchins）《门铃响了》
Dot cards 点卡
Dot patterns 点模式
Double seriation 双重序列
Double ten-frame 双十框
Dramatic play 戏剧表演
Emotional well-being 情绪良好
Empty set 空集
Enclosure 包围
English language learners 英语学习者
English system, of measurement 英制系统及

其测量
Environment 环境
    Creating best learning 创造最好的学习环境
    Well-prepared 准备充足
Equality, transitivity 平等,传递性
Equivalence 等值
Equivalent sets, performance assessment of matching abilities 等集和匹配能力的表现评估
Estimation 估计
Evaluation 评价
    Defined 定义
    Of programs 方案评价
    Of student achievement 学生成绩的评价
Everyday mathematics（Bell）《日常数学》
Family Math 家庭数学
Fine motor development 精细动作发展
Finger play 手指游戏
Five-frames 五格
Formal interviews 正式会谈
Formalization 形式化
Fractions, number sense 分数及其数字意识
Free play 自由游戏
Games 游戏
    Bag 袋子游戏
    Bingo 宾果游戏
    "The Circle Game" 圆圈游戏
    Concentration 集中
    Hand 手部游戏
    More or less game 多或少的游戏
    Movement 运动游戏
    Multiplication Bingo 宾果乘法游戏
    Multiplication War 乘法战争
Generalization 归纳
Geoboards 几何板
Geometry 几何

Classroom equipment 教室设施
Concepts in early grades 低年级概念
Coordinate 坐标
Motion 运动
Shape 形状
Space 空间
Gifted children 天才儿童
Girls 女孩
    Block building 积木搭建
Glyph clowns 象形小丑
Goldilocks and the Three Bears《金发姑娘和三只熊》
Good Books, Good Math《好书,好数学》
Graphing 制图
    Categories, selecting 种类,选择
    Computers 计算机
    Early experiences 早期经历
    Floor mats 地垫
    Questions 问题
    Reading, challenges 阅读及其挑战
    Topics 主题
Graphs 图表
    Bar 条形图
    Circle 圆形图
    Line 线形图
    Picture 图片图表
Groups 群组
    Thinking in 群组思考
    Variety in 群组种类
Guided learning activities 指导性学习活动
Hand games 手部游戏
Hansel & Cretel《鬼怪密林》
Height, measurement 高度及其测量
How to Use Children's Literature to Tech Mathematics（Welchmann-Tischler）《如何运用儿童文学教数学》
I Can Count the Petals of a Flower（Wahl and

Wahl)《我可以计算出花的瓣数》
Identical sets, performance assessment of matching abilities 等集,配对能力的表现评估
Identity element 单位元素
Illustrations, in multiplication and division 插图,乘除法
Inclusive classroom 全纳教室
Incremental problems 增量问题
Individual Educational Plan (IEP) 个人教育方案
Individual support, providing 个人支持,提供
Informal assessment (first grade) 非正式评估(一年级)
Informal interviews 非正式访谈
Informal learning around home/school 在家和在学校的非正式学习
 Comparing 比较
 Matching 匹配
 Ordering and seriation 排序和序列
 Sets 集合
 Shape 形状
 Space 空间
Instant visual recognition 瞬时视觉识别
Integrated sequence 综合序列
Interviews 访谈
 Formal 正式
 Informal 非正式
 Matching abilities 匹配能力
 Of ordering 顺序
 As part of assessment 作为评估的一部分
 About shape 形状
 Spatial relationships 空间关系
I Spy Two Eyes: Numbers in Art 《我发现两个眼睛:艺术中的数字》
Iteration 迭代
Join problems 联合问题
Journals 日志

Language 语言
 Barriers, bridging 语言障碍及其沟通
 Development 发展
 Math 数学
 Precise 精确
 Of time 时间
Learning 学习
 Variety in modes of 学习模式的种类
 Young children 幼儿和学习
Learning disabilities, children 有学习障碍的儿童
Length 长度
 Mathematical thinking 数学思维
Lesh Translation Model 莱仕翻译模式
Line graph 线形图
Line symmetry 对称线
Literature 文学
Logic-mathematical knowledge 逻辑数学知识

Manipulatives 教具
 In classroom 教室里的教具
 Geoboards 几何板
 Place value 数位值和教具
 Types of 教具种类
 Use of 教具使用
mass, measurement of 容积及其测量
Matching 匹配
 Assessment of abilities 匹配能力的评估
 Informal learning around home and school 在家和在学校的非正式学习
Math anxiety 数学焦虑
 Affective 情感焦虑
 Cognitive 认知焦虑
Math concepts, early childhood 儿童早期数学概念
 Classification 分类
 Comparing 比较
 Comparing words 比较词

  Directional words 方位词
  Informal learning around home and school 在家和在学校的非正式学习
  Language of time 时间语言
  Matching 匹配
  Number words 数字语言
  Ordering or seriation 排序和次序
  Positional words 位置词
  Sequence words 顺序词
  Shape words 形状词
Mathematical power 数学力
Mathematical thinking, level 数学思维,水平
Mathematics 数学
  Education objectives 教育目标
  Foundations, myths, and standards 基础,奥秘和标准
  Problem solving 解题
Mathematics Education Dialogues (Usiskin)《数学教育对话》
Math Expressions 数学表达
Math language 数学语言
  Developing through children's literature 通过儿童文学发展
  Developing with song and verse 用歌曲和诗歌来发展数学语言
  Older children 年龄稍大的儿童
Mathematics Their way 数学之路
Matrix 矩阵
Measurement 测量
  Definition 定义
  Difficulties in process 测量过程中的困难
  English system 英制
  Formal 正式
  Method 方法
  Metric system 米制
  Of money 钱
  Play 游戏
  Principles 原则
  Systems 系统
Mental retardation, children with 有精神障碍的儿童
Metric system 米制
Modeling 建模
Monitoring student progress 监控学生的进步
"More, More, More," Said the Baby (Williams)《婴儿说"更多,更多,更多。"》
More or less game 多或少的游戏
Motion geometry 运动几何学
Movement games 运动游戏
Multiplication and division, problem solving 乘除法及解题
  Children's strategies for 儿童的乘除法解题策略
  Cognitive background for teachers 教师的认知背景
  Helping children write problem 帮助儿童写下问题
  illustrations 插图
  learning facts 学习乘法口诀
  linking to symbolic representation 与符号表达的联系
  readiness 解题的准备
  remainders 余数
  role of zero 解题中零的作用
  rules of operation 运算法则
Music 音乐
  mathematics 数学和音乐
  pattern 音乐中的模式
National Assessment of Educational Progress 全国教育发展评估协会(NAEP)
National Association for the Education of Young Children 全美幼儿教育协会(NAEYC)
National Council for the Accreditation of Teacher Education 全美教师教育认证委员会

(NCATE)
National Council of Teachers of Mathematics 全美数学教师协会（NCTM）
 Assessment principles 评估原则
 Data Analysis and Probability Standard 数据分析和概率标准
 Definition of assessment 评估定义
 Equity Standard 公平标准
 Focal points 焦点
 Geometry standard 几何学标准
 Inferences standard 推理标准
 Learning standard 学习标准
 Mathematics standard 数学标准
 Measurement principle 测量原则
 Number and operation 数学和运算
 Number sense 数字意识
 Operation standard 运算标准
 Process standard 过程标准
 Spatial sense 空间感
 standards 标准
National Science Foundation 全国科学基金会
Native American counting systems 美国本土计算系统
Native American Mathematics《美国本土数学》
The Nice Mice《漂亮的老鼠》(Irons)
No Child Left Behind Act (NCLB)《不让一个儿童落后》法案
Nominals 名词
Nonphysical quantities 非物理量
Number 数字
 line 数轴
 patterns 数字模式
 sentences 算式
 words 数字词语
 number sense, developing 培养数字意识
 From counting to part-part-whole activities 分—分—总活动
 cultural perspective 文化视角
 fractions 分数
 guided learning activities 指导性学习活动
 Piaget's tests of conservation 皮亚杰守恒测试
 reading and writing numerals 读写数字
 research 研究
 thinking in groups 集体思考
Nursery rhymes 童谣

One hundred chart 1—100 数字表
One-to-one correspondence 一一对应
One-to-one rule, counting 一对一规则和计算
Open word problem 开放式应用题
Opposites 相对数
An Orange Has 8 Slices《一个橘子八个瓣》
Order 顺序
Overcoming Math Anxiety 克服数学焦虑

Parent involvement 父母介入
Patterns 模式
 recognition 识别
 relationship 关系
 repeating 重复
performance assessment 表现评估
 equivalent sets 等集
 identical sets 恒等集
 of ordering 次序
 for shape 形状
 for spatial relationship 空间关系
philosophy and attitude 哲学与态度
physical knowledge 物理知识
physical quantities, measurement 物理量，测量
 area 面积
 capacity 容量
 height 高度
 length 长度

  mass 容积

  volume 体积

  weight 重量

Tests of conservation 守恒测试

Place value system 数位值系统

  assessing understanding 评估理解

  base-ten 基十

  estimating and rounding 估计和舍入

  manipulatives 教具

  multiple conceptions 多概念

  unstructured strategies 非结构化策略

Play 游戏

  creative 创造性

  dramatic 表演

  importance 重要性

  measurement 测量

Portfolios 文件夹

Positional words 位置词语

Primary grades 初级阶段

  functions 函数

  geometric concepts 几何概念

Principles and Standards for Teaching Mathematics 数学教学的原则和标准(NCTM)

Private speech 私人谈话

Probability 概率

Problem posing 提出问题

  ordering 排序

Problem solving 问题解决

  Addition and subtraction 加减法

  Multiplication and division 乘除法

Problem writing 写下问题

  First grade 一年级

  kindergarten 幼儿园

  second grade 二年级

  third grade 三年级

Professional Standards for Teaching Mathematics 数学教学的专业标准(NCTM)

Proximity 邻近值

Quotient interpretation 商数解析

Random order 随机顺序

Rate problems 比率问题

Reading 阅读

  graphs 图表

  numerals 数字

Regrouping 重组

Remainders 余数

Representation 表达

Research, number sense 研究与数字意识

Rhymes, counting 韵文, 计算

Rote counting 机械计数

Rounding 舍入

Rubric 评价量表

Rules of operation 运算法则

  Addition and subtraction 加减法的运算法则

  For multiplication and division 乘除法的运算法则

The Runaway Bunny《逃家小兔》

Science, mathematics 科学, 数学

Scoring methods 计数方法

Scribble Cookies and Other Independent Creative Art Experiences for Children (Kohl)《涂鸦艺术和儿童其他独立的创意艺术体验》

Selection 选择

  For portfolios 文件夹

Self-assessment 自我评估

Self-reflection 自我反省

Separate problems 分离问题

Sequence tens and ones 十位和个位序列

Sequence words 顺序词

Seriation 序列

  double 双重

sets 集合

complex classification 复杂分类
　　　definition 定义
　　　early classification, creating 早期分类及其创造
　　　informal learning around home and school 在家和在学校的非正式学习
　　　problem posing to class 给学生提出问题
　　　singular set 单元集合
　　　universal 全集
shape 形状
　　　assessment 评估
　　　planning activities 计划活动
skip counting 速算
The Slow Learner in the Classroom《课堂中的缓慢学习者》
Social studies, mathematics 社会调查和数学
Software, choosing appropriate 选择合适软件
songs 歌曲
　　　counting 计数
　　　math language 数学语言
　　　patterns 模式
space 空间
　　　assessment of spatial relationship 空间关系的评估
　　　block building 积木搭建
stable order rule, counting 稳定次序原则和计算
storytelling 讲故事
students 学生
　　　alternatives for, in inclusive classrooms 全纳课堂中的选择
　　　with diverse backgrounds, meeting needs 有多种背景的儿童和儿童的需求满足
　　　monitoring progress 监控过程
student writing 学生写作
Success, planning for 成功及其策划
　　　Attitude and math anxiety 态度和数学焦虑
　　　Getting started 开始
　　　Parent involvement 家长介入
　　　Students with diverse backgrounds, meeting needs 背景多种多样的儿童和满足儿童需求
　　　Students with only rote math background 有机械数学背景的学生
　　　technology 科技
Succession 连续性
Symbolic representation, problem solving 符号表达及解题
symbolization 符号化
symbols, mathematics 符号和数学符号
symmetrical problems 对称问题
symmetry 对称性
　　　line 对称轴
Take-away problems 减少问题
The Tale of Peter Rabbit《彼得兔的故事》
Teaching 教学
　　　With abacus 用算盘教学
　　　With base-ten and bean blocks 用基十积木教学
Technology, enhancing learning 用科技加强学习
　　　calculators 计算器
　　　choosing software 选择软件
　　　computer-assisted instruction 计算机辅助教学
temperature, measurement of 温度及其测量
Ten, Nine, Eight (Bangs)《十，九，八》
Ten Black Dots (Crews)《十个小黑点》
Ten-frames 十框
Tens, units of 十倍数
Ten-strips 十条
Thematic units 主题单元
　　　All about bears(preschool) 关于熊的一切（学龄前）

    The circus (kindergarten) 马戏团（幼儿园）
    Insects (preschool-kindergarten) 昆虫（学龄前到幼儿园）
    Peter Rabbit (first and second grade) 彼得兔（一年级和二年级）

Thinking 思考
    In groups 集体思考
    mathematical 数学思考

Third International Mathematics and Science Study 第三国际数学和科学研究（TIMSS）

Time 时间

Topology 拓扑

Trading games 交易游戏

Transitivity of equality 相等传递性

Tree diagram 树形图

Trial and error 试错法

Triangles 三角形

Triangular flashcards 抽认卡

Unifix cubes 接龙方块

Units of tens 以十为单位

Variety 种类
    In grouping 群组
    In models of learning 学习模式

The Velveteen Rabbit《毛绒兔子》

Venn diagram 维恩图

Verses 韵文

The Very Hungry Caterpillar (Carle)《好饿的毛毛虫》

Visual discrimination, mathematics 视觉判别和数学

Volume, measurement 体积及其测量

Vygotsky 维果斯基

Weight, measurement 重量及其测量

Whole-part-part problems 合—分—分问题

The Wonderful World of Mathematics: A Critically Annotated List of Children's Books in Mathematics (Thiessen, Matthias, & Smith)《数学的美妙世界：儿童数学书的评注列表》

Word problems 应用题
    closed 闭合式
    open 开放式

words 词语
    comparing 比较词语
    directional 方位词语
    number 数字词语
    positional 位置词语
    sequence 次序词语
    shape 形状词语
    time 时间词语

Workmat Math 创造性出版物

Writing 写作
    alternatives 替代品
    with math words 用数学词语写作
    zero, role of 数字零及作用

Zone of proximal development 最近发展区